中国经济的基本特征、增长预测和宏观治理

白景明　韩晓明　王思轩　著

中国财经出版传媒集团
中国财政经济出版社

图书在版编目（CIP）数据

中国经济的基本特征、增长预测和宏观治理 / 白景明，韩晓明，王思轩著. --北京：中国财政经济出版社，2021.6

ISBN 978 -7 -5223 -0545 -5

Ⅰ.①中… Ⅱ.①白… ②韩… ③王 Ⅲ.①中国经济-研究 Ⅳ.①F12

中国版本图书馆 CIP 数据核字（2021）第 106106 号

责任编辑：卢关平　　责任校对：胡永立
封面设计：孙俪铭　　责任印制：张　健

中国经济的基本特征、增长预测和宏观治理
ZHONGGUO JINGJI DE JIBEN TEZHENG、ZENGCHANG YUCE HE HONGGUAN ZHILI

中国财政经济出版社 出版

URL：http：//www.cfeph.cn

E-mail：cfeph@cfeph.cn

社址：北京市海淀区阜成路甲 28 号　邮政编码：100142

营销中心电话：010 -88191522

天猫网店：中国财政经济出版社旗舰店

网址：https：//zgczjjcbs.tmall.com

北京财经印刷厂印刷　各地新华书店经销

成品尺寸：170mm×240mm　16 开　16.25 印张　266 000 字

2021 年 10 月第 1 版　2021 年 10 月北京第 1 次印刷

定价：58.00 元

ISBN 978 -7 -5223 -0545 -5

（图书出现印装问题，本社负责调换，电话：010 -88190548）

本社质量投诉电话：010 -88190744

打击盗版举报热线：010 -88191661　QQ：2242791300

自　序

1978年党的十一届三中全会决定把全党的工作重点放到经济建设上来并实施“改革开放”。由此，中国经济步入了高增长轨道。及至2020年，国内生产总值达到了101.59万亿元，人均国内生产总值超过1万美元。在短短的42年时间里，中国经济实现了规模扩张和结构转换两大转变。此间，年均经济增长率高达8%，2010年起成为全球第二大经济体，2020年经济总量相当于位居全球第三的日本的3倍、第四的德国的4倍。1978—2020年三次产业增加值占国内生产总值比重快速变动，第一产业和第二产业占比分别从27.7%、47.7%降至7.7%、37.8%，第三产业从24.6%升至54.5%。同时，工农业和服务业的生产方式也发生了根本性转变。农业生产较大程度上实现了机械化和信息化深度结合。工业生产基本全部实现以互联网为依托的自动化。商品和服务的销售模式同样转变为互联网与物流、商流深度融合型销售模式。中国从经济小国转变为经济大国所用时间比欧、美、日少了50年。

中国在成为经济大国的同时也在逐步向经济强国转变。目前中国是全球第一大产出国，工农业和服务业体系齐全，主要工农业产品产量大多位居全球第一或第二，有些产品产量占全球比重甚至高达40%以上，一些劳务产出量也是全球第一或第二，新技术产业占国内生产总值比重逐步抬升，部分适用技术站在了全球前沿位置。

中国经济发展之快、之稳定全球瞩目，历史罕见。但要看到，经济发展自有规律性，当经济增长到一定程度时速度势必降下来。2008年后，中国经济增速开始放缓，从过去10%左右的水平逐步下调至6%的水平，其间2012年起调至7%的水平。2016—2019年年均增速下行至6%水平，2020年受新冠肺炎疫情冲击为2.3%。经济增长换挡引发国内外热切关注，各方面都在讨论中国经济将走向何方。当前究竟发生了什么问题？应该如何调控？破解这些疑问关键是怎样研究问题。从已面世的研究成果看，人们普遍关注短期，总在预测年度增长率甚至季度增长率。此外，也关注经济运行中的具体问题，普遍认定中国经济存有结构性缺陷，如创新能力不足、环境污染过重、贫富分化等。应该承认，这些关注点和结论有实用价值，特别为短期政策制定方提供了依据。

然而需要指出，经济研究至为重要的是揭示学理、探讨规律，基于此指出经济运行的基本特征并给出相应调控思路。因此，分析中国经济更应搞清楚究竟中国经济有什么样的基本特征并据此推测中国经济走势、提出宏观经济治理思路。此外，分析经济基本特征还可使我们认清中国经济究竟处在哪个阶段上。发展经济学认为经济发展过程大致由起飞、成长和大众消费三个阶段组成，每个阶段有不同特征。发展经济学所作划分是对经济运行势态结构的具体描述，不能切实反映经济格局的组织框架和要素配置。所以，归纳、分析中国经济基本特征不能简单照搬发展经济学原理，要从制度变迁和要素流动内生规律两个维度去展开深入的探寻。由此所得出的经济发展趋势判断也是一种对制度和市场混合变革带来的经济运行走势的推测，调控对策相应可说是以制度变动牵动资源流动而非简单的短期资源流动数量调整之策。

近代人类社会经济起飞的原动力大致可分为制度变革和技术突破两大类。中国经济起飞的原动力主要是制度变革。1978年党中央作出的“改革开放”决策解除了经济发展的基本约束。20

世纪80年代启动的市场取向渐进型经济改革，分步向人民赋予了消费自主权、择业自主权和投资自主权，打通了城乡要素流动渠道。其后，改革不断深化，明确要建立社会主义市场经济体制。党的十八大又强调，要让市场在资源配置中起决定性作用，同时向国际社会发出声明，坚持经济全球化反对单边主义。具体制度层面中国已建立了系统的与市场经济接轨的经济管理体制和法律体系。制度创新不歇脚起到了不断扩展增长空间、释放增长潜能、推动增长动能转变的作用。概言之，中国的高速经济增长是制度变革牵引型增长。

所以，找寻中国经济基本特征更应注重制度分析，要更多从制度变革方向角度认识中国经济基本特征的内容和成因。依循这一思维逻辑，本书提出当前中国经济具有平稳增长、垄断竞争、高杠杆和收入分配差距扩大四大基本特征。

评估一国经济首先应对该国经济总体增长特征做出判断。总体增长特征是经济发展阶段和结构势态的集中体现。发达经济体普遍经历了震荡增长期和平稳增长期两个阶段。西欧主要经济体如英、法、德、意等国在19世纪至第二次世界大战前普遍处于经济高震荡增长期，特别是19世纪工业化推进和形成时期，此时发生了几十次大小经济危机。20世纪30年代发生了全球性经济大危机。美国在20世纪初期成为全球头号经济大国，19世纪也发生了多次经济危机。1929—1933年全球经济大危机时，美国是危机最为深重的国家，主要工农业产品产量全部收缩40%以上，金融体系几近崩溃，失业率高达30%。第二次世界大战后，百废待兴，供给体系重建，发达经济体普遍进入经济高增长轨道。1975年石油危机爆发，各国经济普遍步入衰退。其后至今几十年的时间，发达经济体大多进入经济平稳增长状态。总体趋势是增长率逐步下调，但波动区间收窄至不足2个百分点。其中1980—2000年，美国经济增长率在4%左右浮动，其后至今在2%左右浮动。1980—2000年日本经济增长率在5%左右浮动，

2000年至今在2%左右浮动，但振幅超过美国，最低点2009年为-5.4%，美国为-2.5%，2011年后日本有5年经济增长率不足1%，但美国均超过1%，2015年和2018年两年甚至高达2.9%。欧元区20世纪90年代经济增长率在1%—3%区间内波动，2000年后至今在2%左右波动，2010年后经济增长率大部分年份在2%以内，2012和2013年甚至为负增长。但振幅都不大，年度间经济增长率差距在一个百分点内。这些现象实际上表明，当人类社会经济进入工业化阶段后科学技术突破驱动经济结构和生产方式以及商业模式不断调整自然压缩了经济波动空间。改革后一直在高速轨道上行进的中国经济也显现出了同样的特征。把42年的年度经济增长率连成一条线，可以看出中国经济从20世纪80—90年代的高震荡增长逐步走向了平稳增长，特别是2010年之后平稳度增强，年度间经济增长率差距在一个百分点之内。指出这一特征意义在于说明中国经济已是大体量经济，研究中国经济要从成熟经济视角切入，要承认经济增速换挡的客观必然性，要在把握主要宏观变量如通货膨胀率、失业率、收入差距等之间关系的基础上确立可持续增长之策，而非短期拉抬增长率之策。

市场经济是市场配置资源为主的经济形态。不同规模企业在配置资源中所起作用大小是市场经济的阶段性特征。产业市场份额集中度即为产业垄断度，一个产业垄断程度过高说明该产业的价格信号越具主观性，产品质量标准、产品流通模式、产品生产组织形态等越具统一性。在市场经济发展过程中，垄断不断蔓延，当一国人均GDP突破1万美元之后垄断往往已扩散至多个甚至大部分骨干行业。事实上自工业化社会形成之初，垄断与竞争间关系的处理就成为困扰政府的重大难题，经济学家自然也将此列为重大课题。实践中，美、英两国很早就探讨建立反垄断制度，比如美国国会1890年就制定了谢尔曼法，授权联邦政府反托拉斯。理论上，马克思早在19世纪就指出了资本集中和资本集聚的后果，列宁在 20 世纪初期就指出资本主义已发展到垄断阶段并引发了诸多不良后果。其后马歇尔、张伯伦等人也分析了垄断问题。第二次世界大战之后特别是 20 世纪 70 年代之后，英、美、日等国都进入了后工业社会时代，此时经济垄断化程度上升，处理垄断与竞争间关系难度加大，产生了不同的调控思路。一种观点认为应放松管制，培育大企业集团以提高本国经济竞争力；另一种观点认为应限制大企业发展更多培育中小企业以促进竞争维持就业。当前我国人均 GDP 已突破 1 万美元，产业组织形态确实发生了深刻变化。民营资本基本脱离了原始积累并在一些领域占据了垄断地位，比如房地产业、平台经济、商品流通业等。同时，国有企业在基础设施、能源、金融、基础电信等领域占据了垄断地位。总体看，中国经济确实进入了垄断竞争阶段，这可说是当前中国经济的又一基本特征。怎样看待这一特征不是一个简单的理论问题，而是事关政策制定乃至长期制度建设的重大现实问题。党的十四大后建立社会主义市场经济体制过程中，总体基调是既培育大企业又保护中小企业，对企业资产重组尽可能减少行政干预尊重市场选择，同时注意保护不同规模企业和相同规模企业间的竞争。应该说，这是符合经济规律的选择，也有必要坚持下去，但从产业演变趋势看，今后更难解决的问题是如何使垄断竞争真正有竞争，宏观经济治理要将此列为重点任务之一。

在经济发展过程中，政府、企业、个人三者的支出都处于不断扩张状态。这三类主体支出中借贷资金所占比重称为杠杆率。步入工业化社会之后，三类主体的杠杆率都在逐步上升，各国之间的区别在于杠杆率上升的主体结构不一致。早在 19 世纪马克思就指出了杠杆率上升趋势，在其影响深远的巨著《资本论》中他详尽论证了借贷资本的功能和食利阶层的存在。其后列宁指出资本主义发展到帝国主义阶段后金融资本成为主导经济社会运转的骨干力量。凯恩斯在 20 世纪 30 年代提出运用赤字财政手段刺激经济增长，实质上就是说通过提高政府杠杆率来稳增长。第二次世界大战之后，全球经济总体上处于不断扩张状态，其间杠杆率相对于过去而言可说是快速爬升。换言之，杠杆率上升并不是现在的事，而是早就有的事。人类社会的经济发展靠的是不断提高资金使用率和货币供应扩张。当前全球处于高杠杆状态，特别是政府杠杆率上升较快，疫情冲击又给政府杠杆率上升添了一把火。改革后，我国的实践也是杠杆率不断上升，近年来上升较快的是企业和居民杠杆率，政府杠杆率还低于欧洲、美国、日本。现在中国已到了借贷资金控制经济发展的阶段。列宁描述的欧美步入工业化社会后金融资本控制产业资本的情形在当今中国已成为现实：资产负债率超过70%的企业比比皆是，银行如果抽贷这些企业旋即垮掉。居民房贷成为银行主要优质资产，防止出现大面积断供是银行安全的主要屏障，房价调控相应成为重大难题之一。房价上涨不仅居民还要加杠杆，政府也要加杠杆来增加保障房供给，房价下跌银行就要承担资金流失风险。这是典型的两难境地。中国的高杠杆是人均GDP 1万美元和工业化社会时期的高杠杆，是处于结构转型期的高杠杆。因此，研究中国的高杠杆要更多关注如何妥善处理增长与风险化解之间的矛盾。要看到，14亿人口大国增长还有很大空间，人口不足7.5亿人的欧洲GDP总额依然远超我国，人均GDP和消费额数倍于中国，这说明中国的高杠杆可以被未来的增长消化掉。但同时也要高度警惕杠杆率失控，我们不能让杠杆变成“喷灌器”，必须研究怎样调整杠杆率结构和杠杆撬动经济发展的发力点。

收入分配始终属于社会敏感问题。前工业社会时期分配矛盾就是社会动荡的主要原因之一。我国封建社会时期统治者不合理的赋税制度曾引发农民起义，欧洲工商业者与封建贵族之间的利益纠纷引发了资产阶级革命。进入工业化社会之后，收入分配矛盾依然是形成经济问题之一，后工业社会亦如此。实践上，各国政府都在不断探寻化解收入分配矛盾之策，欧洲部分国家最终走上了福利国家道路，把宏观税负抬到了50%左右以为公众提供高水平基本公共服务，其中受益最多的应是中低收入者群体。理论上，学术界在历史各个阶段都把收入分配列为重点课题，形成了多种收入分配理论。及至当今世界，学术界对收入分配评估提出了新的论述，比如法国经济学家托马斯·皮凯蒂推出了令人瞩目的《21世纪资本论》一书，指出在政府极力调节的情况下，收入仍向一小部分人集中。改革开放后，我国政府高度重视收入分配问题，邓小平同志早就指出最终要走共同富裕道路。党的十八大之后，我国加快推进建设小康社会，及至2020年目标已实现，脱贫攻坚战取得决定性胜利，消除了绝对贫困。但同时要看到，随着社会主义市场经济的发展，收入分配矛盾加剧反而成为经济基本特征之一。从人类社会经济发展规律看，这并不足为奇。真正至关重要的是认清主要矛盾，并制定化解策略。做到这点，首先应研究中国收入分配矛盾的特殊性。从中国制度特征看，收入分配矛盾分为两大类：一是市场配置资源中的收入分配矛盾，如劳资分配比例、个人收入差距、工薪阶层与食利阶层收入差距、同工不同酬等。二是体制内的收入分配矛盾，如机关和事业单位之间的收入差距、国企内部管理阶层与工勤人员间的收入差距、不同行业间收入差距等。由此可说化解中国的收入分配矛盾更难，因为我们还要妥善处理好两大类矛盾之间的关系。

宏观经济治理是对宏观经济运行基础条件的综合管控，具有经济增长态势和经济结构变动取向调节效应，但更多的是经济秩序维护和经济制度再构造。宏观经济治理是有针对性的治理，要从经济运行基本特征出发破解难题、维护秩序、扩散市场正外部性。所以，实施宏观经济治理应该在全面认识前文所述四个经济基本特征基础上确立精准发力的措施体系。经济平稳增长总体上说是经济向好的表现，宏观政策应发挥支撑作用。实现这一取向，难点在于怎样形成增长率相对高些的平稳增长。换言之，就是如何促成高水平均衡而非低水平均衡。从政策选择角度看，必须运用好财政政策，既要把握好赤字动态变动幅度，又要营造良好营商环境，其中至为关键的是继续深化税费制度改革。经济平稳增长本质上是稳步做大“蛋糕”，使可分配收入增量不断上涨。这可说是优化收入分配的前提条件。因为，如果收入增量萎缩甚至负增长那就根本谈不上优化分配。人类社会收入分配的矛盾就在于增量。切分公平合理性争论不休。优化收入分配必须多管齐下，重在制度调整，重在促成机会均等，重在增强社会阶层流动性，重在加大基本公共服务供给改善力度。降杠杆确属经济可持续发展必要之举，降杠杆关键是降低企业杠杆率和政府杠杆率，前者任务更重。降低企业杠杆率重在降成本，要通过管控成本压缩负债需求。降成本难点是管控物价。降低政府杠杆率难点是处理好减税降费与赤字增长之间关系。管控赤字重在平衡支出需求，关键之举是对支出结构进行战略性调整并全面实施支出绩效管理。

白景明

2021 年 5 月 2 日

目　录

第一章

中国经济已进入平稳增长期

历经 32 年年均 10% 两位数高速增长后，2011 年起中国经济进入一位数增长期，2018 年增速为 6.6%，2019 年下调至 6.1%。比较过去，可说这一数值表明经济增长冲力回落。但横向比，这一数值在世界范围内还是高速度。2008 年后全球年度经济增长率从 4% 的水平降至 3%，欧美年均增速不到 2%；美国 2019 年增长率为 2.3%，同期日本增长率为 0.7%，新兴经济体也在 5% 以下，巴西、印度、俄罗斯经济增长率分别为 1.1%、4.2%、1.3%。但是，国际上有一种悲观论认为中国经济未来将驶入慢车道，甚至有可能走向危机，“唱衰”中国。这是把高位数值当标杆判断经济形势的静态思维模式，完全忽略了经济发展的阶段性。评判经济走势，必须坚持历史唯物主义，从主要经济制约因素之间的内在联系角度坚持动态思维，在对经济要素状况的阶段性特征进行认真分析基础上，依据基本面状况而不是短期时点数据判断基本态势。只有如此，才能确立科学的宏观调控基本框架，实现经济高质量发展。依此逻辑分析问题，我们得出结论认为中国经济已进入平稳增长期。所谓平稳增长，是指经济增长率相对稳定，经济波动幅度低。中国经济进入平稳增长期符合客观规律，今后宏观政策导向应是力促高质量平稳增长。

2020 年新冠肺炎疫情（以下简称新冠疫情）席卷全球，全年新冠肺炎病例已达 8000 万例。对原本处于低位徘徊的全球经济形成强烈冲击，压低了大部分国家的经济增长率。中国经济同样受到强烈冲击，2020 年第一季度经济增长率为 -6.8%。在此背景下各国纷纷出台经济刺激政策，欧美主要采用货币政策刺激经济，美国推出无期限量化宽松政策，欧洲一些国家采用负利率政策。中国及时统筹疫情防控和经济发展，化危为机，采用了财政政策和货币政策双松策略。财政政策方面，实施适度提高赤字率、发行抗疫特别国债、增加地方专项债、加大减税降费力度等措施；货币政策方面，实施降低存款准备金率、定向降准等。总体看，新冠疫情尚不构成破坏中国经济基本面的势能，市场内生性经济增长冲力和宏观政策效能的融合仍会使中国经济今后保持平稳增长势态。2020 年第二季度起大部分宏观经济指标如经济增长率、货物进出口总额、全社会固定资产投资增长率、居民收入增长率已由负转正，2020 年全年经济增长率为 2.3%，这在全球主要经济体中可说是一花独秀。

第一节

中国经济平稳增长的突出表现

经济增长率波动区间是经济增长平稳度的集中体现。相比 20 世纪 80 年代和 90 年代以及 21 世纪前 10 年，2011 年后中国经济增长率波动区间明显收窄。20 世纪 80 年代中国年度经济增长率在 4.2%—15.2% 之间波动，全距达 11 个百分点，其间有 5 年增长率超过 10%。1989 年猛然从 1988 年的 11.2% 跌至 4.2%，属于典型的“硬着陆”。20 世纪 90 年代年度经济增长率在 3.9%—14.2% 之间波动，全距为 10.3 个百分点，此间有 4 年增长率超过 10%，平稳度增强，1997 年后逐步下行，1999 年为 7.7%，比 1997 年下跌 1.5 个百分点。总体看，80 年代的年均增速高过 90 年代，但波动幅度超过 90 年代，两个时期都经历了一个由低到高再下行的周期且周期低点都在年代初期和末期。详情请看图 1-1、图 1-2。

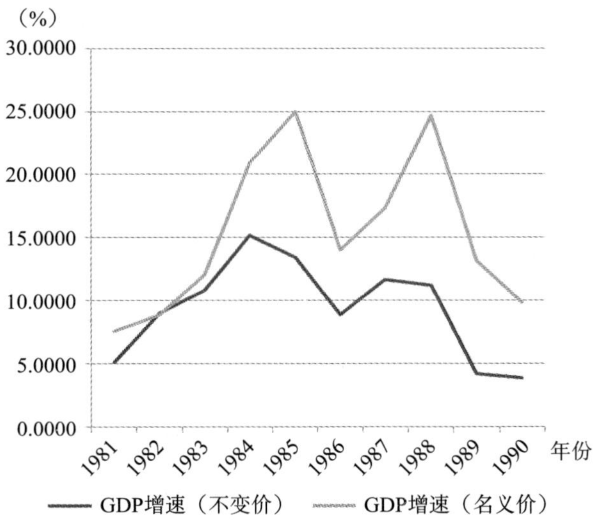

图 1－1　1981—1990 年中国 GDP 增速

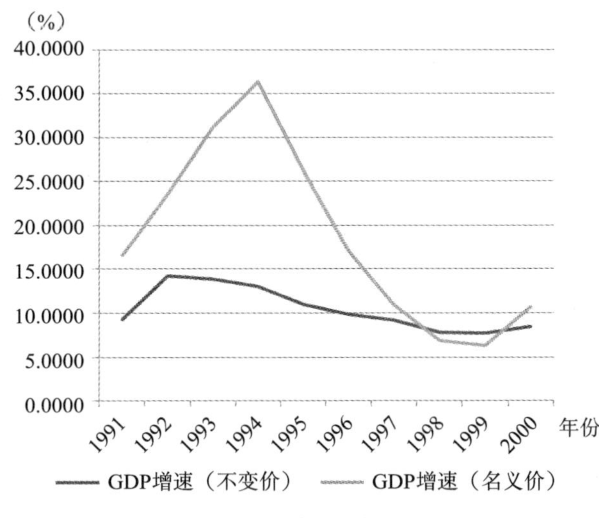

图 1－2　1991—2000 年中国 GDP 增速

2000—2009 年经济发展步入新阶段，中国年均增长率仍在 10% 的水平，且为基数急剧膨胀条件下的高增长。此间，经济增长的平稳度提升，增长率在 8.3%—14.2% 之间波动，全距为 5.9 个百分点，比 20 世纪 80 年代和 90 年代减少一半，从 8.5% 升至 14.2% 又下行至 9.4%，始终未跌破 8%。尤为突出的是在这一时间，GDP 规模突破了 30 万亿元，成为全球经济大国（见图 1－3）。

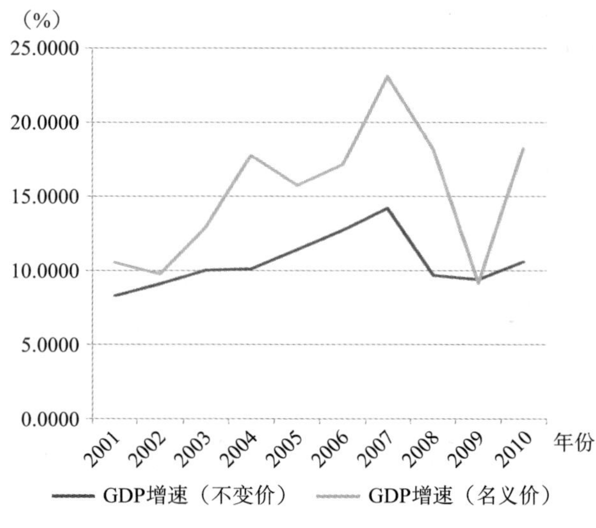

图 1－3　2001—2010 年中国 GDP 增速

2010—2019 年，中国经济增速逐步下行至“6%—7%”的稳定区间，全距仅为 4.5 个百分点。比前 10 年减少 1.4 个百分点，不足 20 世纪的一半，此间有 8 年时间增长率在 6%—7% 区间，有 5 年稳定在 6% 的水平，年度间差距最高未超过 1.7 个百分点。总体趋势线属于典型的软着陆（见图 1－4）。

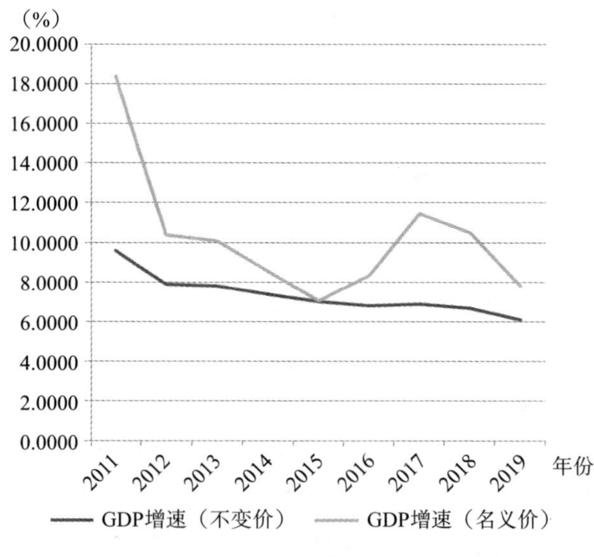

图 1－4　2011—2019 年中国 GDP 增速

总体看，从1980—2019年40年间，前30年每10年是一个周期，20世纪80年代实际上有两个小周期，表明经济具有高强波动性，其后两个10年相对平稳。2011—2019年与前30年不同，初期经济没有向上而是自上而下，其后年份呈逐步小幅下行盘整势态。这说明周期时限开始拉长。2020年受新冠肺炎疫情冲击，经济增长率陡然下跌，因而拉长了周期的萧条阶段时间。如果把40年经济增长率连为一条线，可看出整体波动下行，最终稳定在6%的区间的运行势态，显现出从强波动到平稳增长特征。

2012年之后，中国经济增长进入换挡期，平稳增长势态又有了新特质。突出表现是经济增长率、物价上涨率、就业增长率和工农业主要产品产量增长率四项指标值更为协调。从理论上讲，一国政府应追求的政策效应是高增长、低通货膨胀率、低失业率。2012年之后，相关指标值表示中国已实现了理论上的理想状态。

2012—2019年中国经济增长率从7.9%降至6.1%。其间2016年开始进入6%的区间，2012—2019年居民消费价格指数稳定在3%以内（见图1－5），低于经济增长率3—4个百分点的同时，工业生产者出厂价格指数和工业生产者购进价格指数年均增速为负值，固定资产投资价格指数年均增速不足3%，农业生产资料价格指数年均增速控制在2%以内。从国际经验看，6%的经济增长率往往会伴随3%以上的消费物价上涨率。中国20世纪80年代曾经出现过连续多年消费物价上涨率超出经济增长率的情况。1993—1995年也有类似情况。国际上，印度和巴西都曾出现过经济增长率超过5%、物价上涨率超过10%的情况。发达经济体的情况是低增长、低物价。2012年之后，欧元区消费物价稳定在2%以内，但年均经济增长率不到2%。2012和2013年连续两年负增长。同期美国消费物价也在2%以内，经济增长率不足3%。

2012—2019年就业形势总体平稳，就业人数平稳增长。经济增速放缓虽然影响了就业需求，但在2011—2019年间，中国就业人数累计仍增长1亿人。尤为值得注意的是2017—2019年连续3年新增就业人数达1100万人。2020年受新冠肺炎疫情冲击，经济增长率大幅下调至2.3%。尽管如此，全年城镇新增就业人员仍达1186万人。就业如此稳定的原因有以下几点：一是经济增长速度虽有放缓，但超过全球大多数国家增速，2020年6月，国际货币基金组织（IMF）发布《世界经济展望最新预测》报告显示，2019年世界经济呈现疲弱态势，中国经济增长6.1%，远高于世界2.9%、

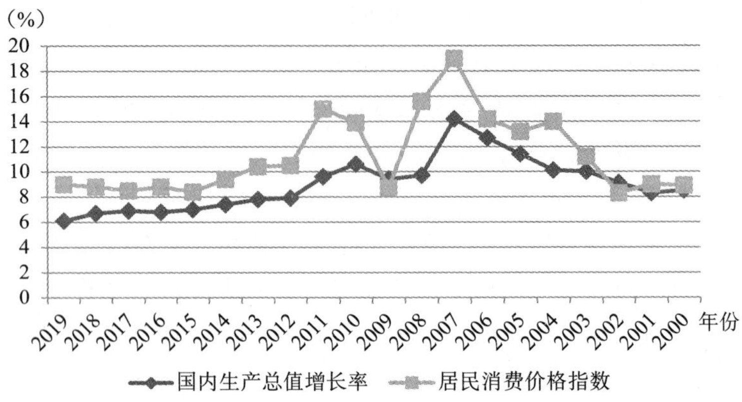

图 1-5　居民消费价格指数

发达国家 1.7% 和发展中国家 3.7% 的平均水平，仍是经济增长较快的国家。IMF 曾预计，2020 年我国经济将增长 1.6%，在世界大多数经济体普遍负增长时继续保持正向增速。2020 年最终数据是 2.3%，总量达 101.59 万亿元，超出了 IMF 的预测值。经济体量扩大，就业规模自然随之扩张。二是中国的产业结构发生了变化，服务业保持比较快的增长，服务业增加值占 GDP 比重持续提高，形成了产业结构转变型就业吸纳力增强格局。三是国家出台了积极的就业政策，采用对重点群体就业开展帮扶、增加就业培训多渠道多种方式吸容就业。四是新产业、新业态、新商业模式不断兴起壮大，为就业增长扩大了空间（见图 1-6）。

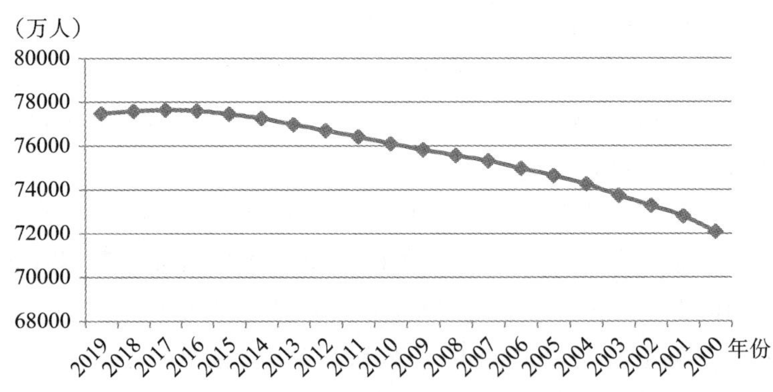

图 1-6　中国就业人员

6% 的增速、3% 以内的消费物价上涨率、年新增就业人员 1000 万人三个数据的组合背后是主要工农业产品产量平稳增长。

2012 年后，中国主要农产品产量依然保持平稳增长。2010 年较 2000 年，谷物、玉米、花生、油菜籽、甘蔗、蔬菜产量分别增长 10674 万吨、8475 万吨、70 万吨、141 万吨、3770 万吨、12797 万吨；2000 年至 2010 年平均增长率分别为 13%、18%、10%、11%、16%、13%。2019 年较 2011 年我国谷物、玉米、花生、油菜籽、甘蔗、蔬菜产量分别增长 7308 万吨、4946 万吨、222 万吨、35 万吨、72 万吨、12335 万吨；2011 年至 2019 年平均增长率分别为 14%、15%、14%、13%、13%、15%（见图 1－7）。上述数据表明，在产量基数逐步扩大的条件下，2011—2019 年间还有部分农产品产量年均增长率超过 21 世纪前十年水平，如蔬菜、油菜籽、花生。

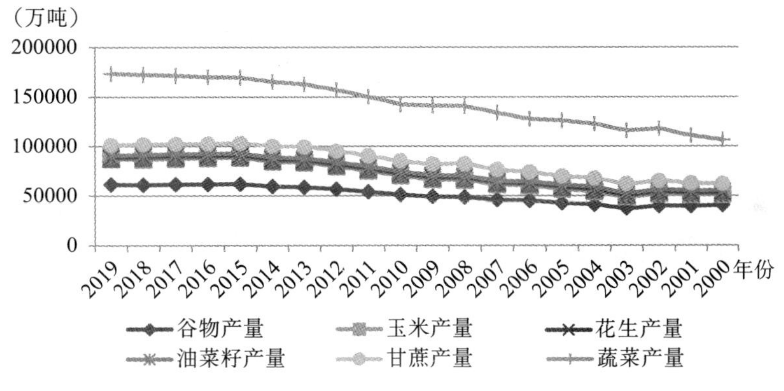

图 1－7　中国主要农产品产量

2012 年后，中国工业产量同样保持平稳增长态势。2010 年较 2000 年，我国原煤、原油、布、农用氮、磷、钾化肥、水泥、粗钢、发电量产量分别增长：20 亿吨、4001 万吨、523 亿米、3152 万吨、128491 万吨、50873 万吨、28516 亿千瓦时；2000 年至 2010 年平均增长率分别为 25%、12%、29%、20%、32%、50%、31%。2019 年较 2011 年中国原煤、原油、布、农用氮、磷、钾化肥、水泥、粗钢、发电量产量分别增长：1 亿吨、－1186 万吨、－116 亿米、－688 万吨、25086 万吨、31106 万吨、27904 亿千瓦时；2011 年至 2019 年平均增长率分别为 13%、12%、12%、11%、14%、18%、20%（见图 1－8）。上述数据表明，21 世纪前十年主要工业品产量急剧扩张，做大了产出基数。在这种条件下，2012 年后，这些工业品产量仍处增长势态，充分表明中国经济增长具有强大内生动力，实物需求扩张不断牵引供给扩张。

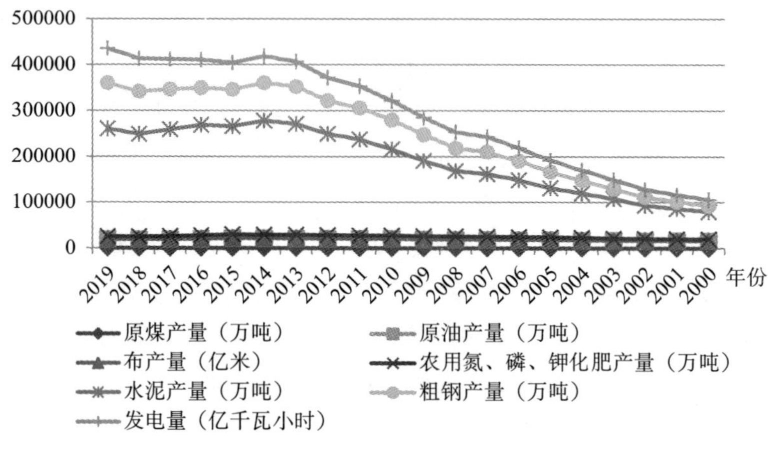

图 1-8　中国主要工业产品产量

第二节
中国平稳增长的内生动因

经济增长理论历来强调系统分析趋势性现象。马克思主义政治经济学的伟大贡献是对资本主义经济发展的基本趋势做出了科学判断。从亚当·斯密、李嘉图、马尔萨斯为代表的古典经济学增长理论到熊彼特的内生经济增长理论，再到哈罗德—多马的外生增长理论及至后来以库兹涅茨、巴罗等人为代表的新增长理论，都体现出了系统性思维特征，得出的结论也是趋势性判断。实践上，西方主要发达经济体的经济发展轨迹也是从高强度波动增长演变到平稳增长。欧洲主要经济体在工业化过程中反复出现程度不一的经济危机，产出量和物价急剧波动。美、日也有类似经历。1929—1933 年西方国家经历了大危机，当时各国主要工农业产品产出量都下降 30% 多，物价也大幅下跌，金融市场几近崩溃。第二次世界大战之后，主要发达经济体在 20 世纪 60 年代都实现了高速经济增长，其中美国、日本、德国年均名义经济增长率达到 10% 的水平，不变价经济增长率也达到 5% 水平。20 世纪 70 年代中期石油危机爆发。此后，发达经济体出现了 10 年低增长情况。从 2000 年开始最初几年全球经济呈上升势态。2007 年后美国爆发次贷危机，2008 年欧洲又出现政府债务危机。此后，这些国家普遍陷入低增长境地，形成了低位徘徊格局，实际上是一种低水平的平稳增长状态。强调这点，是要指出研究当今经济形势，要着力系统分析经济增长基本约束因素状况与经济增长长期趋势之间的客观联系。平稳增长作为一种趋势性现象，有其特定内生动因。把握这一动因有助于实现党中央多次强调的宏观政策要稳的要求，形成具有宏观经济自动稳定器功能的宏观政策体系，避免以短期刺激政策替代长期政策。具体分析，中国经济平稳增长内生动因有如下几点。

一、经济规模扩张到一定程度后经济增长率势必下调

世界银行根据收入水平把全球经济体划分为低收入（LIC）、下中等收入（LMC）、上中等收入（UMC）和高收入（HIC）国家。按照世行 2012 年标准，下中等收入国家的下限是人均收入 1036 美元，上中等收入的下限是人均收入 4086 美元，而高收入国家的下限是人均收入 12616 美元。此标准根据全球经济发展形势每年度调整一次。按此标准，中国于 1960 年前后步入下中等收入国家序列，于 2010 年前后步入上中等收入国家序列。2017 年中国人均 GDP 为 8827 美元，2019 年突破了 1 万美元，已进入高收入国家序列。在人均 GDP 上升过程中，经济增长率逐步下行，特别是 2010 年后，年均经济增长率从两位数下行至一位数，2011 年为 9.6%，2019 年为 6.1%（见图 1－4）。

由“下中等收入国家”向“上中等收入国家”转型时，各国均保持了接近或超过 8% 的增长速度，平均增速为 8.5%；而由“上中等收入国家”向“高收入国家”转变时，经济增速则普遍下滑（韩国除外），大多数国家经济增速在 5% 左右，部分国家和地区经济增速保持在 8% 左右，如韩国、中国香港、新加坡等出口导向型且规模经济不大的经济体。与中国类似、具有较为完整工业体系且人口多的日本，这一时点的经济增速为 4.58%。由此可见，经济增速下滑在由“上中等收入”国家向“高收入国家”国家转型过程中属于普遍现象。

经济增长率与经济规模两者具有反向关系。经济规模达到一定水平时，经济增长率就会呈下行趋势，直至稳定在一定水平上，或说进入平稳增长期。对比国内外数据，可见这是普遍现象。第二次世界大战之后，当一国 GDP 达到 1 万亿美元后，经济增长率就逐步下行直至相对稳定。中国

GDP 总量于 1998 年突破 1 万亿美元；2010 年为 6.1 万亿美元，开始超过日本成为全球第二大经济体；2014 年升至 10 万多亿美元，其后 5 年年均经济增长率下行至 8%。2017 年突破 12 万亿美元，2019 年为 14 万亿美元，相当于美国 2007 年水平。此间，2010 年后，经济增长率明显下行。特别是 2014 年 GDP 突破 10 万亿美元后，经济增长率就稳定在 6% 的水平上（见表 1－1）。

表 1－1　　主要国家 GDP 总量　　单位：万亿美元

国家＼年份	1961	1962	1963	1964	1965	1966	1967	1968	1969	1970
美国	0.56	0.61	0.64	0.69	0.74	0.82	0.86	0.94	1.02	1.08
中国	0.05	0.05	0.05	0.06	0.07	0.08	0.07	0.07	0.08	0.09
日本	0.05	0.06	0.07	0.08	0.09	0.11	0.12	0.15	0.17	0.21
年份	1971	1972	1973	1974	1975	1976	1977	1978	1979	1980
美国	1.17	1.28	1.43	1.55	1.69	1.88	2.09	2.36	2.36	2.86
中国	0.10	0.11	0.14	0.14	0.16	0.15	0.17	0.15	0.18	0.19
日本	0.24	0.32	0.43	0.48	0.52	0.59	0.72	1.01	1.06	1.11
年份	1981	1982	1983	1984	1985	1986	1987	1988	1989	1990
美国	3.21	3.34	3.64	4.04	4.35	4.59	4.87	5.25	5.66	5.98
中国	0.20	0.21	0.23	0.26	0.31	0.30	0.27	0.31	0.35	0.36
日本	1.22	1.13	1.24	1.32	1.40	2.08	2.53	3.07	3.05	3.13
年份	1991	1992	1993	1994	1995	1996	1997	1998	1999	2000
美国	6.17	6.54	6.88	7.31	7.66	8.10	8.61	9.09	9.66	10.28
中国	0.38	0.43	0.44	0.56	0.73	0.86	0.96	1.03	1.09	1.21
日本	3.58	3.91	4.45	4.91	5.45	4.83	4.41	4.03	4.56	4.89
年份	2001	2002	2003	2004	2005	2006	2007	2008	2009	2010
美国	10.62	10.98	11.51	12.27	13.09	13.86	14.48	14.72	14.42	14.96
中国	1.34	1.47	1.66	1.96	2.29	2.75	3.55	4.60	5.11	6.10
日本	4.30	4.12	4.45	4.82	4.76	4.53	4.52	5.04	5.23	5.70
年份	2011	2012	2013	2014	2015	2016	2017	—		
美国	15.52	16.16	16.69	17.43	18.12	18.62	19.39			
中国	7.57	8.56	9.61	10.48	11.06	11.19	12.24			
日本	6.16	6.20	5.16	4.85	4.39	4.95	4.87			

资料来源：世界银行。

从表 1－1 可见，第二次世界大战后美国经济一直位居全球首位，1969 年 GDP 突破 1 万亿美元，其后经济增长率波动性下行，1974 年和 1975 年连续两年负增长。1984 年 GDP 破 4 万亿美元，其后经济增长率未突破 5%。2000 年突破 10 万亿美元，此后，经济增长始终低于 4%。2007 年突破 14 万亿美元后，经济增长率在 3% 以内。日本 20 世纪 60 年代经济高增长时 GDP 规模在 500 亿—2000 亿美元之间，1978 年破万亿美元，自此经济增长率也在 7% 以下，尤其是 GDP 规模突破 6 万亿美元之后，经济增长率均未超过 2%。与这两大经济体相比，中国在 1998 年 GDP 首次突破 1 万亿美元后至 2014 年，一直保持 7% 以上的增长率；2015 年 GDP 突破 11 万亿美元，增长率才略降，但仍保持在 6% 以上水平，这可谓世所罕见。显然，就世界范围内看，中国作为 GDP 规模破 10 万亿美元的经济大国，现阶段经济增速并不低，6% 的经济增速已远超美国同等规模 GDP 时的增速。相对而言，中国的平稳增长是高位平稳增长（见表 1－2）。

表 1－2　　主要国家 GDP 增速　　单位：%

国家＼年份	1961	1962	1963	1964	1965	1966	1967	1968	1969	1970
美国	2.30	6.10	4.40	5.80	6.40	6.50	2.50	4.80	3.10	0.19
中国	－27.27	－5.58	10.30	18.18	16.95	10.65	－5.77	－4.10	16.94	19.30
日本	12.04	8.91	8.47	11.68	5.82	10.64	11.08	12.88	12.48	0.40
国家＼年份	1971	1972	1973	1974	1975	1976	1977	1978	1979	1980
美国	3.30	5.26	5.64	－0.52	－0.20	5.39	4.61	5.56	3.18	－0.24
中国	7.06	3.81	7.76	2.31	8.72	－1.57	7.57	11.67	7.60	7.81
日本	4.70	8.41	8.03	－1.23	3.09	3.97	4.39	5.27	5.48	2.82
国家＼年份	1981	1982	1983	1984	1985	1986	1987	1988	1989	1990
美国	2.59	－1.91	4.63	7.26	4.24	3.51	3.46	4.20	3.68	1.92
中国	5.17	8.93	10.84	15.14	13.44	8.94	11.69	11.23	4.19	3.91
日本	4.21	3.31	3.52	4.50	5.23	3.33	4.73	6.79	4.86	4.89
国家＼年份	1991	1992	1993	1994	1995	1996	1997	1998	1999	2000
美国	－0.07	3.56	2.75	4.04	2.72	3.80	4.49	4.45	4.69	4.09
中国	9.29	14.22	13.87	13.05	10.95	9.93	9.23	7.84	7.67	8.49
日本	3.42	0.85	－0.52	0.99	2.74	3.10	1.08	－1.13	－0.25	2.78

续表

国家 \ 年份	2001	2002	2003	2004	2005	2006	2007	2008	2009	2010
美国	0.98	1.79	2.81	3.79	3.35	2.67	1.78	-0.29	-2.78	2.53
中国	8.34	9.13	10.04	10.11	11.40	12.72	14.23	9.65	9.40	10.64
日本	0.41	0.12	1.53	2.20	1.66	1.42	1.65	-1.09	-5.42	4.19
国家 \ 年份	2011	2012	2013	2014	2015	2016	2017			
美国	1.60	2.22	1.68	2.57	2.86	1.49	2.27			
中国	9.54	7.86	7.76	7.30	6.90	6.70	6.90			
日本	-0.12	1.50	2.00	0.37	1.35	0.94	1.71			

资料来源：世界银行。

经济规模与经济增长率的反向性归根结底取决于资源环境约束。因为，经济规模与经济发展资源耗费规模成正比关系。每一个国家的资源环境对经济规模的承载力都具有阶段性和有限性。在经济起飞阶段，经济规模小、资源环境承载力强，相应经济增长率就高。当经济进入成长期后期之后，维持经济规模的稳定和扩张的资源环境条件开始弱化。在这方面中国最具典型性。2000—2019 年资源供给量减退、环境条件改善不大，但能源消费总量持续增长，2017 年比 2000 年增长了 2 倍。这使经济增长率失去了强力上冲的基本物质条件。国际上发达经济体如美国、欧盟、日本等在经济规模放大到万亿美元后，也遇到了资源环境约束，被迫把工业向新兴经济体转移，通过资本输出来化解矛盾。

二、产业结构转换托底经济增长

经济增长过程本身就是产业结构转换过程。体量放大时增长率降幅不大有其特定支撑因素。美日等国特别是美国在 GDP 突破 10 万亿美元后仍有一些年份达到 3% 的增长率，关键因素是产业结构转换。产业结构转换能够推动经济增长，根本性原因是转换过程中社会分工细化并培育出新行业从而带动整体供求规模扩张。20 世纪 90 年代后美国一些新兴产业逐步成熟并领先全球似可说明这点。产业结构转换是中国体量急剧膨胀条件下经济增长率高位趋稳的重要支撑力量。因为产业结构转换释放了新动能、维持了旧动能。2012 年之后，中国产业结构转换步伐明显加快，突出表现是第三产业比重上升、高新技术产业领先增长。

1. 三次产业结构变动

（1）第三产业规模快速膨胀。伴随经济发展，我国第三产业规模不断扩大。第三产业涉及行业点多面广，在《国民经济行业分类》（GB/T 4754－2017）中，包括批发零售、交通运输、住宿餐饮、信息服务、金融、房地产、租赁商务、居民服务和公共事业等15个门类，共47个行业大类，224个行业中类，599个行业小类。2010—2017年，第三产业法人单位数由594万个上升至1561万个，年均增速达37.5%，比第二产业高11.2个百分点。在第三产业中，企业法人单位个数排名前三的行业分别是：批发和零售业、租赁和商务服务业、科学研究和技术服务业（见表1－3）。

表1－3　三次产业法人单位数　单位：个

年份＼指标	第一产业	第二产业	第三产业
2017	1670774	4731349	15606969
2016	1262764	3953940	12974678
2015	1005230	3544975	11178994
2014	773414	3244154	9683872
2013	1815	2743347	8080449
2012	440853	2949694	7225983
2011	321086	2758483	6514160
2010	242429	2568818	5943341

资料来源：国家统计局。

国家统计局第四次经济普查数据显示，2018年末，全国从事第三产业活动的法人单位1716.1万个，比全部法人单位增速高10.9个百分点。全国第三产业法人单位从业人员为21067.7万人，比全部法人单位从业人员增速高21.3个百分点。全国第三产业法人单位资产总计为740.9万亿元，比全部法人单位资产总计增速高18.9个百分点。全国第三产业企业法人单位营业收入150.8万亿元，比全部企业法人单位营业收入增速高26.8个百分点（见表1－4）。

表 1-4　第三产业企业法人单位比重情况　单位：万个，%

行业类别	单位数	占第三产业比重
总计	1448.8	100.0
批发和零售业	649.9	44.9
交通运输、仓储和邮政业	57.0	3.9
住宿和餐饮业	43.1	3.0
信息传输、软件和信息技术服务业	91.3	6.3
金融业	13.7	0.9
房地产业	74.2	5.1
租赁和商务服务业	250.6	17.3
科学研究和技术服务业	119.5	8.3
水利、环境和公共设施管理业	11.6	0.8
居民服务、修理和其他服务业	47.9	3.3
教育	28.9	2.0
卫生和社会工作	10.3	0.7
文化、体育和娱乐业	50.7	3.5

资料来源：国家统计局。

（2）第三产业比重持续稳定上升。改革后，第一产业和第二产业占国内生产总值比重呈下降趋势；第三产业在国内生产总值中所占比重逐年上升。步入21世纪后，第三产业占GDP比重从2000年的39.8%增至2020年的54.5%，提高了14.7个百分点，第一产业增加值占国内生产总值比重从2000年的14.7%降至2020年的7.7%，降低7个百分点；第二产业增加值占国内生产总值比重从2000年的45.5%降至2020年的37.8%，降低了7.7个百分点。第三产业成为经济增长新引擎，对经济的主导作用日益增强。

在第三产业增加值占国内生产总值比重逐年上升过程中，第三产业内部一些细分行业增加值占国内生产总值比重上升较快，以互联网和相关服务为代表的现代新兴服务业增速明显快于传统服务业，2010—2017年信息传输、软件和信息技术服务业占GDP的比重从2.2%增至3.2%，租赁和商务服务业占GDP的比重从1.8%增至2.7%，科学研究和技术服务业占GDP的比重从1.4%增至2.0%；金融业占GDP的比重从2000年的4.8%增至2019年的7.8%，房地产业占GDP的比重从2000年的4.1%增至

2019 年的 7.0%。交通运输、仓储和邮政业、住宿和餐饮业等传统服务业增加值占 GDP 比重则有所降低（见表 1－5、表 1－6）。

表 1－5　　三次产业增加值占国内生产总值比重　　单位：%

年份＼指标	第一产业增加值	第二产业增加值	第三产业增加值
2020	7.7	37.8	54.5
2019	7.1	39.0	53.9
2018	7.0	39.7	53.3
2017	7.5	39.9	52.7
2016	8.1	39.6	52.4
2015	8.4	40.8	50.8
2014	8.6	43.1	48.3
2013	8.9	44.2	46.9
2012	9.1	45.4	45.5
2011	9.2	46.5	44.3
2010	9.3	46.5	44.2
2009	9.6	46.0	44.4
2008	10.2	47.0	42.9
2007	10.2	46.9	42.9
2006	10.6	47.6	41.8
2005	11.6	47.0	41.3
2004	12.9	45.9	41.2
2003	12.3	45.6	42.0
2002	13.3	44.5	42.2
2001	14.0	44.8	41.2
2000	14.7	45.5	39.8

资料来源：国家统计局。

表 1－6　　第三产业细分行业增加值占国内生产总值比重　　单位：%

年份＼指标	批发和零售业	交通运输、仓储和邮政业	住宿和餐饮业	金融业	房地产业	其他行业
2019	9.7	4.3	1.8	7.8	7.0	
2018	9.7	4.4	1.8	7.7	7.0	22.2

续表

指标 年份	批发和零售业	交通运输、仓储和邮政业	住宿和餐饮业	金融业	房地产业	其他行业
2017	9.8	4.5	1.8	7.8	6.9	21.5
2016	9.9	4.4	1.8	8.0	6.7	21.0
2015	9.8	4.4	1.8	8.2	6.2	19.9
2014	9.8	4.4	1.7	7.3	5.9	18.6
2013	9.5	4.4	1.7	7.0	6.0	17.9
2012	9.3	4.4	1.8	6.5	5.7	17.3
2011	9.0	4.5	1.8	6.3	5.7	16.6
2010	8.7	4.6	1.9	6.2	5.7	16.7
2009	8.3	4.7	2.0	6.3	5.4	17.2
2008	8.2	5.1	2.1	5.7	4.6	16.7
2007	7.8	5.4	2.1	5.6	5.1	16.5
2006	7.5	5.6	2.2	4.5	4.7	16.8
2005	7.5	5.7	2.2	4.0	4.5	16.9
2004	7.7	5.8	2.3	4.1	4.4	16.5
2003	8.1	5.8	2.3	4.4	4.5	16.6
2002	8.2	6.2	2.2	4.6	4.4	16.3
2001	8.2	6.2	2.2	4.7	4.2	15.3
2000	8.1	6.1	2.1	4.8	4.1	14.1

资料来源：国家统计局。

（3）第三产业经济增长贡献率和拉动率上升。近年来，第三产业对国内生产总值的贡献率总体呈上升趋势，特别是2010年以来逐年上升。2015年起第三产业对国内生产总值增长的贡献率超过第一产业和第二产业之和，2018年，第三产业对国内生产总值增长的贡献率为61.5%，比第二产业高27.1个百分点，比第一产业高57.4个百分点（见表1－7）。

表1－7　三次产业对GDP的贡献率　单位：%

指标 年份	第一产业	第二产业	第三产业
2018	4.1	34.4	61.5
2017	4.6	34.2	61.1

续表

年份＼指标	第一产业	第二产业	第三产业
2016	4.0	36.0	60.0
2015	4.4	39.7	55.9
2014	4.5	45.6	49.9
2013	4.2	48.5	47.2
2012	5.0	50.0	45.0
2011	4.1	52.0	43.9
2010	3.6	57.4	39.0
2009	4.0	52.3	43.7
2008	5.2	48.6	46.2
2007	2.7	50.1	47.3
2006	4.4	49.7	45.9
2005	5.2	50.5	44.3
2004	7.3	51.8	40.8
2003	3.1	57.9	39.0
2002	4.1	49.4	46.5
2001	4.6	46.4	49.0
2000	4.1	59.6	36.2

资料来源：国家统计局。

2015年起，第三产业对国内生产总值增长的拉动超过第一产业和第二产业之和。2018年，第三产业拉动率的4.2%，比第二产业高1.9个百分点，比第一产业高3.9个百分点（见表1-8）。

表1-8　　三次产业对国内生产总值增长的拉动　　单位：%

年份＼指标	国内生产总值增长	第一产业	第二产业	第三产业
2018	6.7	0.3	2.3	4.2
2017	6.9	0.3	2.4	4.2
2016	6.8	0.3	2.5	4.1
2015	7.0	0.3	2.8	3.9
2014	7.4	0.3	3.4	3.7

续表

年份＼指标	国内生产总值增长	第一产业	第二产业	第三产业
2013	7. 8	0. 3	3. 8	3. 7
2012	7. 9	0. 4	3. 9	3. 5
2011	9. 6	0. 4	5. 0	4. 2
2010	10. 6	0. 4	6. 1	4. 2
2009	9. 4	0. 4	4. 9	4. 1
2008	9. 7	0. 5	4. 7	4. 5
2007	14. 2	0. 4	7. 1	6. 7
2006	12. 7	0. 6	6. 3	5. 8
2005	11. 4	0. 6	5. 8	5
2004	10. 1	0. 7	5. 2	4. 1
2003	10. 0	0. 3	5. 8	3. 9
2002	9. 1	0. 4	4. 5	4. 2
2001	8. 3	0. 4	3. 9	4. 1
2000	8. 5	0. 4	5. 1	3. 1

资料来源：国家统计局。

（4）第三产业成为吸纳就业人员的主要力量。随着经济结构优化以及科技的发展，第一产业就业人数占就业人员比重大幅降低，第二产业就业人数比重基本保持不变，第三产业就业人数占就业人员总数比重逐年上升，由 2000 年的 27. 5% 上升至 2018 年的 46. 3% 。2018 年，第一产业就业人数占就业人员总数的 26. 1% ，第二产业占比为 27. 6% ，第三产业占比为 46. 3% ，第三产业吸纳就业人数接近第一、第二产业吸纳就业人数之和。第四次经济普查数据显示，2018 年末，第三产业中从业人数最多的三个行业分别为：批发和零售业、租赁和商务服务业、教育业（见表 1 －9）。

表 1 －9　　三次产业就业人数　　单位：万人

年份＼指标	就业人员总数	第一产业	第二产业	第三产业
2000	72085	36043	16219	19823
2001	72797	36399	16234	20165
2002	73280	36640	15682	20958

续表

指标 年份	就业人员总数	第一产业	第二产业	第三产业
2003	73736	36204	15927	21605
2004	74264	34830	16709	22725
2005	74647	33442	17766	23439
2006	74978	31941	18894	24143
2007	75321	30731	20186	24404
2008	75564	29923	20553	25087
2009	75828	28890	21080	25857
2010	76105	27931	21842	26332
2011	76420	26594	22544	27282
2012	76704	25773	23241	27690
2013	76977	24171	23170	29636
2014	77253	22790	23099	31364
2015	77451	21919	22693	32839
2016	77603	21496	22350	33757
2017	77640	20944	21824	34872
2018	77586	20258	21390	35938
2019	77471	19445	21305	36721

资料来源：国家统计局。

（5）第三产业固定资产投资大幅增长。中国第三产业固定资产投资大幅增长，年平均增速达 8.3%，比第二产业高出 4 个百分点。在中国第三产业中，固定资产投资增长较快的行业有：租赁和商务服务业（254%）、科学研究、技术服务和地质勘查业（148%）、水利、环境和公共设施管理业（134%）、批发和零售业（130%）、卫生、社会保障和社会福利业（129%）（见表 1－10、表 1－11）。

表 1－10　　三次产业全社会固定资产投资　　单位：亿元

指标 年份	全社会固定资产投资	第一产业	第二产业	第三产业
2019	560874	—	—	—
2018	645675	—	—	—

续表

年份＼指标	全社会固定资产投资	第一产业	第二产业	第三产业
2017	641238	26708	236565	377966
2016	606466	24853	232645	348968
2015	562000	21043	225021	315937
2014	512021	16574	208520	286927
2013	446294	13479	185660	247155
2012	374695	10996	158263	205436
2011	311485	8758	132477	170251
2010	251684	7923	118102	152097
2009	224599	6895	96251	121453
2008	172828	5064	76961	90802
2007	137324	3404	61154	72767
2006	109998	2750	48479	58769
2005	88774	2324	38837	47613
2004	70477	1891	28740	39844
2003	55567	1652	21352	32560
2002	43500	—	—	—
2001	37214	—	—	—
2000	32918	—	—	—
年平均增速（%）	9.0	11.5	7.9	8.3

资料来源：国家统计局。

2. 高新技术产业领先增长

2000年后，信息技术产业保持高速增长态势。随着全球产业结构调整和中国要素结构变迁，劳动力密集型企业已逐步向东南亚等劳动力成本较低国家转移，高污染、高能耗的资本密集型的产业规模也逐渐缩小，中国产业逐渐向技术、资本密集型产业转移。

从细分产业上看，传统行业增速放缓。2018年，传统行业增速放缓明显，纺织、造纸、化学原料和化学制品制造业增速分别为1.0%、1.0%和3.6%，增速维持在较低水平。对比而言，高技术附加值产业增长迅速，铁路客车、新能源汽车、智能电视、锂离子电池和集成电路分别增长

表 1－11　　第三产业细分行业全社会固定资产投资

单位：亿元

指标 / 年份	交通运输、仓储和邮政业	信息传输计算机服务和软件业	批发和零售业	住宿和餐饮业	金融业	房地产业	租赁和商务服务业	科学研究、技术服务和地质勘查业	水利、环境和公共设施管理业	居民服务和其他服务业	教育	卫生、社会保障和社会福利业	文化、体育和娱乐业	公共管理和社会组织
2017	61450	6997	16780	6145	1121	146225	13357	5932	82106	2753	11104	7328	8735	7931
2016	53890	6325	18167	5976	1310	142359	12342	5568	68648	2751	9327	6282	7834	8188
2015	49200	5522	18925	6547	1367	134284	9448	4752	55680	2730	7727	5176	6728	7851
2014	43216	4110	15800	6230	1363	131348	7965	4219	46225	2372	6709	3992	6178	7201
2013	36790	3085	12720	6041	1242	118809	5893	3133	37664	2099	5433	3139	5231	5874
2012	31445	2692	9811	5153	924	99159	4700	2476	29622	1905	4613	2617	4271	6047
2011	28292	2174	7439	3957	639	81686	3383	1680	24523	1443	3895	2330	3162	5648
2010	30074	2454	6032	3367	489	64877	2693	1379	24828	1114	4034	2119	2959	5677
2009	24975	2589	5133	2625	360	49359	2036	1201	19874	802	3521	1859	2383	4736
2008	17024	2163	3742	1959	261	40442	1356	782	13534	522	2524	1156	1590	3748
2007	14154	1848	2880	1519	158	32439	949	560	10154	435	2376	885	1243	3166
2006	12138	1876	2265	1096	121	24524	726	495	8153	389	2270	769	955	2991
2005	9614	1582	1716	809	109	19505	550	435	6274	363	2209	662	857	2927
2004	7646	1658	1273	561	136	16679	421	333	5072	314	2025	517	773	2437
2003	6289	1661	923	423	90	13143	376	286	4366	242	1671	406	532	2154
年平均增速（%）	70	30	130	104	89	79	254	148	134	81	47	129	117	26

资料来源：国家统计局。

183.0%、40.1%、18.7%、12.9%和9.7%，成为经济增长的新动能。2019年全球创新指数排名中国升至第14位，比2018年上升3位。高技术制造产业增长8.4%，工业战略性新型产业增加值增长8.8%，两者超出经济增长率均达2个百分点。国家统计局统计的经济发展新动能指数是利用"三新"调查基础数据，采用线性加权的综合评价方法构建而成的复合指数，用来反映经济新动能发展趋势和进程。该指数从知识能力、经济活力、创新驱动、网络经济、转型升级等不同领域对中国经济新动能进行评估。2014—2017年数据显示，中国经济的新动能部分具有强大生命力（见表1-12）。

表1-12　　2014—2017经济发展新动能指数

指标名称 年份	经济发展新动能指数	知识能力	经济活力	创新驱动	网络经济	转型升级
2015	123.50	112.60	144.40	113.50	137.30	109.70
2016	156.70	125.10	205.50	126.30	202.20	124.30
2017	210.10	128.50	284.30	143.30	362.10	132.30

在新技术方面，积极研发、运用智慧工厂增加企业效益。智慧工厂的特点是全盘智能化，工厂包括生产设备互联、物品识别定位、能耗自动检测、设备状态监测、产品远程运维、配件产品追溯、生产业绩考核以及工厂环境监测等环节。麦肯锡全球研究院最新预测，到2025年智慧工厂带来的经济影响价值将达每年1.2万亿美元至3.7万亿美元。埃森哲联合*Frontier Economics*预估了智慧工厂和工业物联网对中国12个产业的累计GDP影响认为中国在政策和投资的助推下，未来15年，仅在制造业的智慧工厂和工业物联网就可创造1960亿美元的累计GDP增长，如果进一步扩大物联网的影响，各行业还将创造出更大价值。以制造业为例，物联网创造的经济价值将从1960亿美元跃升至7360亿美元，增加276%。

另一种是借助技术，尤其是互联网技术的发展，实现自动化控制。在中国，这种变化始于2000年前后国内工业化和信息化的融合，很多依靠手工完成的工程逐渐被工业机器人等自动化设备替代。其主要成因是企业在经营层面实行成本领先战略，即将生产、销售、服务等环节的成本降到最低，以实现增强企业讨价还价能力、降低替代品威胁和保持领先竞争地位目的。

从要素配置结构角度看，高新技术产业突前发展的突出表现是劳动密集型产业转向技术密集型产业。受劳动力成本上升、环保标准提升、社会平均利润率水平下降等多种因素影响，劳动密集型产业在一个国家或地区会逐渐被“淘汰”。“淘汰”方式之一是转移到另一个国家或地区。在20世纪全球这种大的产业转移出现过三次。第一次是20世纪50年代，美国将纺织等传统制造业向日本、德意志联邦共和国（以下简称西德）等转移；第二次是20世纪60—80年代，日本、西德等将附加值较低的劳动密集型产业转移到亚洲“四小龙”等新兴工业化国家和地区；第三次是20世纪90年代，欧美和日本等以及亚洲“四小龙”等新兴工业化国家或地区将自身不具有竞争优势的产业向以中国大陆为代表的发展中国家或地区转移。1978年中国启动改革开放，时值发达经济体积极向外输出过剩产能和过剩资本。通过承接欧美日等发达经济体的一些劳动力密集型产业，缓解了经济起飞阶段的资金供求矛盾，完成了部分资本原始积累。

2000年后，中国区域间产业转移规模逐步扩大、层次明显提升、方式不断创新。随着东西部地区经济结构深度调整，东部地区向西部地区的产业转移逐步由以纺织、服装为主的低层次劳动密集型产业向以机械、电子信息为主的资本密集型和技术密集产业转变，由以能源、矿产资源采掘为主的初加工向资源精深加工转变，由小企业、小项目向大企业、大项目转变。重庆市2009—2011年实际利用内资3年分别迈上1000亿元、2000亿元、4000亿元台阶，2011年达到4920亿元，年均增速超过80%。四川省2007—2011年实际利用内资每年也以超千亿元的规模递增。陕西省2017年实际利用内资2820亿元，2018年上半年已达到1853亿元。其他省区增长速度也很快，云南省“十一五”期间实际利用内资超过400亿元，是“十五”期间的7.79倍；宁夏回族自治区承接长江三角洲和珠江三角洲产业转移的资金四年翻了三番多。这种区域间产业转移的主要成因有两点：一是劳动力成本比较优势西部远超东部；二是能源成本、不动产成本、物流成本等西部低于东部。

高新技术产业突前增长与劳动力素质水平抬升关系密切。改革后中国劳动力素质不断提高，1978—2016年，中国高等教育毛入学率从0.7%提到51.6%，2019年中国高等教育毛入学率比中等收入国家高出16个百分点，比世界平均水平高约13个百分点。2016年后每年高校毕业生达700多万人。受过高等教育和职业教育的高素质人才已达1.7亿人，占劳动力人口比重达20%。人力资本基础加固促进了产业升级（见表1－13）。

表1－13　世界各收入组及主要国家高等教育粗毛入学率　单位:%

年份	1978	1990	2000	2010	2013	2014	2015	2016
世界	12.07	13.64	19.04	29.42	33.19	35.56	36.67	37.46
低收入国家	4.27	5.05	4.25	7.84	8.63	8.99	8.94	8.73
中等收入国家	7.33	8.63	13.74	24.96	29.58	32.60	34.05	35.04
高收入国家	31.88	41.42	55.83	73.34	74.67	75.46	76.07	77.13
中国	0.72	3.01	7.62	24.05	31.46	41.28	45.35	48.44
英国	19.11	26.46	58.47	59.18	57.61	57.27	57.29	59.41
美国	53.36	71.05	—	—	88.73	88.63	88.89	88.84
法国	25.84	36.97	50.60	54.88	59.85	61.77	62.77	64.44
德国	—	—	—	—	60.46	64.18	66.28	68.33
日本	29.82	29.36	48.43	58.09	62.11	62.93	63.24	63.58

资料来源：世界银行WDI数据库。

三、需求扩张

需求扩张是经济增长的原动力。因为经济活动最终要满足人的需求，所有供给活动都要依随需求方意愿而做出总量和结构方面的调整。内需持续扩张是中国保持40年经济高增长的首要推动力。基本国情特征不仅使中国长期处于需求扩张期，而且需求扩张强度居高不下。

人口数量是决定需求状况的首要因素。人口总量全球第一是中国需求扩张的基础。2019年全国人口总数已达14亿人，比2012年末增加4600万人，其中城镇常住人口8.48亿人，占总人口比重（常住人口城镇化率）为60%，比上年末提高1个百分点，户籍人口城镇化率为43.37%，比上年末提高1.02个百分点。一定的人口总量情况下，城镇化率提升是需求扩张加速的主要支撑力。

人口数量是决定需求状况的首要因素。人口总量决定实物需求量增长可能性边界。世界上的经济大国，人口总量大部分都过亿人，如美国、日本。2017年中国的城镇化率已超过中等收入国家平均水平，但与发达经济体相差20多个百分点（见表1－14）。

表 1-14　　各收入组和主要国家城镇化率　　单位:%

年份	1978	1990	2000	2005	2010	2014	2015	2016	2017
高收入国家	71.44	74.66	77.09	78.85	80.29	81.01	81.18	81.35	81.53
中等收入国家	30.05	36.37	41.30	44.39	47.56	49.98	50.58	51.18	51.77
低收入国家	19.55	23.76	26.64	28.13	29.90	31.20	31.60	32.01	32.44
中国	17.90	26.44	35.88	42.52	49.23	54.26	55.50	56.74	57.96
英国	78.16	78.14	78.65	79.92	81.30	82.37	82.63	82.89	83.14
美国	73.68	75.30	79.06	79.93	80.77	81.48	81.67	81.86	82.06
法国	73.14	74.06	75.87	77.13	78.37	79.39	79.66	79.92	80.18
日本	76.06	77.34	78.65	85.98	90.81	91.30	91.38	91.46	91.54
德国	72.73	73.12	74.97	75.98	76.97	77.19	77.20	77.22	77.26

与发达经济体相比，中国的城镇化率具有进程快和转移人口规模大两个特点。过去 41 年，中国的城市化率从 17.90% 提升至 60.6%，提高 42 个百分点。在 1978—2019 年间，城镇人口净增 6.7 亿人。欧洲的城镇化从 18 世纪起步，在 20 世纪 60 年代普遍达到 50%—60%，历时 200 多年。中国仅用了 40 年的时间就从不足 20% 升至 60%，而且转移人口总数比欧洲转移人口总数多几倍。美国的城镇化历时 150 多年，转移人口至今 2 亿人，为中国的三分之一。日本城镇化有 100 多年历史，转移人口约 1 亿人，为中国的六分之一。按照《国家人口发展规划（2016—2030）》预测，中国人口将在 2030 年前后达到峰值，中国城市化率将达 70%。按此数据计算，2030 年中国城镇人口将增加约 1.85 亿人。新增城镇人口将带来基础设施、地产、新零售、医疗卫生、文化娱乐等多个领域的需求扩张。

发达经济体如美、欧、日在城镇化率加速提升阶段还未进入老龄化社会。西欧各国和日本都是在城镇化率已突破 70% 后进入老龄化社会。但是，中国在城镇化率逐步提升过程中，就进入了人口老龄化社会。2011 年城镇化率突破 50%，其后中国人口老龄化趋势呈现快速上涨趋势。一是老龄人口（65 岁及以上）比重迅速抬升，2018 年 60 周岁及以上人口共计 2.5 亿人，占总人口比重 17.9%；其中 65 周岁及以上人口共计 16658 万人，占总人口比重 11.9%。二是工作人口比例快速下滑。伴随着劳动力人口下降的同时，劳动力人口也呈现老龄化趋势（见表 1-15）。

表 1－15　　中国 65 岁及以上人口占总人口比重　　单位:%

年份	1982	1987	1990	1991	1992	1993	1994	1995
65 岁及以上人口占总人口比重	4.9	5.4	5.6	6.0	6.2	6.2	6.4	6.2
年份	1996	1997	1998	1999	2000	2001	2002	2003
65 岁及以上人口占总人口比重	6.4	6.5	6.7	6.9	7.0	7.1	7.3	7.5
年份	2004	2005	2006	2007	2008	2009	2010	2011
65 岁及以上人口占总人口比重	7.6	7.7	7.9	8.1	8.3	8.5	8.9	9.1
年份	2012	2013	2014	2015	2016	2017	2018	2019
65 岁及以上人口占总人口比重	9.4	9.7	10.1	10.5	10.8	11.4	11.9	12.6

资料来源：《中国统计年鉴 2019》。

按照联合国的传统标准，老龄化社会是一个地区 60 岁以上老人达到总人口的 10%，新标准是65 岁老人占总人口的 7%，按照这一标准，自 2000 年起，中国就进入了人口老龄化社会。

联合国人口署发布《世界人口展望》2017 年修订版，预计 21 世纪末中国人口将出现倒“V”形反转，在低生育率状态下加速下滑跌破 10 亿—6.13 亿人。在不到百年时间里，从人口大爆炸反转为人口大坍塌（见表 1－16、表 1－17、图 1－9）。

表 1－16　　中国总人口　　单位：万人

年份	1982	1987	1990	1991	1992	1993	1994	1995
总人口（年末）	101654	109300	114333	115823	117171	118517	119850	121121
年份	1996	1997	1998	1999	2000	2001	2002	2003
总人口（年末）	122389	123626	124761	125786	126743	127627	128453	129227
年份	2004	2005	2006	2007	2008	2009	2010	2011
总人口（年末）	129988	130756	131448	132129	132802	133450	134091	134735

续表

年份	2012	2013	2014	2015	2016	2017	2018	2019
总人口（年末）	135404	136072	136782	137462	138271	139008	139538	140005

资料来源：《中国统计年鉴 2018》。

表 1－17　　中国人口出生率　　单位：‰

年份	1978	1980	1981	1982	1983	1984	1985	1986
出生率	18.3	18.2	20.9	22.3	20.2	19.9	21.0	22.4
年份	1987	1988	1989	1990	1991	1992	1993	1994
出生率	23.3	22.4	21.6	21.1	19.7	18.2	18.1	17.7
年份	1995	1996	1997	1998	1999	2000	2001	2002
出生率	17.1	17.0	16.6	15.6	14.6	14.0	13.4	12.9
年份	2003	2004	2005	2006	2007	2008	2009	2010
出生率	12.4	12.3	12.4	12.1	12.1	12.1	12.0	11.9
年份	2011	2012	2013	2014	2015	2016	2017	2018
出生率	11.9	12.1	12.1	12.4	12.1	13.0	12.4	10.9
年份	2019							
出生率	10.5							

资料来源：《中国统计年鉴 2018》。

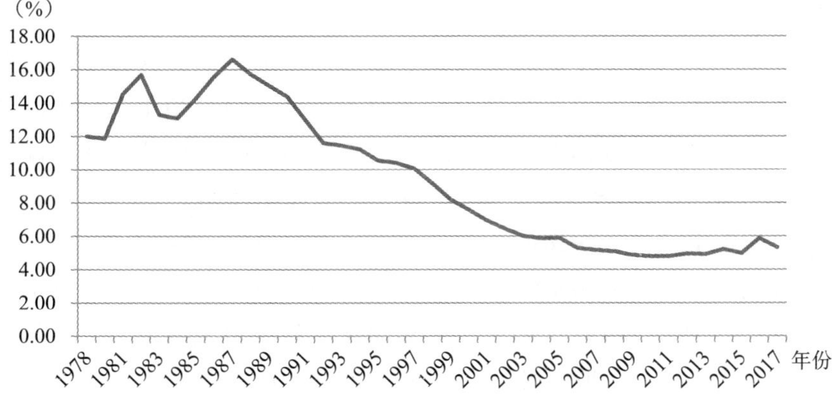

图 1－9　中国人口自然增长率

1978 年开始，中国人口出生率稳步下滑。2017 年中国出生人口 1723 万人，人口出生率为 12.43‰，比 2016 年的 1786 万人、12.95‰有所下降。2018 年出生率出现拐点，降低 1.49 个千分点，从过去 12‰水平跌至不足 11‰。15—59 岁劳动年龄人口在 2011 年达到 9.4 亿的峰值后，2012 年开始连续 6 年下降，且减少趋势在加快。劳动力人口下降的同时，老年人口呈快速增加趋势。

综上所述，中国的人口状况特征是基数大、转移人口不断增加、老龄人口加速增长。这对经济增长具有多重效应。对比发达经济体，欧、美、日在经济起飞和加速成长阶段，人口增长且向城市加速集中，但未出现人口老龄化。中国则是人口增长、城镇化率提升、人口老龄化三者并存。这一方面形成了人口对经济增长的多点支撑格局，另一方面对经济增长也构成了结构性抑制。其中至为突出的是人口老龄化对劳动力供给的影响。

随着人口老龄化加速，劳动力供给结构性短缺问题日益显现，带来劳动力老化、工资水平上升、企业用工成本增长。从 2013 年到 2015 年，中国劳动人口（15—59 岁）减少了 858 万人、占总人口比重下降 1.3 个百分点，从而造成用工成本的快速抬升。自 2008 年以来，农业部门人口向工业部门人口流动所形成的“劳动力红利”就已经减弱，“用工荒”、用工成本抬升的报道日益增加。劳动力结构变化形成了劳动力供给约束。劳动力成本抬升对劳动力密集型企业产生了巨大影响，导致中国部分劳动力密集型产业逐步丧失成本优势。

目前全球主要经济体中，欧洲人口为 7.4 亿人，美国人口为 3.3 亿人，日本人口为 1.3 亿人。同时，这些国家城镇化率相对稳定。中国人口总量比这些国家人口总量还多 2 亿人且处于城镇化率上升期。这是中国消费扩张的托底性因素。14 亿人口和 4 亿中等收入群体人口拉抬了基础设施领域投资回报率，持续推动消费扩张和消费结构调整，并且后续扩张空间仍较大。2018 年邮政行业营业额升至 12345 亿元，比上年增长 26.4%。全年快递业务量 507.1 亿件，快递业务收入 6038 亿元。通信基础设施日益完善，全年完成电信业务总量 65556 亿元，比上年增长 137.9%；移动宽带用户 130565 万户，增加 17413 万户。全年移动互联网用户接入流量 711 亿 GB，比上年增长 189.1%。2017 年，中国移动电话 1045.8 部/千人、电话主线 137.5 条/千人，这些指标均超过中等收入国家平均水平。目前中国上网人数已位居世界第一，但 2016 年中国互联网网民占人口比重仍低出高收入国家 28.5 个百分点，2017 年中国互联网服务商 209.1 个/百万人，远低于中等收入国家 679.2 个/百万人的平均水平。

从飞机出行来看，SabreMarket Intelligence 的数据分析显示，2017 年中国航空公司运送旅客 5.89 亿人次。对比而言，2017 年美国航司国内国际航线共运送旅客 9.65 亿人次，乘机人次/人口比约为 3。据此推算，如果中国步入高收入国家，乘机人次上限约为 40 亿人次，民航领域仍有大约 7 倍的增长空间。

除人口因素外，消费不平衡是需求扩张的另一重要支撑因素。这使中国的消费扩张又具有补短板特征而非单纯的升级型扩张。以厕所为例，2016 年末，使用水冲式卫生厕所的 8339 万户，占 36.2%；使用水冲式非卫生厕所的 721 万户，占 3.1%；使用卫生旱厕的 2859 万户，占 12.4%；使用普通旱厕的 10639 万户，占 46.2%；无厕所的 469 万户，占 2.0%。根据人口比例计算，农村约有 3.4 亿人的家庭没有用上抽水/冲水马桶。2017 年全国城镇居民有卫生厕所家庭的比重为 71.7%。综合算账，中国约有 5 亿人未使用冲水马桶，消费短板突出。

从投资上看，中国投资增长内需拉动性较强。固定资产投资高增长是中国经济增长的结构性特征。改革过程中，中国固定资产投资增长率年均超过 20%，2002—2018 年固定资产年投资额从 4.3 万亿元扩张到 64.5 万亿元，增长率超出 GDP 规模增长率 3 倍。

从国际比较角度看，中国消费性投资增长仍有空间。比如住房投资，2000 年初，发达经济体已是 3 人一套房，德、法、英甚至是两人一套房。如果中国达到 3 人一套房水平，那么，住房总套数需达到 4.46 亿套。2000 年后住房投资快速增长，居民房贷规模急剧膨胀，住房成为体量最大的新动能。尽管如此，还未达到发达经济体 3 人一套房水平。再如卫生设施，享有卫生设施人口比重发达经济体高达 99%，日本、以色列、韩国、美国、欧元区国家已达 100%，与之相比，中国还有 40% 的差距。这两项投资，事关公众基本生活，纯属内生刚性需求，可推动投资连锁性增长。房地产开发投资 2018 年仍保持 9.5% 的增速印证了这点。

事实上，中国还有很多公共产品投资属于必保项目，如饮水安全、公共卫生设施、江河治理、病险水库加固等。打赢污染防治攻坚战使环保行业投资需求迎来快速扩张。2018 年中国环保行业固定资产投资完成额突破 3000 亿元，行业总产值达到 8.13 万亿元，发展态势良好。目前，各地不断提高环保重视程度，环保服务业获得长足发展，投资机会众多。在政策层面，《关于深化生态环境保护综合行政执法改革的指导意见》等一系列具体方案出台，奠定了中国环保行业持续发展的法律基础。随着长江大保护的提出，水资源的保护和治理得到空前重视，将拉动这一领域的投资需求扩张。再如，随着《土壤污染防治法》的实施，土壤污染防治的投资需求快速上升。2012—2017 年中国水利、环境和公共设施管理业固定资产投资总额增速保持在 20% 以上，超出全社会固定资产投资总额增长率 2 倍。

与此同时，最终消费的经济增长贡献率突破 50%，2019 年为 57.8%。从 2018 年统计数据来看，居民消费支出呈现“高端消费品升级”和“基本消费品降级”两大趋势。2018 年居民人均消费支出 19853 元，比上年增长 8.4%，扣除价格因素，实际增长 6.2%；其中城镇居民人均消费支出 26112 元，增长 6.8%，扣除价格因素，实际增长 4.6%；农村居民人均消费支出 12124 元，增长 10.7%，扣除价格因素，实际增长 8.4%。从细分上看，基本品消费支出进一步回落，居住支出、食品烟酒支出、衣着支出占比同比分别下降 1、0.9、0.3 个百分点；医疗支出同比增加 0.6 个百分点。细分行业如汽车产业，基本型汽车销售数量大幅下降的同时，高端型汽车消费增加。由此可见，消费结构升级已成为中国经济增长的长期动力（见图 1－10、图 1－11）。

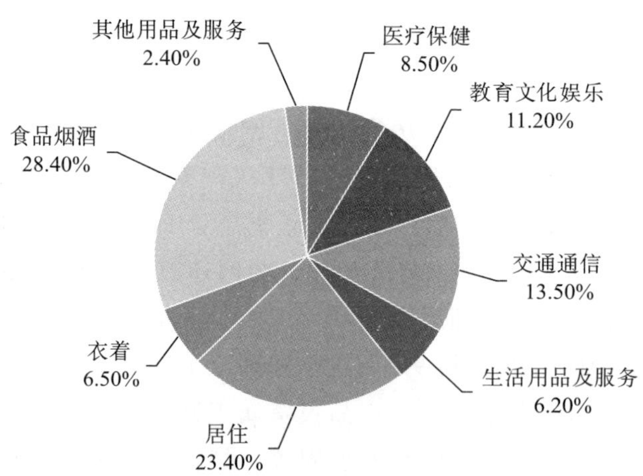

图 1－10　2018 年中国居民人均消费支出及其构成

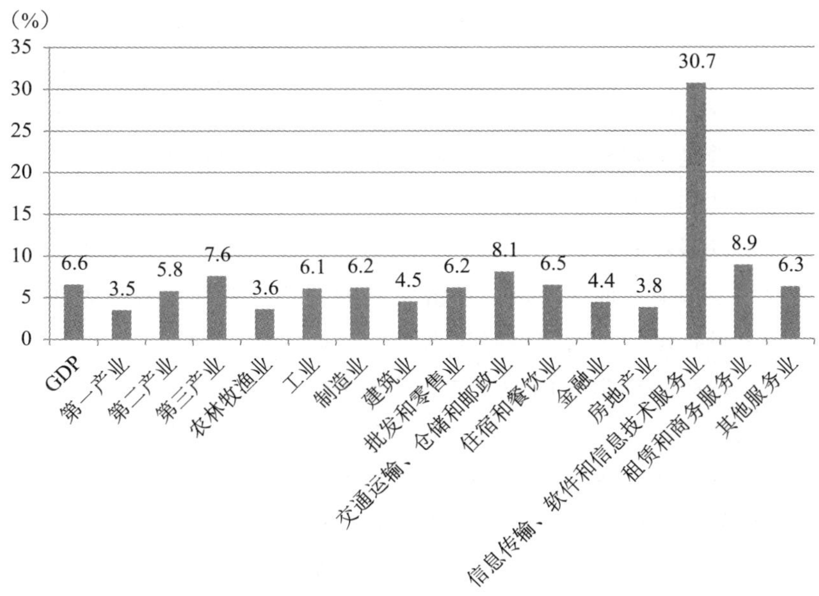

图 1 - 11　2018 年中国 GDP 分行业增速

2019 年延续了 2018 年趋势，2019 年全国居民人均可支配收入超过 3 万元。居民人均消费支出中服务性消费支出比重达到 45.9%，比 2018 年增加 1.9 个百分点。人均恩格尔系数值为 28.2%，比 2018 年下降 0.2 个百分点，全国私有轿车保有量已过 2 亿辆，国内旅游人次 58 亿，出境旅游人次突破达 1.4 亿。

四、自然资源约束

自然资源是经济活动得以开展的最基本要素。经济研究最终要解决的核心问题之一就是自然资源的使用效率及其在各类经济活动之间的配置，经济规模与资源耗费规模成正比，因而可说自然资源的稀缺性是经济发展的根本性约束因素。自经济学发展伊始，自然资源在经济发展中的重要性就受到了充分重视。古典经济学家对经济发展的资源约束的论述奠定了经济学演变的基础。政治经济学之父威廉·配第指出，财富的真正来源是土地和劳动，并做出了“劳动是财富之父、土地是财富之母”的著名论断。重农学派把农业视为唯一的生产性劳动。亚当·斯密和大卫·李嘉图都把自然资源列为劳动对象。马克思把经济活动视为物质资料的改造和利用过程。马尔萨斯的《人口论》认为无限制的人口增长最终将超出资源负荷、超越生产增长，最终导致人均产出下降至均衡水平，即：自然资源是经济增长的基本约束因素。大卫·李嘉图认为，人口增长、土地资源稀缺等因素会推升工资、降低利润，成为经济增长瓶颈，但技术进步将缓解资源约束效应。随着经济和技术的发展，自然资源的内涵逐步拓展，从古典时代的土地、森林和淡水扩大到了矿产、能源（特别是石油）、生物资源、环境等。经济发展在提高人民生活水平的同时，资源消耗和环境破坏也日益严重。对一个国家或地区来讲，经济发展的自然资源约束程度取决于本地经济结构、科技水平、消费偏好等因素的变动状况。

作为全球第一产出大国和第二消费大国，中国虽然“地大物博”，但资源分布高度不平衡、人均资源量低、资源供给量与产出规模不协调，因而经济发展的自然资源约束早已凸显（见图1－12）。从国际上看，发达经济体500年的发展历程就是资源利用国际化历程。历史上英国利用殖民地提供生产所需的原材料成为头号经济大国。第二次世界大战后发达经济体追求科技进步、对外输出资本和产能甚至采用军事手段实现地缘战略（如中东），目的也在于把控自然资源以降低本国经济发展自然资源约束度。

矿种	单位	查明资源储量	矿种	单位	查明资源储量
煤炭	亿吨	15980.01	钨矿	WO_3 万吨	1015.95
石油	亿吨	35.01	锡矿	金属万吨	445.32
天然气	万亿立方米	5.44	钼矿	金属万吨	2882.42
页岩气	亿立方米	1224.13	锑矿	金属万吨	307.24
铁矿	矿石亿吨	840.63	金矿	金属吨	12116.98
铜矿	金属万吨	10110.63	银矿	金属万吨	27.52
铅矿	金属万吨	8546.77	硫铁矿	矿石亿吨	60.37
锌矿	金属万吨	17752.97	磷矿	矿石亿吨	244.08
铝土矿	矿石亿吨	48.52	钾盐	KCl 亿吨	10.57

注：石油、天然气、页岩气为剩余技术可采储量。

图1－12 2016年中国主要矿种存量矩阵图

近年来，资源退化、耗竭问题日益凸显，自然环境保护倍受重视。党中央将“打好污染防治攻坚战”作为三大攻坚战之一。当前，中国正处从高速发展向高质量发展转型阶段，就是要解决自然资源的有限性和不可再生性。

工业化以后，随着第三产业的快速崛起，交通航运的作用日益重要，个别地区凭借独特的地理优势（如中国香港地区、新加坡）快速发展，中国则是凭借人力资源、产业政策等快速发展，自然资源禀赋对区域经济的约束性较农业时代已大大削弱。但从总体上看，在经济增长模式由资源依赖型向技术导向型转变的同时，全球资源仍是有限的。同时，部分自然资源具有不可流动性、难以在区域间转移，因此自然资源仍是一国/地区发展的重要约束。

中国虽然有960万平方公里，但实际上可供利用土地并不丰裕，农用地面积更是有限。2016年年末，全国共有农用地64512.66万公顷，其中耕地13492.09万公顷（20.24亿亩），园地1426.63万公顷，林地25290.81万公顷，牧草地21935.92万公顷；建设用地3909.51万公顷。在农业生产效率难以大幅提升背景下，土地总量会对中国农业生产总量形成持续约束。这是自然资源约束效应典型体现（见图1－13）。

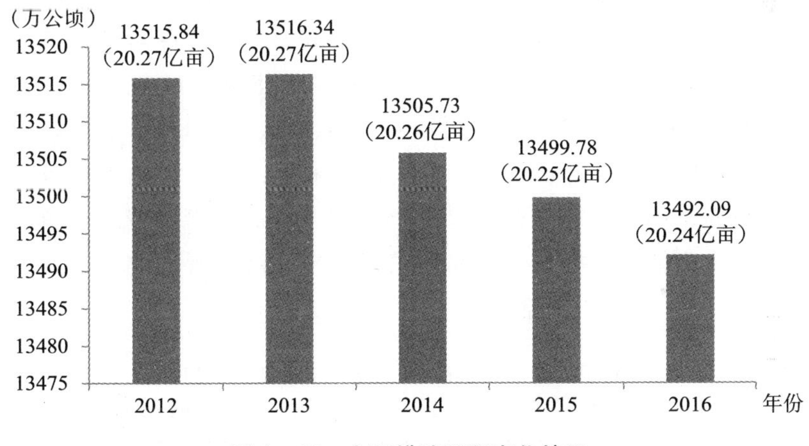

图1－13　中国耕地面积变化情况

粗放型资源使用是导致资源紧张的重要原因。改革开放以来，中国经济长期保持高速增长，经济发展取得的成就有目共睹。但同时，自然资源约束问题日益显现，比如大庆、胜利油田等已逐渐进入资源枯竭期，石油依赖进口问题日益严重。目前，中国已成为世界第一产出大国，国内资源不能满足产出所需资源耗费。中国是当今世界上最大的发展中国家，也是世界上第一位能源生产国和消费国。能源特点包括：能源资源总量比较丰富，人均能源资源拥有量较低；能源资源赋存分布不均衡；能源开发难度大。中国优质能源资源相对不足，制约了供应能力的提高；能源资源分布不均，也增加了持续稳定供应的难度；经济增长方式粗放、能源结构不合理、能源技术装备水平低和管理水平相对落后，导致单位国内生产总值能耗和主要耗能产品能耗高于主要能源消费国家平均水平，进一步加剧了能源供需矛盾。单纯依靠增加能源供应，难以满足持续增长的消费需求。能源消费以煤为主，环境压力大。煤炭是中国的主要能源，以煤为主的能源结构在未来相当长时期内难以改变。相对落后的煤炭生产方式和消费方式加大了环境保护压力。煤炭消费是造成煤烟型大气污染的主要原因，也是温室气体排放的主要来源。随着中国机动车保有量的迅速增加，部分城市大气污染已经变成煤烟与机动车尾气混合型。

从整体上看，资源约束不仅体现在资源使用本身上，也体现在因资源使用造成的环境污染损失上。中国资源使用与环境协调程度较差，经济增长高能耗、高排放、高污染特征突出。相较于发达国家，中国能源使用率较低。近年来，中国在能源合理使用上取得了较为明显进步。按 2011 年不变价格，一万美元国内生产总值能源消耗由 2005 年的 244 吨标准油下降到 2014 年的 175 吨标准油，但相较之下，美国需要消耗 134 吨标准油，而日本仅消耗 93 吨标准油。2012 年世界环境绩效指数（EPI）排名中，中国在 163 个国家和地区中排名 116 位，位于世界末端，环境绩效水平较低。在能源消费方面，中国能源消耗增速快于 GDP 增速，能源消费结构单一，有学者评估，中国能源消费的结构和方式造成环境污染所引致的经济损失占同期 GDP 的 2%—3%（见表 1－18）。

表 1－18　万美元国内生产总值能耗（2011 年不变价，PPP）

单位：吨标准油/万美元

年份	2005	2010	2011	2012	2013	2014
世界	147	138	134	133	130	126
高收入国家	131	123	118	116	115	113
中等收入国家	167	152	150	147	143	138
美国	158	145	141	136	135	134
中国	244	205	201	193	185	175
日本	114	109	101	97	96	93
德国	108	99	91	91	92	87
英国	99	89	81	82	80	73

续表

年份	2005	2010	2011	2012	2013	2014
印度	142	128	125	124	120	118
法国	117	109	103	103	103	98
巴西	94	93	91	93	94	97
意大利	85	81	78	77	75	71
韩国	171	166	167	165	161	158
澳大利亚	143	140	137	130	127	122

资料来源：世界银行。

资源约束造成的问题之一是能源安全。目前中国石油对外依存度高达50%多，2015年国内铁矿石对外依存度首次突破了80%，国内土地开发利用率已超出世界平均水平。经济规模持续扩张，土地供应已成为难以破除的瓶颈，即便调结构，大力发展第三产业，土地需求也会大幅增长，问题同样不好解决。

资源短缺约束了产能释放，增加了企业投入成本。外部资源输入虽然可以一定程度上缓解环节资源约束问题，但又增加了生产成本。例如，在扩大消费拉动经济增长过程中，汽车产业是重要的消费引擎。如果今后私家车翻一倍，那么能源消耗相应也要翻倍。但目前中国进口石油的增量主要用在汽车消耗，再大幅增加汽车数量，石油对外依存度会相应提高。显然，汽车消费增长与能源供给增长之间的矛盾异常尖锐。再比如住房建设，目前中国人均居住面积较世界发达国家仍有差距，如再增加人均面积会对稳定耕地保有水平和商用地需求之间平衡构成巨大压力。

从环境角度看，中国现在已是全球污染形势严峻国家。目前中国二氧化碳排放量增长率均远超世界和美国的平均水平，2014年中国人均二氧化碳排放量比世界人均二氧化碳排放量多2.5吨。其后在继续扩大产出和消费规模过程中，虽然采取了技术和制度手段控制污染，碳排放总量增长仍然明显。目前部分大城市之所以采用多种方式限购轿车，主要因素之一就是污染承受力有限。再如在工业生产方面，强调环保意味着以法律法规的形式要求企业增加用于环保的投入，如采购设备、安装必要的大气和污水处理装置。这无疑将增加企业成本，最终形成产能抑制。可见，经济增长的资源和环境约束是硬约束，未来的最大难点就是资源环境保护与增长两者之间的平衡。

总体上看，资源有限性永远会约束经济增长。人类追求技术进步和能源替换就是要提高资源使用效率进而实现可持续增长目标。中国经济增长的下行压力首先就是资源供给能力与高投入高产出发展模式高度不对称。过去30多年的高增长，中国付出了大量的环境资源代价，环境资源禀赋和经济增长之间矛盾日渐突出。这构成了经济平稳增长的客观压力，很难再保持8%以上的增速。

五、复杂多变的国际经济形势

2007年美国爆发次贷危机，2008年欧洲又出现政府债务危机。自此，发达经济体经济步入下行通道。欧元区经济增长率从过去3%左右水平下调至2%左右，2018年为1.8%。美国在2008和2009两年出现了负增长，2010—2018年只有3年保持年2%的增速。日本2010年后经济增长率为1%左右。2015年后，在全球贸易摩擦、美联储收紧货币政策、全球美元流动性趋紧、地缘政治冲突加剧、原油市场波动等因素影响下，全球经济扩张均衡性开始下降，主要经济体增速接近触顶，一些新兴市场国家经济下滑并出现金融动荡，全球增长的下行风险逐渐上升。中国经济对外依存度高于30%。国际经济走势对我国经济的短期和中长期走势都构成了强劲制约。占世界经济总量70%的发达经济体普遍陷入低增长、高失业境地，直接造成发达经济体内需萎缩。同时新兴经济体处于增长率回调、高失业、高物价状态。2015年后，巴西经济增长率有两年增长率为-3%，2018年仅为1.1%，但失业率高达12.8%，物价上涨6%。印度2015—2018年经济增长率8%左右，物价上涨率8%左右，俄罗斯情况类似。这些情况对中国的出口增长构成了强劲抑制。另外，发达经济体的技术优势、定价能力和货币控制权并没有实质性萎缩，新兴经济体又在力拼国际市场，这对中国的出口同样是强劲抑制力，同时也保持了对中国进口的高成本压力。因此，中国失去了以外需促本国增长的条件（见表1-19）。

表1-19　世界主要国家GDP增速　单位：%

国家＼年份	1980	1990	2000	2010	2011	2012	2013	2014	2015	2016	2017
世界	1.9	2.9	4.4	4.3	3.2	2.5	2.6	2.9	2.9	2.5	3.1
高收入国家	1.4	3.1	4.0	3.0	1.9	1.2	1.4	2.0	2.3	1.7	2.2

续表

国家 \ 年份	1980	1990	2000	2010	2011	2012	2013	2014	2015	2016	2017
中等收入国家	4.0	2.2	5.8	7.5	6.2	5.2	5.2	4.5	3.9	4.2	4.9
低收入国家		1.1	2.2	7.3	4.2	6.4	5.7	5.8	3.4	3.2	5.1
美国	-0.2	1.9	4.1	2.5	1.6	2.2	1.7	2.6	2.9	1.5	2.3
中国	7.8	3.9	8.5	10.6	9.5	7.9	7.8	7.3	6.9	6.7	6.9
日本	2.8	4.9	2.8	4.2	-0.1	1.5	2.0	0.4	1.4	0.9	1.7
德国	1.4	5.3	3.0	4.1	3.7	0.5	0.5	1.9	1.7	1.9	2.2
英国	-2.0	0.7	3.7	1.7	1.5	1.5	2.1	3.1	2.3	1.9	1.8
印度	6.7	5.5	3.8	10.3	6.6	5.5	6.4	7.4	8.2	7.1	6.7
法国	1.6	2.9	3.9	2.0	2.1	0.2	0.6	0.9	1.1	1.2	1.8
巴西	9.1	-3.1	4.1	7.5	4.0	1.9	3.0	0.5	-3.5	-3.5	1.0
意大利	3.4	2.0	3.7	1.7	0.6	-2.8	-1.7	0.1	1.0	0.9	1.5
加拿大	2.2	0.2	5.2	3.1	3.1	1.7	2.5	2.9	1.0	1.4	3.0
韩国	-1.7	9.8	8.9	6.5	3.7	2.3	2.9	3.3	2.8	2.9	3.1
俄罗斯	—	-3.0	10.0	4.5	5.3	3.7	1.8	0.7	-2.8	-0.2	1.5
澳大利亚	3.0	3.6	3.9	2.1	2.5	3.9	2.6	2.6	2.4	2.8	2.0
西班牙	2.2	3.8	5.3	0.0	-1.0	-2.9	-1.7	1.4	3.4	3.3	3.1
墨西哥	9.2	5.2	4.9	5.1	3.7	3.6	1.4	2.8	3.3	2.9	2.0

资料来源：世界银行。

20世纪八九十年代，凭借低廉的要素成本特别是劳动力成本，我国逐渐成为世界工厂，承接了加工、组装等低附加值生产合同，但在数十年发展后逐步向产业链中上端转移，自主设计、自主品牌产品逐渐增多（见图1-14）。高附加值、技术密集型产业也存在相似情况。可以说，从全产业链角度看，经过几十年积累，中国已经逐步从产业链中下游向中上游转移。中国集成电路、电子产品、船舶机械等高技术含量、高附加值的产业逐步在全球范围内打开市场、获得认可，华为公司即为典型代表。

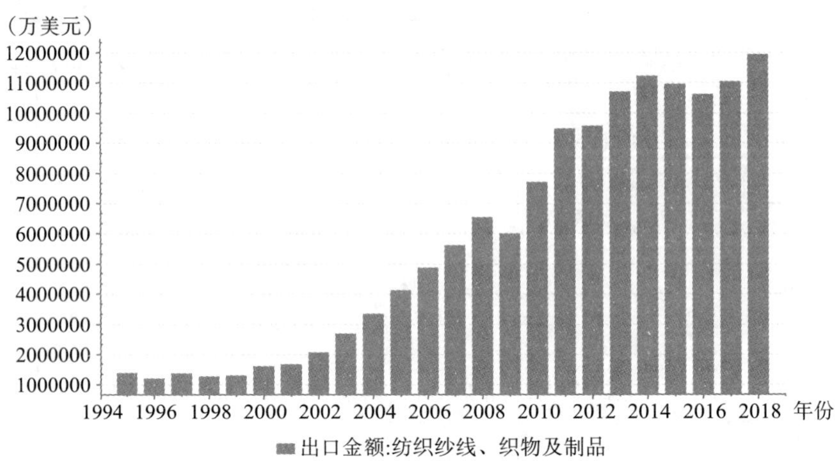

图 1－14　中国纺织品行业出口金额

但要看到国际竞争日趋激烈，新兴经济体之间也出现了竞争加剧情况。2000 年后来自于低劳动力成本国家/地区的压力体现在加工、组装、低端制造等劳动力密集产业，如越南、印度、菲律宾等国优势已经较为凸显。数据显示，2016 年越南服装贸易额达到 230 亿美元，较 2001 年扩大了近十倍，年均增长率达到 18%。在服装出口上，越南服装出口额从 2001 年的 18 亿美元增长到 2016 年的 224 亿美元，增长近 12 倍。由于纺织业发展受劳动力成本影响较大，东南亚地区低廉的劳动力成本使得其成为中国纺织业等劳动密集型产业的有力竞争者。统计显示，2000 年中越两国劳动力成本基本相当，到 2008 年中国劳动力工资为 130 美元/月，而越南仅为 26 美元/月。2015 年，中越劳动力成本分别为 225 美元/月、55 美元/月，劳动力成本差异越发显著。这使得劳动力密集产业流失不可避免，东南亚的低劳动力成本对中国构成了长期竞争优势。对此，我们要有清醒的认识。

当然，劳动力成本并不是唯一的竞争因素。产业承接需要一定时间，同时产业承接国的基础设施、法律制度、司法效率、工业基础、人才水平等也会影响承接状况。因此，从各发达国家发展历史来看，低端产业转移和高端产业保留是并存的，劳动力成本并不是唯一的产业转移考虑因素。经过几十年的发展，基础设施大为改变，中高端人才储备充足，这为中国的产业链升级打下了坚实基础（见表 1－20）。

表 1-20　　1999—2017 年典型行业出口金额　　单位：百万美元

年份 \ 行业分类	HS8	HS11	HS12	HS16
1999	5883	41270	10563	52085
2000	7505	49379	11958	72885
2001	8390	49836	12258	84891
2002	9333	57849	13405	115921
2003	11573	73346	15628. 88	172334
2004	13667. 33	88767. 19	18416. 58	247784. 27
2005	15601	107661	22773	322008
2006	15381. 44	138093. 88	26253. 27	414045. 52
2007	16363. 6	165802. 24	30579. 13	528815. 13
2008	18272. 55	179734. 02	35999. 56	610754. 51
2009	16665	161409	34461	536967
2010	23245. 61	199533. 07	43911. 89	698568. 21
2011	29945. 05	240539. 06	52464. 14	799518. 68
2012	31738. 55	246045. 49	58811. 52	863208. 74
2013	34795. 88	273958. 53	64052. 61	944438. 14
2014	35084. 37	287584. 12	70544. 51	971758. 65
2015	35038. 67	273393. 48	68210. 44	958601. 55
2016	31397. 98	253263. 04	59442. 91	896974. 87
2017	33138. 764	257321. 23	61105. 664	981568. 73

当然，在过去 20 年中，中国产业结构发生了很大变化，从劳动力密集型产业向技术密集型转移，在中国产品出口结构上已有体现（见表 1-21）。

表 1-21　　1999—2017 年典型行业出口金额占总出口比例　　单位：%

年份 \ 行业分类	HS8	HS11	HS12	HS17
1999	3. 02	21. 17	5. 42	26. 72
2000	3. 01	19. 82	4. 80	29. 25
2001	3. 15	18. 73	4. 61	31. 90
2002	2. 87	17. 77	4. 12	35. 60
2003	2. 64	16. 74	3. 57	39. 33
2004	2. 30	14. 96	3. 10	41. 76
2005	2. 05	14. 13	2. 99	42. 26

续表

年份\行业分类	HS8	HS11	HS12	HS17
2006	1.59	14.25	2.71	42.73
2007	1.34	13.59	2.51	43.33
2008	1.28	12.56	2.52	42.69
2009	1.39	13.43	2.87	44.69
2010	1.47	12.65	2.78	44.28
2011	1.58	12.67	2.76	42.12
2012	1.55	12.01	2.87	42.13
2013	1.58	12.40	2.90	42.75
2014	1.50	12.28	3.01	41.49
2015	1.54	12.03	3.00	42.16
2016	1.50	12.07	2.83	42.76
2017	1.46	11.37	2.70	43.37

表1-20、表1-21显示了不同行业的出口金额情况。HS是恒生行业划分，HS8为皮革、提包等；HS11为纺织原料及纺织制品；HS12为鞋帽伞等；HS17为车辆、航空器、船舶等运输设备。由表1-20、表1-21可见，从1999年到2017年，中国纺织品出口金额占总出口金额比例从21.17%下降到11.37%，而运输设备则从26.72%上升到43.37%，结构变化较为明显。

近几年来，中国出口出现增速下滑甚至为负，一方面与发达经济体内需萎缩有关，另一方面也与出口领域新旧动能转换有关。劳动力密集的低端产业逐步收缩。同时产业链“晋级”上端之路面临发达国家竞争，新动能尚未形成竞争优势，如商用飞机制造、5G设备、集成电路、高端设备、人工智能等。中国在产业链上端、高新技术产业等领域与发达国家已由产业互补向产业竞争转变。但这充满风险和不确定性，竞争和摩擦日益成为常态。从这个意义上讲，中美贸易战实属必然，是产业竞合下的必然矛盾。

与步入高收入国家对比，中国人口是日本10多倍，向高收入国家步入时经济体量远远超过日本、韩国，因此无法在一两个产业领域取得优势的情况下实现长期发展，与美国的产业竞争必然是全方位的。相较于美国等老牌发达国家，中国技术和知识积累起步较晚，在国际竞争力上较为欠缺。从2005—2016年的数据来看，虽然在总量上中国技术贸易、硬技术贸易和软技术贸易[①]的发展均较为迅速，且在技术贸易、硬技术贸易两项指标上较美国已取得优势，但实际情况还不容乐观。在硬技术贸易上，美国设定了严格的高技术产品出口清单和审批程序，对高技术产品出口实行严格管控，以取得技术垄断地位。在软技术贸易方面，中国与美国存在严重差距。2016年，中国软技术贸易IMS指数为3.3%，较十年前增长约5倍，但与美国22%的全球占比仍存在很大差距。这表明中国的核心技术、专利水平层次较低，自主研发实力不强。

从技术行业结构分布上看，中国的高新技术产业较美国也有明显差距。在硬技术贸易方面，中国优势产业主要为计算机及办公设备、电子通讯、电力机械等行业，在航天、医药等领域竞争优势明显不足；而美国的优势产业集中在航空航天、医药、军事武器、化学、能源等，且没有明显的短板。总体上看，美国高新技术行业发展较为充分、平衡，优势集中的高技术含量、高附加值产业，而中国高技术行业发展较美国存在不平衡、附加值低等。在软技术行业细分上，差距表现得更为明显。中国电信、计算机与信息服务等专利技术服务能力差，国际竞争力较弱，而美国在上述领域具有非常强的国际竞争力。因此，从现阶段来看，中国技术发展虽然保持了较快的速度，但与美国相比差距仍然十分显著。

当然，对于技术差距，中国正在快速追上，发展潜力可期。根据《中国科技统计数据2017》，从科技投入上看，2016年美国研发费用支出达到5103亿美元，中国位居第二，达2378亿美元，年均增速达21.3%，投入力度快速加大。从研发强度（研发费用/GDP）来看，中国由2000年的0.89%增加到2.12%，快速向发达国家看齐。从论文数量看，2016年中国SCI论文为32.4万篇，美国为40.9万篇。从PCT专利数量上看，2017年中国专利为4.8万件，较2012年的1.8万件增长两倍多，较美国略有差距。因此，对于技术差距，我们也不必过于悲观，快速持续高强度的技术投入有助于中国缩小与美国的技术差距。

事实上，中国未来经济发展除了产业竞合外，也涉及国际经济政治秩序的重新建设问题。以联合国组织、世界贸易组织和国际货币基金组织等

---

① 硬技术贸易是指以产品出口等形式实现的技术产品贸易。软技术贸易是指以技术授权、专利合作等形式实现的技术贸易活动。

为代表的国际政治、经济、货币体系虽历经演变，但实际上仍是以美国为核心的经济体制，美国在其中扮演着关键角色。随着以中国为代表的新兴经济体的快速发展，中国在一定程度上试图改变这一体系，例如，亚投行、“一带一路”建设、人民币国际化，均表达了以中国为代表的新兴经济体的利益诉求。因此，产业竞合带来的不只是经济层面的竞合，而是国家之间全方位的角逐。

第二章

中国经济已进入垄断竞争阶段

在40多年改革开放和高速经济增长过程中，重点行业产业组织形态已从“小、散、乱”逐步转向垄断竞争。这种转变具有多重效应，也有特定成因。总体上可说是经济发展阶段转变的产物，也反映出了行业成熟度和市场化格局的提升。

第一节
垄断、竞争、寡头竞争与垄断竞争

西方经济学根据行业内企业市场占有率集中度、市场主体对价格的控制力等因素，将市场划分为完全竞争市场、垄断竞争市场、寡头竞争市场和垄断市场。认为单一企业对市场的控制力越强，市场垄断性越高，竞争程度越低。

完全竞争（free contention）市场的特点是在自由竞争的制度体系下，众多企业自由进行投资和商品买卖，每个企业对市场的控制能力都很弱，价格对市场参与者而言属于外部因素，且市场不存在制度性进入门槛，企业自由追逐利润。完全竞争市场是资本主义发展初级阶段——自由资本主义——的典型特征，在此阶段政府对市场的干预程度极低，属于“大市场、小政府”格局，政府仅仅扮演“守夜人”角色。18 世纪至 19 世纪 50 年代，资本主义市场经济的基本特征即为完全竞争市场，此时各行业都处于发展初期，参与者众多、市场集中度低。完全竞争市场具有充分竞争机制和合理的竞争结构，政府不设置竞争障碍。

垄断竞争是介于完全竞争和完全垄断之间的市场形态，既有垄断又有竞争。垄断竞争市场往往表现为众多垄断集团之间的竞争，大多出现在产品差异化、特质化突出的行业，典型的如餐饮行业、电子产品行业等。

一般认为，自由竞争市场属于一种理想状态，往往出现在市场形成初期。随着行业和企业的发展，除个别行业不具备垄断条件外，市场总会向着垄断、寡头竞争或垄断竞争的格局发展。垄断竞争市场属于较为成熟的市场形态，但并非所有行业均可形成垄断竞争市场。垄断竞争市场形成需要如下条件：一是各个市场主体提供的产品使用价值类同，彼此间替代性较强。当市场发育成熟后，差异化主要表现为产品品牌差异。如矿泉水，其产品的使用价值相同，但因为品牌差异，出现了细分定位不同的矿泉水，如定位高端路线的恒大冰泉和定位于平民路线的农夫山泉等，但其本质是使用价值类同替代品。各个市场主体都拥有不同品牌、销售渠道和定价能力等，所以在市场上都有一定的垄断力量；同时因为不同产品之间是相似的替代品，所以不同企业之间存在激烈的竞争。二是市场中存在多个市场参与主体，但每个主体所占市场份额都不大。三是厂商可以自由进入和退出。例如，手机市场，在 2007 年以前诺基亚、摩托罗拉等品牌在全球范围内占据主导地位，但由于错误判断了手机的发展趋势并采取了错误的产品策略，自 2007 年苹果智能机和三星 Galaxy 系列问世，诺基亚、摩托罗拉等手机品牌逐渐成为历史。近几年，智能手机市场已逐渐饱和，5G 网络成为智能手机发展的下一个重点节点，华为、中兴等品牌有望弯道超车。可见，垄断竞争市场往往在某一行业发展成熟阶段出现，厂商之间存在着激烈竞争。

实践表明，并非每一个行业市场都能发展成为垄断竞争市场。垄断竞争市场的成立有一个必要的前提，即厂商生产的产品有特点，或称“异质商品”。即产品在价格、外观、性能、质量、构造、颜色、包装、形象、服务及商标广告等方面存在物质或者精神上的差别，使生产这些产品的厂商获得了垄断资质，对自己独特产品的产销量、营销渠道和价格具有控制力。相反，在制造业等领域，需求方（同时作为企业生产者）并不关注这些物质的或者虚拟的因素，而是更加关注“性价比”、技术水平、售后服务等，因此在制造业等高端产品线适用的是“赢者通吃”的规模效应原则，往往更容易出现寡头竞争而非垄断竞争市场。可见，消费者需求差异性是决定垄断竞争市场中存在垄断性的基本前提。

寡头竞争市场也是自由竞争的进一步发展，不同于垄断竞争市场，寡头竞争市场往往表现为数个垄断集团之间的竞争，寡头依托于规模优势和技术优势等建立起“护城河”，使得竞争者难以取得价格或者技术上的绝对优势，投资者也难以进入这一市场。典型的如工程机械行业、化工行业等。这些行业产品同质化程度高，规模效应显著，因而市场竞争格局表现出“强者越强”的特征，龙头企业通过兼并重组整合提升自身的“护城河”厚度和供销链完整度，从而巩固自身的垄断地位。在这些领域发达国家具有较强优势，后发国家想要在这些领域取得发展，必须依托技术引进和创新以及市场优势，甚至依靠国家力量，最为典型的就是中国高铁行业的发展。我国高铁行业通过“市场换技术”的手段，以原铁道部作为中国铁路（高铁）市场的垄断方，以技术转移作为合作条件进行技术引进，并依托于下属公司（南车、北车集团）加以引进和整合，实现了中国高铁技术的突破性发展。在开拓海外市场时，为提升行业竞争优势，南北车在国务院的批准下合并为中国中车集团，作为中国高铁建设的供应商参与全球竞争，并成功跻身于全球前列。从中国高铁行业发展史中不难看出，寡头竞争市场对“新进入者”非常不友好，新进入市场者往往面临寡头强大的技术和规模优势，必须通过技术创新管理创新才能在这一市场中取得立足之地。

垄断市场是指企业通过控制市场价格、原材料供给渠道、产品分销渠道等对市场规模和结构形成主导性影响力。在中国，垄断市场主要表现为行政性垄断，集中在自然资源（包括物质资源和虚拟资源）的生产供给领域，典型的如石油天然气行业、供水、供电和基础电信行业等。关于行政性垄断，下文有详细讨论，此处不再赘述。

第二节 西方竞争与垄断发展的不同阶段

关于西方资本主义竞争与垄断的发展阶段，马克思主义经典作家有精准论述，列宁将资本主义划分为自由资本主义、垄断资本主义和国家资本主义阶段。从具体市场竞争格局上看，三个阶段各有明显特征。

由于发展路径不同，西方资本主义国家从自由竞争走向垄断主要是市场竞争的结果，美国《谢尔曼法》等反垄断法律法规的出台是政府在打破“守夜人”角色后主动对市场进行干预。垄断对企业而言无异于“躺着挣钱”，但对上下游企业却意味着“压榨”和剥削。高集中度产业比低集中度产业的利润率水平高数个百分点，且垄断和寡头竞争市场中，市场参与者可能通过共谋、协调或者其他限制竞争的行为攫取高额利润，最为典型的是 OPEC 即中东地区石油卡特尔。理论上有“集中度—利润率假说”，认为高集中度可为市场参与者带来高利润率。

马克思主义经典著作对垄断资本主义向金融垄断和国家资本主义的转变做出了精辟论述。列宁认为：“资本主义最典型的特点之一，就是工业蓬勃发展，生产集中于愈来愈大的企业的过程进行得非常迅速。”[①] “集中发展到一定阶段，可以说自然而然地走到垄断”，并判断这一垄断过程逐渐向国家权力延伸。在垄断同盟卡特尔、托拉斯形成以后，垄断联合体通过不正当竞争方式，如歧视性价格、滥用市场支配地位等行为。“在一切地方用一切办法为自己开辟道路”。同时，银行业等金融资本的聚集使得他们能够“支配着所有资本家和小业主的几乎全部的货币资本，以及本国和许多国家的大部分生产资料和原料产地”，并导致大工业越来越依赖于大银行集团。“大产品资本家看到银行托拉斯化，感到有必要掌握银行。因此，他们开始向银行渗透。工业资本和银行资本逐渐融合在一起，形成了金融资本。”在金融垄断成形之后，“垄断既然已经形成，而且操纵着几

① 列宁．列宁选集（第 2 卷）［M］．北京：人民出版社，1960：739.

十亿资本，它就绝对不可避免地要渗透到社会生活的各个方面去，而不管政治制度或其他任何细节如何。”金融寡头的统治反映在政治和社会生活的各个方面，“从政府官员人员的选定、国家内外政策的制定，到文化、科学、艺术、体育、报刊、电视网络等，无不受到金融寡头的操纵和影响”，从而构成了国家资本主义。同时，垄断资本积极对外扩张也攫取更多利润，从而构成帝国主义的经济基础。

第三节
中国垄断的发展沿革

一国经济发展过程是总体制度变革的反映。认识中国实践的变革和发展，必须追溯中国社会主义的发展过程乃至古代历史的基本经济制度状况。

中国封建社会时期自给自足的小农经济和中央集权的专制制度导致所有制概念十分模糊，“普天之下莫非王土，率土之滨莫非王臣”，“家天下”的概念深入人心。在这样的政治制度条件下，权力对财富的收割被视为理所应当。这与西方的财富—权力观迥异。在古代中国，最为有利可图的盐、铁均为官方垄断专营，商人被视为社会不稳定因素而经常遭受政治打压。因此，古代中国难谈有竞争政策。新中国成立后中国走上了独立自主发展阶段。在计划经济时期，生产资料公有制一统天下，国营企业和集体企业包揽所有产品和劳务的生产。此时，没有竞争，政府直接管理企业，企业实际上是行政组织的衍生品。这可说是国有经济充分垄断时代。但此时，同一行业国有企业有所谓劳动竞赛，看谁能够多快好省地完成计划任务，并不涉及争夺产品生产份额。

1978 年后，中国逐步建立起了社会主义市场经济体制。竞争与垄断之间关系的处理成为现实问题。其中至为突出的是行政性垄断现象突出。行政性垄断本质上是行政机关或其授权的组织运用行政权力限制竞争的行为，如地区行政性市场垄断、行政强制交易、行政部门干涉企业经营行为、行政性公司滥用优势等。中国的行政性垄断主要表现在行业准入垄断和区域垄断两方面。在《反垄断法》出台之前，区域性垄断（所谓“地方保护”）表现为地方政府人为营造区域竞争壁垒。目前，各地还在采用政府采购手段购买本地商品如啤酒、白酒、香烟、汽车等来扶持本地企业扩大市场占有率。

区域性行政垄断不利于全国统一市场内的行业发展和整合，造成大量“内耗”。目前显性的区域行政垄断现象逐步减少，但隐性区域行政垄断还较为普遍，如要求外地企业必须在当地设立机构才可以经营、给本地企业提供税收优惠、优先选购本地产品等。其本质是行政权力超出其权限范围作用用于市场关系中，以权力换取经济效益和财政利益。因此，受地方保护的企业往往不具有竞争效率，其经营状况虽然可能是低效和落后，但却无法通过正常的市场竞争淘汰出清，进而造成整体社会资源的浪费。此外，区域行政垄断往往还涉及营商环境和政府清廉度问题，使市场屈从于行政权力，扰乱市场的价格发现和资源配置功能，同时也为干部以权谋私提供了腐败空间，抑制构建“亲、清”政商关系。

改革后在破除区域行政垄断上，中国做了诸多富有成效的探索。如废除盐业区域专营权之前，中国盐业总公司全面垄断盐品销售并控制价格。放开盐业管制将其列为普通食品进行监管后，食盐价格很快跌至原价的十分之一，社会整体成本相应下降。再如，原来电信行业是高度垄断企业，自国务院下令拆分合并形成通信运营商“三巨头”后，电信行业垄断程度下降，社会通信成本快速下降。但由于竞争不充分，每次电信降价都需要“总理喊话”。近年来电信行业整体降价主要是因为移动互联网和社交软件快速发展倒逼。可见，抑制垄断真正有效的是市场竞争。

另一突出的行政垄断手段是行政审批权，这在金融行业表现极为明显。作为国民经济核心行业之一，金融业涉及千千万万的企业和百姓，实施特殊监管确有必要。但一切皆行“牌照”的做法对于金融市场和经济发展不利影响较大。典型之一是银行业。中国现有银行绝大多数是从原计划经济时代的国有金融机构转型而来，如工行、地方城商行和地方农村商业银行等，行政痕迹明显。除改革试点之外，银行业准入事实上处于停滞状态。美国有上万家银行，从全球大型银行到地方社区银行应有尽有，资金分散度极高，而中国仅有数百家银行。银行业作为所有产业的“上游”处于垄断状态促成的高利率，势必深度影响资本要素分配，垄断利润自然对下游产业的“盘剥”，相应形成了上市银行利润占所有上市企业50%以上格局。

第四节 社会主义市场经济竞争格局的形成

作为社会主义国家，中国在生产资料所有制方面与西方资本主义国家的根本区别是公有制经济占比高，这是社会主义市场经济基本特征。回顾社会主义市场经济发展过程，对理解中国竞争格局现状具有重要意义，也有助于理解当前正在推进的关键改革。

一、社会主义市场经济的发展脉络

在改革开放之前，生产资料皆为国家或集体所有，所有经济活动全部由计划控制。在这样的背景下，企业受制于政府行政命令，无所谓垄断或竞争。在 1978 年，中国全民所有制企业占 80.8%，集体所有制企业占 19.2%，私营企业、合资企业、外商企业几乎是空白。

当时，城镇存有一些个体经济，农村有集贸市场，允许城镇青年从事修理、服务等手工业个体劳动缓解就业压力。改革后，安徽小岗村率先实施联产承包责任制，得到认可之后快速在全国范围内广泛推广，农村私人经济正式复活，农业劳动力拥有了流动权。1979 年 2 月，党中央国务院批转第一个有关个体经济的报告，允许“各地可根据市场需要，在取得有关业务主管部门同意后，批准一些有正式户口的闲散劳动力从事修理、服务和手工业者个体劳动”，城市地区的个体工商户出现并于 1981 年正式获得认可。此后，安徽“傻子瓜子”等引起社会广泛关注的事件出现，逐步打破雇工数量“不能超过七人”的雇用限制，民营企业开始发展。1982 年，党的十二大提出“坚持国有经济为主导和发展多种经济形式”，并在《中华人民共和国宪法》中明确了个体经济的合法地位。此后，私营经济逐渐放开，党的十三大进一步提出“以公有制为主体、发展多种所有制经济”，私人经济被视为公有经济的补充。私有经济逐渐在部分第三产业如商业、服务业、交通等和制造业中的日用工业品行业领域发展。1984 年，《中共中央关于经济体制改革的决定》发布，强调发展私有经济、扩大国有企业经营自主权。

20 世纪 90 年代之后，党的十四大提出了建立社会主义市场经济体制的经济改革目标，这既是重大理论突破，也是社会主义制度的重大完善。同时还明确指出要坚持“以公有制为主体，个体经济、私营经济、外资经济为补充，多种经济成分长期共同发展”的方针。党的十五大把这一方针发展为“以公有制为主体，多种所有制经济成分共同发展”，并将此明确为基本经济制度。随着改革开放的推进，长期性供给不足和需求抑制激发了生产力，全国创业激情高涨，“下海潮”开始出现。这一阶段，大量“体制内”人员纷纷下海，许多知名企业，如万科、华为等国内龙头企业，多是在这一阶段创立。创业者的成分也发生了变化，大量端着铁饭碗、金饭碗的体制内人员下海，根据人力资源和社会保障部统计，1992 年辞职下海者超过 12 万人。

在民营经济快速发展的同时，部分国有企业（以下简称国企）抓住机遇、迎难而上，并逐步发展成为具有代表性的行业龙头，如格力电器、茅台集团等。但要看到，更多的国有企业因为管理机制等原因出现大面积亏损，国有企业发展举步维艰。在此背景下，党中央高瞻远瞩强力推进国企改革，在党的十五大上提出国有经济应当“抓大放小”，并在 1998 年明确提出“从战略上调整国有经济布局和改组国有企业”、“有进有退”的思路。具体来说，“大”是指关乎国家经济安全和长期发展领域，如能源、电信、铁路、金融等领域，集中在产业链上游；“小”主要是指消费类、流通类行业，集中在产业链的中、下游。这一时期，随着国有企业战略性的退出，“国退民进”方针一定程度上激活了竞争性领域的市场活力，并逐渐形成了较为接近“自由竞争”的局面。特别需要强调的是，受制于当时的历史条件，这一阶段的“自由竞争”中包含着复杂的政商关系、营商环境，但总体上看竞争环境已较之前的国企一家垄断大为改善。随着竞争性领域的扩展，民营企业活力被充分激发，据统计在 1998—2000 年的 3 年内有接近 40% 的国有企业被淘汰，国企下岗人员将近 3000 万人，竞争性领域“国退民进”凸显。

同时，特别需要注意的是“抓大放小”的“抓大”也为国企改革留下了空间。“抓大”中关系国计民生与国民经济命脉的资源型、能源型、基础性产业的国有企业在本领域依然占据高度垄断地位；“放小”主要是开放了一般竞争性行业，表现为下游行业竞争较为充分，民营企业占比快速上升。因此，即使是在社会主义市场经济建设初期，接近“自由竞争”的市场格局也仅在“一般性竞争领域”即流通、制造类的下游产业中存在，而国企高度垄断的上游产业改革则走了一条从“垄断”到“寡头竞争”的发展路径，而且这一发展路径主要是政治驱动而非市场驱动，其逻辑与竞争性行业的市场格局变迁具有本质区别。

20 世纪 90 年代末后以互联网为代表的信息产业快速发展。在这一领域内，国企和民企站在了同一起跑线上，民企在这一领域内表现尤为突出，涌现出了雅虎、网易、搜狐、新浪、百度、京东、腾讯、阿里巴巴等一批民营集团，并发展成为中国甚至世界互联网经济龙头企业。它们是当时中国经济增长的新动力、新引擎。其后，随着下游产业的开放，下游市场逐渐从接近自由竞争转向垄断竞争、寡头竞争市场为主，市场参与者既有民营企业，也有在竞争中存活下来的国有企业。其中，民营企业的快速发展使得其成为 50% 以上税收、60% 以上 GDP、70% 以上的技术创新、80% 以上的城镇劳动力就业、90% 以上的新增就业和企业数量的贡献者。

二、二元竞争格局的形成：行政主导的寡头竞争

“抓大放小”的改革思路催生了二元竞争格局的出现：一方面，在中下游竞争性领域，国企和民企“同台竞技”，市场逐渐接近“充分竞争”；另一方面，在能源、资源、基础设施上游产业，国有企业仍然占据主导地位。我们以两个典型的“大”行业——石油、电力行业和若干中下游竞争性行业发展变迁为例说明二元竞争格局。

1. 电力行业改革与寡头格局的形成

在 20 世纪 90 年代末“抓大放小”的改革中，电力、石油、金融等行业被视为关乎国计民生的重要领域，因而由国有企业垄断。以电力行业为例，2002 年前，电力基础设施建设、发电厂建设和电网输送均由同一家企业垄断——国家电力公司进行。这是典型的行业垄断。2002 年，国务院发布《关于印发电力体制改革方案的通知》，拉开电力行业改革大幕。该方案里明确改革目标是“打破垄断，引入竞争，提高效率，降低成本，健全电价机制，优化资源配置，促进电力发展，推进全国联网，构建政府监管下的政企分开、公平竞争、开放有序、健康发展的电力市场体系”。此次改革目的十分明确，剑指行业垄断，核心内容在于打破国家电力公司一家

独大、政企不分的垄断状态，通过拆分降低垄断度，并为开创电力市场新格局奠定基础。

此次电力改革在反垄断方面有如下几个要点：一是实施厂网分开，即对电力建设、发电企业和电网企业进行拆分，将“巨无霸”拆分为几家各有侧重的企业；二是实行竞价上网，激活电力企业竞争性；三是开展发电企业向大用户直供电尝试，改变电网垄断电力购买格局。经过此次拆分，国家电力公司被拆分为如下几个公司：一是负责电力基础设施建设的中国电建；二是按照均衡原则建立五大发电企业，要求每个发电企业在各电力市场中的份额原则上不超过20%，这一拆分原则直接形成了现行发电市场“一大四强”的格局；三是将电网资产拆分，设立国家电网公司。由国务院授权国家电网公司统管华北（含山东）、东北（含内蒙古东部）、西北、华东（含福建）、华中（含重庆、四川）等区域性电网公司；设立南方电网公司，负责经营云南、贵州、广西、广东和海南地区电网。此次改革同时将部分区域性、地方性电网公司进行合并重组。

此次电力行业改革取得了重大成效，通过拆分垄断企业提升竞争性的改革思路也在电信、石油等行业改革时被借鉴。从结果上看，此次改革将发电行业从垄断市场变革为寡头竞争市场。此次改革也有不彻底的地方，如试图推行的发电企业与用户直接交易的改革措施未能真正落地，电网企业事实上拥有电力购买的垄断权。2017年开启的电力改革则将电力直接交易作为改革重点。总体上，经过2002年的电力改革，发电市场形成了中国华能集团公司、中国大唐集团公司、中国华电集团公司、中国国电集团公司、国家电力投资集团公司五大发电企业寡头竞争格局并维持至今。

2. 石油行业改革与市场格局变革

历经多轮改革石油行业形成了中石油、中石化、中海油三大巨头为主的寡头竞争格局。石油产业链条主要包括勘探、炼油、管网运输、零售四个环节。在石油行业改革之前，除零售之外其他环节都是高度垄断或需要严格的行政审批才可准入的行业。在勘探、管网领域，三大石油公司具有完全垄断性，且中石油、中石化垄断海外原油进口。在石油加工环节，市场准入具有一定的行政垄断属性，需要进行严格进入审批，目前存有少量的外资、民营石油加工企业。在成品油零售环节，市场准入门槛相对较低，存有一定数量的外资、民营加油站，但中石化、中石油占有第一、第二的市场份额，且这一领域属于产业链下游，对上游企业议价能力较弱。

2017 年 5 月，中共中央发布《关于深化石油天然气体制改革的若干意见》（以下简称《意见》），力图优化石油领域的竞争格局，扩大开放程度。改革既有优化三大寡头的内部业务结构成分，也有扩大开放、优化市场格局的成分。涉及市场格局调整的主要有以下几点：

（1）逐步开放油气开发垄断权。在改革之前，三桶油垄断油气开发，《意见》则要求引入民营及社会资本进入油气开采领域，逐步开放油气勘探开发市场，目的是逐渐激活市场竞争。

（2）放开汽油进口权。逐步取消中石油、中石化在原油进口的垄断权，取消配额制度。事实上，在改革前的 2016 年，民营企业原油进口配额已快速增加。

（3）放开价格管制。逐步推动石油价格和天然气价格市场化，推进非居民用气价格市场化，进一步完善居民用气定价机制。

（4）管网改革。管网具有天然垄断性，在剥离管网与油气生产销售的同时，强化价格监管，科学制定管道运输价格。此轮改革“管住中间、放开两端”的目标，意指管输费政府定价、井口价和门站价逐步实现市场化提升竞争水平。

其后，石油行业的开放效应逐步体现。在改革落地的短短一年内，已有众多民营、外资企业进入中国石油产业链。2018 年 9 月，埃克森美孚、沙特基础工业公司等国际石油巨头与广东、福建达成石化合作共识。随着开放效应进一步显现，在中下游领域如加工、零售环节，行业整合加速，石油服务从同质化向差异化转型，大量落后产能出清。石油加工、勘探开发等领域逐渐形成了寡头竞争格局，零售环节逐步形成了垄断竞争格局。

第五节
竞争性领域：开放、竞争与整合

上文已经提到，在 20 世纪 90 年代末国有企业“抓大放小”的改革中，竞争性领域的政策性壁垒被打破，大量国有企业与民营企业同时进行市场化竞争，低效、竞争力差的国企被淘汰出局，部分行业民营企业开始崭露头角。同时，随着互联网经济的发展，在21世纪初的互联网浪潮中，大量民营资本进入这一尚未被纳入严格监管的领域，中国互联网企业大放异彩，行业整合造就了巨头，逐步形成垄断竞争格局。

一、竞争性行业市场格局变迁

在竞争性领域开放之前，中国中下游行业也归属于经营计划管理。例如，与百姓生活息息相关的商品流通行业，国有企业垄断批发和零售，且批发层次固定、城乡封闭、管制网点数量。再如房地产领域，城市内住房由工作单位分别建造并分配，分配时房屋大小、品质依据行政级别高低和工龄长短确定；在农村地区，住房采用分配宅基地由村民自建和集体建设两种形式配置。

市场化改革后，行政审批和计划配给的模式退出了竞争性领域，国有企业在竞争性领域迎来大量挑战者，竞争性市场的活力被充分激发。在数十年的发展过程中，随着市场化水平的提升和市场交易主体数量的激增以及市场管理制度体系的成熟，市场逐渐形成了多种行业竞争形态。

1. 自由竞争格局

这类行业市场集中度低、参与者众多且规模普遍不大，典型的是农业特别是种植业。种植业利润率低、品牌效应差、产品同质化高、生产可控性差，且属于劳动密集型产业，因而社会资本介入积极性不高。目前，我国农业生产正在从单户、小规模种植向专业合作社迈进，部分区域性农产品已形成品牌，如东北大米、信阳毛尖等。部分企业，如山西地区的蓝顿集团、河南地区的中鹤集团试图通过建立种植生产、加工、销售的“一条龙”产业链来提升整体利润率水平、市场集中度和品牌影响力。但从市场占有率分布看，农产品规模化生产和品牌化运作仍处较低水平，整体市场仍属于低集中度、分散的自由竞争市场格局。再如比较典型的餐饮行业。餐饮业业态不仅受制于品牌、价格等商业要素，还受制于区位、人口等要素，属于区域特色明显的行业。由于餐饮店的服务半径有限、消费者品味个性化强、准入门槛低，这一领域很难形成具有寡头垄断效应的头部企业。当然，部分企业通过打造连锁店的形式形成了品牌效应，因而对市场产生了一些控制力，甚至在若干细分市场形成了垄断竞争格局。但总体上看，这一领域内市场参与者众多，属于低集中度的市场格局。其他低集中度的行业还有保质期短、运输半径较小的糕点业、鲜花业、鲜奶业、桶装水业、冷饮业，多属地方性、区域性企业为主，地方传统手工艺品行业。

此外，还有部分行业由于起步晚，在现阶段表现出自由竞争特性。例如，根据《中国种业发展报告》，2016 年中国前 10 位种子企业销售总额 98.89 亿元，仅占全国总额的 15.19%，市场集中度低，头部效应不显著。种子市场发达的美国，其前 10 强占全部市场份额在 70% 以上，寡头竞争格局已然显现。再如动力电池行业、风力发电行业等，市场参与者的综合实力普遍较弱，行业盈利水平、业绩水平处于较低水平，市场处于低层次均衡状态；市场参与者受制于技术、品牌、营销等因素约束，市场暂时处于低水平竞争格局。

2. 垄断竞争格局

这类行业具有若干有品牌影响力的企业，但每一家企业占有的市场份额有限，仅对自身产品具有一定程度定价权。这类产业主要集中在与消费直接相关的行业。比如矿泉水行业，既有定位于普通消费用品的农夫山泉等，也有定位于中高端的白乐山、恒大冰泉等，还有若干区域性、地方性品牌。同时，随着消费需求的日益分化，细分市场日益重要，细分市场发展往往对应较高的局部市场集中度，如洗面奶、牙膏等行业，均具有明显的垄断竞争属性。

3. 寡头竞争格局

在产品差异性小、替代性高的工业制造领域内，头部企业依靠技术、资金、规模优势，能够稳定占据行业市场，市场高度集中于若干家头部企业。各国发育成熟的制造业行业出现寡头竞争是一普遍现象，头部公司对市场具有高度控制权，新进入企业面临较强的成本、技术壁垒，中小企业无法与大企业竞争，寡头竞争成为相对稳定的市场格局。以制造业的典型代表——挖掘机行业为例，2007 年前中国挖掘机市场有超过 100 家生产企业，市场竞争无序、技术提升缓慢，经长达 10 年的合并重组后，仍有近 30 家市场参与主体。其后工程机械行业逐步从低集中度的自由竞争向寡头竞争格局演变。2006 年，工程机械领域龙头企业（三一重工、中联重科、徐工机械）的市场占比约为40%，及至2017年已稳定在70%，头部效应明显，形成了寡头竞争格局。

二、房地产行业竞争格局变迁

中国房地产行业市场化改革始于20纪80年代。国务院《关于在全国城镇分期分批推行住房制度改革的实施方案》发布后，中国住房制度改革正式开启。改革目标是住房商品化，由原来的实物分配改变为市场供给。1998年，国务院发布《关于进一步深化城镇住房制度改革加快住房建设的通知》，要求进一步推进城镇住房市场化改革，并提出停止福利住房分配、提租补贴促售公房、完善住房供应体系、开展住房抵押贷款、放开住房二级市场、减免过高交易税费等一系列具体措施。由此房地产行业发展进入快车道，此后中国住房市场化、城镇化进程乃至经济结构产生了深刻变化。

房地产开发行业在国民经济中地位举足轻重，具有如下几个特点：一是具有地方性、区域性特征。房地产企业离不开土地储存支撑，因而具有典型的地方性和区域性特征。即使全国市场高度集中，地方小型房地产企业依托特定区域内的竞争优势也会有生存和发展的空间。二是同质化和差异化并存。一方面，房子作为人类生存的“刚需品”，满足的是人类居住的基本需求，因此在基本功能上是同质的；另一方面，不同地段、不同区位、不同功能的商品房能够满足不同层次的需求，如绿化、学区、交通等区位特征，因此商品房具有一定的差异化特征。这两者并存构成了多样化的需求层次。三是政策属性强。土地征用、开发渠道、融资途径、销售方式上均有法规约束。历经30年的发展，房地产市场显现出了如下几点特征：

1. 供应端明显改善

1978年，中国城市人均住宅建筑面积仅6.7平方米，住房供应堪忧。到2016年，这一数字已提高到36.6平方米，达到国际前列水平。房地产行业年度投资额从1998年的3614亿元增至2019年的13万亿元，增长32倍。2017年全国房地产行业总资产达722236亿元，为1998年的37倍，总收入达95897亿元，为1998年的32.5倍，房地产行业和市场参与者均取得长足发展（见表2-1）。

表 2－1　　1998—2017 年房地产企业规模统计　　单位：万元

年份	房地产开发企业资产总计	房地产开发企业经营总收入
1998	195261772.00	29512078.00
1999	187448042.00	30260108.00
2000	251859857.00	45157119.00
2001	285668126.00	54716555.00
2002	330431260.00	70778478.00
2003	404864877.00	91372734.00
2004	617891877.00	133144608.00
2005	721936389.00	147693468.00
2006	883979908.00	180467598.00
2007	1110781955.00	233971284.00
2008	1448335466.00	266968448.00
2009	1701842364.00	346062342.00
2010	2244671365.00	429964803.00
2011	2843594434.90	444912763.20
2012	3518586516.80	510284103.80
2013	4252187800.00	707066651.20
2014	4987499235.10	664638027.90
2015	5519680550.60	701743416.50
2016	6257337023.00	900915063.70
2017	7222360183.00	958969006.40

2. 市场集中度明显提升

如前文所述，房地产行业具有同质化和差异化属性。2010 年后，房地产市场从自由竞争格局向寡头竞争的方向发展，房地产领域“大鱼吃小鱼”的行业兼并整合加速，行业集中度快速提升。2010 年，房地产行业前 5 名企业的销售金额占全部市场总额比例为 6.53%，销售面积占比仅为 3.57%，前“二十强”销售面积占比也仅为 14%，市场分散度较高。到 2018 年，前 5 名销售金额、销售面积占比分别达 39.55%、29.52%，分别是八年前的 6 倍、8.3 倍，而前“二十强”房地产企业的销售金额占比更是高达 78.41%，寡头垄断竞争格局已基本形成（见表 2－2）。

表 2－2　　2010 年以来房地产行业集中度变化　　单位:%

年份	前“五强”销售金额占比	前“五强”销售面积占比	前“二十强”销售面积占比
2010	6.53	3.57	14.18
2011	7.25	4.04	14.98
2012	8.33	5.10	17.98
2013	8.70	5.76	18.88
2014	11.06	7.26	22.79
2015	11.11	8.02	23.06
2016	12.89	9.33	25.23
2017	35.16	22.99	67.19
2018	39.55	29.52	78.41

3. 市场主体成分中，“国退民进”格局凸显

如前文所述，房地产行业具有区域性特征，部分小型地产企业凭借地方资源仍有一定的生存空间。因此，房地产企业数量并未随着行业集中度提升而减少，而是不断增长，但增速已较为缓慢。1998 年，国企和集体企业占据半壁江山，共有开发企业 12500 家，占全国的 51.28%；到 2017 年，国企和集体企业占比仅为 1.32%，超过 90% 的企业或被市场淘汰或自行退出。可以说，房地产行业的变革是我国竞争性领域的典型（见表 2－3）。

表 2－3　　1998—2017 年房地产行业市场主体统计　　单位：家,%

指标名称 / 年份	房地产开发企业个数	国有企业/集体企业	国有企业/集体企业占比
1998	24378	12500	51.28
1999	25762	11502	44.65
2000	27303	10133	37.11
2001	29552	8857	29.97
2002	32618	7503	23.00
2003	37123	6763	18.22
2004	59242	7165	12.09
2005	56290	5941	10.55

续表

指标名称 年份	房地产开发企业个数	国有企业/集体企业	国有企业/集体企业占比
2006	58710	5383	9.17
2007	62518	5047	8.07
2008	87562	5461	6.24
2009	80407	5196	6.46
2010	85218	4905	5.76
2011	88419	4450	5.03
2012	89859	4258	4.74
2013	91444	2309	2.53
2014	94197	1933	2.05
2015	93426	1738	1.86
2016	94948	1457	1.53
2017	95897	1262	1.32

1998 年中国全面实行住房制度改革，房地产行业也迎来了快速发展的黄金时代，行业规模年平均扩张达 20% 以上。到 2018 年，房地产行业全年商品房销售额为 15 万亿元，相比 2015 年增长 72%。

房地产业是行业规模扩大以后逐步形成的垄断竞争行业。据中国房地产测评中心数据显示，2018 年全年销售金额过千亿的房地产企业数量为 30 家。克而瑞研究中心曾预计 2018 年 500 亿元以上规模的房地产企业量有望从 2016 年的 23 家提升至超过 50 家。2007 年，全国房地产龙头万科的全年销售金额也不过 300 亿元左右，而在 2018 年，销售金额破千亿元的房地产企业已达到 18 家。近年来房地行业发展的一个突出特点是行业集中度大幅提高。数据显示，全国前 100 房地产企业销售金额占比升至 66%。其中，全国“前十强”房地产企业和全国“前五十强”房地产企业的流量金额集中度达到 27.9% 和 55.3%，分别较 2017 年同期提升 3 个和 9.5 个百分点。

行业集中度是市场结构最基本、最重要的因素，是市场竞争和垄断程度的集中体现。一般而言，行业集中度越低，竞争越激烈，利润率越低；反之，集中度越高，竞争越温和，利润率越高。房地产行业集中度逐渐提高，说明我国房地产市场结构正在发生深刻变化，从接近完全竞争向垄断竞争演进，随着后续集中度进一步提高，还可能发展成为寡头市场（见表 2-4）。

表 2 - 4　　2018 年中国房地产企业销售金额排名　　单位：亿元

排名	排名对象	营业收入	排名	排名对象	营业收入
1	碧桂园	7287	11	世茂房地产	1761
2	万科地产	6069	12	招商蛇口	1705
3	中国恒大	5511	13	华夏幸福	1680
4	融创中国	4600	14	阳光城	1628
5	保利发展	4050	15	旭辉集团	1625
6	绿地控股	3812	16	金地集团	1624
7	中海地产	2688	17	绿城中国	1564
8	新城控股	2204	18	中南置地	1521
9	华润置地	2106	19	富力地产	1415
10	龙湖集团	2007	20	正荣集团	1303

资料来源：中国房地产测评中心。

第六节 各行业竞争格局概述

发达经济体现代垄断组织的形成始于 19 世纪 60 年代。19 世纪 60 年代和 70 年代是自由竞争发展的顶点即最高阶段。这时垄断组织还处萌芽状态。1873 年危机之后出现了卡特尔，但为数不多。其后垄断格局加速形成。从销售收入份额、利润份额、总资产份额、市场占有率等指标看，其他行业也出现了垄断竞争情况。总体看，中国的行业竞争格局经历了自由竞争为主向垄断占比逐步提升转变过程。目前各行业都有不同程度的垄断，基础产业相对比突出些。

一、煤炭行业

中国煤炭产业的垄断来自政府的准入限制和资源配置约束，属于靠国家主导权力形成的垄断。煤炭开采行业既是高危行业又是影响生态环境的典型行业，如果允许煤炭行业自由进入，会给社会和环境造成难以挽回的后果，为此，中国对进入煤炭开采市场实行严格的市场准入制。对矿业开发设立特许权是政府的事前管制措施，其目的是防止有害的经济外部效果损害社会公共利益，是发达国家的通常做法。

煤炭工业协会数据显示中国煤炭产量比较集中，第一名产量 51340 万吨，远超第二名和第三名产量总和。煤炭行业经营者集中，大部分产煤大企业为国有控股，2018 年营业收入排名第一的煤炭企业营业收入金额为 5059 亿元，远超其他煤炭企业（见表 2－5、表 2－6）。

表 2－5　2018 年中国煤炭企业产量排名　单位：万吨

排名	排名对象	产量	排名	排名对象	产量
1	国家能源投资集团有限责任公司	51340	11	晋能集团有限公司	7366
2	中国中煤能源集团有限责任公司	16368	12	中国华能集团有限公司	7107
3	山东能源集团有限公司	14139	13	淮南矿业（集团）有限责任公司	6816
4	陕西煤业化工集团有限责任公司	14010	14	山西晋城无烟煤矿业集团有限责任公司	6487
5	兖矿集团有限公司	13511	15	内蒙古伊泰集团有限公司	6424
6	大同煤矿集团有限责任公司	12700	16	河南能源化工集团有限公司	6166
7	山西焦煤集团有限责任公司	9610	17	开滦（集团）有限责任公司	6132
8	阳泉煤业（集团）有限责任公司	8200	18	内蒙古霍林河露天煤业股份有限公司	4594
9	山西潞安矿业（集团）有限责任公司	8058	19	黑龙江龙煤矿业控股集团有限责任公司	4101
10	冀中能源集团有限责任公司	7930	20	华电煤业集团有限公司	3871

资料来源：煤炭工业协会。

表 2－6　2018 年中国煤炭企业收入排名　单位：万元

排名	排名对象	营业收入	排名	排名对象	营业收入
1	国家能源投资集团有限责任公司	50590077	4	冀中能源集团有限责任公司	22430330
2	山东能源集团有限公司	30852723	5	兖矿集团有限公司	19919956
3	陕西煤业化工集团有限责任公司	26008890	6	山西晋城无烟煤矿业集团有限责任公司	16665833

续表

排名	排名对象	营业收入	排名	排名对象	营业收入
7	阳泉煤业（集团）有限责任公司	16080629	14	开滦（集团）有限责任公司	11103437
8	山西潞安矿业（集团）有限责任公司	16074995	15	晋能集团有限公司	10291762
9	河南能源化工集团有限公司	16017486	16	内蒙古伊泰集团有限公司	7881841
10	大同煤矿集团有限责任公司	16016237	17	淮南矿业（集团）有限责任公司	7618381
11	山西焦煤集团有限责任公司	15260208	18	淮北矿业（集团）有限责任公司	6016413
12	中国平煤神马能源化工集团有限责任公司	12734415	19	山西煤炭进出口集团有限公司	5453982
13	中国中煤能源集团有限责任公司	11681181	20	徐州矿务集团有限公司	3609897

资料来源：煤炭工业协会。

二、石油化工产业

中国石油化工产业属于国家主导的垄断产业。石油化工行业资本密集，资源分布广，开发成本高，技术性与安全性要求高，具有较强规模经济。石油化工产业的发展不仅关系到中国基础能源安全，也直接关系到中国社会稳定（见表2－7）。

表2－7　2018年中国化工企业500强营业收入排名

排名	排名对象	排名	排名对象
1	中国石油化工集团公司	11	山东东明石化集团有限公司
2	中国石油天然气集团公司	12	万达控股集团有限公司
3	中国海洋石油集团有限公司	13	利华益集团股份有限公司
4	中国中化集团有限公司	14	江阴澄星实业集团有限公司
5	中国化工集团公司	15	云天化集团有限责任公司
6	陕西延长石油（集团）有限责任公司	16	上海华谊（集团）公司
7	河南能源化工集团有限公司	17	中国化学工程股份有限公司
8	中国平煤神马能源化工集团有限责任公司	18	阳泉煤业化工集团有限责任公司
9	浙江荣盛控股集团有限公司	19	山东京博控股股份有限公司
10	浙江恒逸集团有限公司	20	山东海科化工集团有限公司

资料来源：中国化工情报信息协会。

根据中国化工情报信息协会数据，石油化工产业中中石油、中石化、中海油即“三桶油”占据了国内石油产量的90%以上。从世界范围看，作为能源利用领域重要组成部分的石油化工行业，由其行业特殊性所决定，从行业发展初始阶段就具备了“垄断”的各种特征。从国内看，改革开放以来国有石化行业的发展与中国经济市场化进程几乎同步，经历了从分散到集中的过程，其“垄断”性表现为垄断企业的市场支配力、价格控制力以及环境影响、利益分配等。

2008年油价高涨时，国内油价始终保持相对稳定，当时“三桶油”为弥补国内外差价，承受了高达1680亿元的巨额亏损。当时高油价也冲击了其他一些行业，如出租车业，为此，国家采取了补贴政策扶持出租行业发展，国家垄断石化产业对冲了国内油价上涨压力，以国有企业的亏损换取了市场价有限上涨。这说明对关系国民经济命脉的行业和部门采行国家垄断是经济安全的需要。

三、印刷业

中国印刷业目前处于自由竞争市场状态。印刷业历史悠久，内部细分行业众多，其产品用于国民经济生活的各大领域。得益于经济增长、文化市场的刚需扩张以及全球一体化的融合发展，改革后中国印刷业发展迅速，市场规模不断壮大，逐渐成为具有国际竞争力的产业。截至2017年底，中国印刷行业共有企业5491家，比2016年增加了228家，同比增长4.33%，市场竞争较为激烈，缺乏规模较大的龙头企业。上市公司营收相对于巨大的市场总量而言体量尚小。中国的印刷企业在某些细分领域特色鲜明，如报纸印刷、烟标印刷、标签印刷、票据印刷等，一般的商业印刷和包装印刷企业星罗棋布，同时存在数量庞大的中小印刷企业，产品同质化度高，加剧了市场竞争（见表2－8）。

表2－8　2018年中国印刷企业营业收入排名　单位：万元

排名	排名对象	营业收入	排名	排名对象	营业收入
1	深圳市裕同包装科技股份有限公司	694774	3	斯道拉恩索中国	414237
2	厦门合兴包装印刷股份有限公司	632338	4	上海紫江企业集团股份有限公司	312465

续表

排名	排名对象	营业收入	排名	排名对象	营业收入
5	四川省宜宾普什集团3D有限公司	289700	13	纷美包装有限公司	233629
6	美盈森集团股份有限公司	285742	14	上海界龙集团有限公司	232947
7	汕头东风印刷股份有限公司	280235	15	鸿兴印刷集团有限公司	226950
8	福建冠盖金属包装有限公司	271170	16	森林包装集团股份有限公司	215391
9	鹤山雅图仕印刷有限公司	266148	17	昇兴集团股份有限公司	205512
10	四川省宜宾丽彩集团有限公司	257034	18	黄山永新股份有限公司	200824
11	康美包（苏州）有限公司	238228	19	安徽天翔高新特种包装材料集团有限公司	165458
12	广博集团股份有限公司	237419	20	杭州顶正包材有限公司	154505

资料来源：Wind。

四、物流行业

中国物流行业在行业形成之初时就已处于垄断竞争状态。改革开放以来，中国物流基础设施持续改善，物流业规模迅速扩张。比如快递业，2012年不到57亿件，2016年达312.8亿件，快递业务量连续5年保持平均50%以上的增速。2017年中国快递行业进入后300亿时代，并且已常态化进入单日快递亿件时代，稳居世界第一。国内快递业发展迅猛，“四通一达”、顺丰快递、京东快递、群雄逐鹿，打破了原来中国邮政的垄断格局和地区封锁。

中国快递行业从业企业众多、竞争激烈，但总体看，市场集中度逐步提高。根据国家邮政局统计，2016年中国快递服务品牌集中度指数CR8（指行业内前8家最大的企业所占市场份额的总和）为77.3%，2016年上半年中国快递服务品牌集中度指数CR8为76.9%。其他大部分快递企业呈现“小、散”特点，这些企业由于其网络覆盖及服务能力有限，以特定范围的区域业务为主，比如同城快递企业。

由于各个快递企业发展策略和成长环境不同，目前快递业初步形成“三梯队”的企业竞争格局。第一梯队的顺丰和EMS进入行业较早，采取自营模式，网点布局较为完善，主要定位中高端的商务件市场，单件收入较高，议价能力强。第二梯队“四通一达”主要得益于近十年电子商务的飞速发展，主要定位中低端的电商件，单件收入相对较低，服务水平和时效性相对较差。第三梯队是其他的中小快递企业，发展规模较小，只有通过差异化的竞争取得一定的竞争优势，或布局某一特定区域，或专注某一特定领域，否则很难在大型快递公司的挤压下生存下来。相比美国与日本，前3家快递公司占有的市场份额即超过90%的情况，未来中国快递行业整合空间还较大，有可能形成寡头竞争局面（见表2-9）。

表2-9 2018年中国物流企业主营业务收入排名 单位：万元

排名	排名对象	营业收入	排名	排名对象	营业收入
1	中国远洋海运集团有限公司	17861977	11	中国物资储运集团有限公司	2570254
2	厦门象屿股份有限公司	12197438	12	开滦集团国际物流有限责任公司	2246411
3	冀中能源国际物流集团有限公司	8028159	13	安吉汽车物流股份有限公司	2232400
4	中国外运股份有限公司	7315751	14	德邦物流股份有限公司	2035011
5	顺丰控股股份有限公司	7109430	15	招商局物流集团有限公司	1508239
6	河北省物流产业集团有限公司	4283982	16	锦程国际物流集团股份有限公司	1441103
7	山东物流集团有限公司	3132382	17	河北港口集团有限公司	1401308
8	中铁物资集团有限公司	2890123	18	厦门港务发展股份有限公司	1371270
9	天津港（集团）有限公司	2638298	19	国药控股湖北有限公司	1182125
10	京东物流集团	2636382	20	连云港港口集团有限公司	1180035

资料来源：中国物流与采购联合会。

五、汽车行业

中国汽车产业在行业形成之初时就处于垄断竞争状态，经历了三个发展阶段：第一阶段是新中国成立到改革开放的三十年间，政府重点扶持重型载货车，采取行政命令方式组织产销；第二阶段是从20世纪80年代初期到中国加入世界贸易组织（以下简称世贸组织）的二十年间，政府干预由行政命令向微观指导型转变。1986年“七五计划”把汽车定位为重要支柱产业，1988年《关于严格控制轿车生产点的通知》后形成了“三大三小”汽车生产企业（“三大”指的是一汽、上汽、东风（原二汽）三大轿车基地，“三小”指的是北京吉普、天津汽车、广州汽车三个小型轿车基地），1994年颁布《汽车工业产业政策》等；第三阶段是加入世贸组织之后，为适应世贸组织的规则调整了汽车产业政策方向。

一段时间内中国的汽车行业整体看属于不完全竞争市场，主要表现是政府采取了一些扶持措施，较高的汽车进口关税和过多的非关税壁垒，对中国境内的汽车企业起到了保护作用。20 世纪 80 年代进口汽车关税很高，1986 年汽车排量为 3.0 升以上的汽车进口关税率为 220%，排量 3.0 升以下的为 180%。到了 90 年代税率有所下降，1997 年排量 3.0 升以下的为 80%，3.0 以上的为 100%。在此期间中国的进口轿车价格也高于国际市场 3—4 倍。进入 21 世纪以后，为兑现加入世贸组织的承诺，中国汽车进口关税税率逐年下降。2006 年 7 月 1 日，中国进口汽车关税税率在第 9 次调整后降至 25%，进口汽车零部件的关税税率也降至 10%。过去的保护措施实质上是维护中国本土汽车行业在中国市场上的垄断，生产力水平低下、价格居高不下、销量增长缓慢。加入世贸组织后，政府转变了管理方式，以高投资扩大规模，汽车产业内资投资放开，同时降低关税税率，这些措施联动形成了汽车供给急剧膨胀局面。从而促使汽车价格逐步下行，最终使汽车消费爆发式增长，特别是 2009 年后，汽车轿车年产量逐步突破 2000 万辆，城镇居民汽车拥有率大幅上升，2019 年每百户家用汽车拥有量已达 35 辆（见表 2－10）。

表 2－10　　2017 年中国汽车经销商营业收入排名　　单位：亿元

排名	排名对象	营业收入	排名	排名对象	营业收入
1	广汇汽车服务股份公司	1607.1	11	中国正通汽车服务控股有限公司	354.7
2	中升集团控股有限公司	862.9	12	长久汽车投资有限公司	339.6
3	利星行汽车	801.1	13	广物汽贸股份有限公司	335.5
4	庞大汽贸集团股份有限公司	704.9	14	北京北汽鹏龙汽车服务贸易股份有限公司	329.3
5	上海永达控股（集团）有限公司	625.8	15	北京运通国融投资有限公司	318.5
6	恒信汽车集团股份有限公司	515.8	16	深圳市东风南方实业集团有限公司	303.6
7	国机汽车股份有限公司	502.4	17	贵州通源集团	219.8
8	大昌行集团有限公司	422.2	18	上海汽车工业销售有限公司	219.5
9	浙江物产元通汽车集团有限公司	387.4	19	天津市浩物机电汽车贸易有限公司	217.2
10	江苏万帮金之星车业投资有限公司	357.2	20	山东远通汽车贸易集团有限公司	215.9

资料来源：中国汽车流通协会。

六、金融行业

金融是国民经济命脉行业，在我国是国家主导的垄断竞争行业，但金融行业各分支垄断竞争程度不同。

1. 银行业

银行业占整个金融市场90%的比重。2017年营业收入排名前十大行分别为：工行、建行、农行、中行、邮储、招商、交通、浦发、中信、中国民生。其中国有五大行市场占有率超过50%，是国有行政化的上市公司。银行是整个金融的命脉，国家掌控大部分银行股份（见表2－11、表2－12、表2－13）。

表2－11　　2017年商业银行营业收入排名　　单位：百万元

排名	排名对象	营业收入	排名	排名对象	营业收入
1	中国工商银行	726502	11	兴业银行	139975
2	中国建设银行	621659	12	平安银行	105786
3	中国农业银行	537041	13	中国光大银行	91850
4	中国银行	483278	14	华夏银行	66384
5	邮储银行	224864	15	广发银行	50531
6	招商银行	220897	16	北京银行	50353
7	交通银行	196011	17	浙商银行	34222
8	浦发银行	168619	18	江苏银行	33839
9	中信银行	156708	19	上海银行	33125
10	中国民生银行	144281	20	宁波银行	25314

资料来源：Wind。

表2－12　　2017年商业银行净利润排名　　单位：百万元

排名	排名对象	净利润	排名	排名对象	净利润
1	中国工商银行	286049	6	招商银行	70150
2	中国建设银行	242264	7	兴业银行	57200
3	中国农业银行	192962	8	浦发银行	54258
4	中国银行	172407	9	中国民生银行	49813
5	交通银行	70223	10	邮储银行	47683

续表

排名	排名对象	净利润	排名	排名对象	净利润
11	中信银行	42566	16	上海银行	15329
12	中国光大银行	31545	17	江苏银行	11875
13	平安银行	23189	18	浙商银行	109505
14	华夏银行	19819	19	广发银行	102044
15	北京银行	18733	20	南京银行	9668.00

资料来源：Wind。

表 2-13　2017 年商业银行总资产排名　单位：百万元

排名	排名对象	资产	排名	排名对象	资产
1	中国工商银行	26087043	11	中信银行	5677691
2	中国建设银行	22124383	12	中国光大银行	4088243
3	中国农业银行	21053382	13	平安银行	3248474
4	中国银行	19467424	14	华夏银行	2508927
5	交通银行	9038254	15	北京银行	2329805
6	邮储银行	9012551	16	广发银行	2072915
7	兴业银行	6416842	17	上海银行	1807767
8	招商银行	6297638	18	江苏银行	1770551
9	浦发银行	6137240	19	浙商银行	1536752
10	中国民生银行	5902086	20	南京银行	1141163

资料来源：Wind。

2017 年银行业归属母公司净利润达到 13943.11 亿元。按此计算，银行 2017 年平均每天赚得约 38 亿元。银行高利润的背后是金融资源配置失衡和高利率差，中小企业融资成本高企生存处境困难。其主要原因之一是银行业垄断程度高，缺乏市场竞争机制，国有控股银行掌握议价权。

2. 信托业

信托行业凭借“全牌照”资格，可在金融市场吸收存款并从事结算业务，充分享受了信托牌照垄断带来的制度红利。全国仅有的 60 余家信托公司均为国有控股公司。2017 年营业收入排名前十位的信托公司为：平安信托、中信信托、中融信托、安信信托、上海信托、重庆信托、华能信托、中国民生信托、建信信托、四川信托（见表 2-14）。

表 2－14　　2017 年信托公司营业收入排名　　单位：百万元

排名	排名对象	营业收入	排名	排名对象	营业收入
1	平安信托	16536	11	兴业信托	3114
2	中信信托	7399	12	中航信托	2941
3	中融信托	6533	13	中铁信托	2892
4	安信信托	5592	14	华宝信托	2780
5	上海信托	4345	15	华润深国投信托	2674
6	重庆信托	3983	16	对外经济贸易信托	2585
7	华能信托	3419	17	长安信托	2318
8	中国民生信托	3308	18	中诚信托	2264
9	建信信托	3273	19	五矿国际信托	2138
10	四川信托	3135	20	渤海信托	2136

资料来源：Wind。

3. 保险业

新中国成立之初，1949 年 10 月 20 日成立了当时唯一一家国有保险公司——中国人民保险公司，负责经营全国的财产保险业务和人身保险业务，这一时期的中国保险业显然是标准的垄断行业。1958—1979 年，受“左”的错误思想影响，国内保险业务被停办。1980 恢复办理国内保险业务以后，中国的保险市场仍然由中国人民保险公司一家国有企业垄断。1986—1991 年新疆建设兵团保险公司（中华联合财产保险公司前身）、平安保险公司、太平洋保险公司等保险公司相继成立，打破了人保一统天下局面，保险市场自新中国成立以来第一次出现了竞争。此时，中国的保险市场接近于寡头市场，基本上由中国人保、太平洋和中国平安三巨头把持。随着改革开放的日益深入和保险业的逐渐放开，新华、泰康等民营保险公司以及友邦等外资保险公司和其他中外保险公司相继成立，中国保险市场的市场主体不断丰富，竞争日渐激烈，但是人保、太平洋和平安三巨头垄断市场的割据并没有得到实质改变，只是市场份额与以前相比稍微有所变化。2017 年，按营业收入排名，中国平安、中国人保、太平洋依然名列前茅，因此现在中国保险市场仍然是一个垄断氛围比较浓，竞争很不充分的寡头市场，而且保险公司尚未明显出现产品分化，都是“大而全”或是“小而全”的经营方式，属于产品业务同质化的寡头竞争（见表 2－15、

表2－16、表2－17）。

表2－15　　2017年保险公司营业收入排名　　单位：百万元

排名	排名对象	营业收入	排名	排名对象	营业收入
1	中国平安	890882	11	新华保险	144132
2	中国人寿集团	812548	12	太平人寿	133429
3	中国人寿	653195	13	中国人保寿险	127335
4	平安寿险	499416	14	富德生命人寿	106659
5	中国人民保险集团	488141	15	华夏人寿保险公司	102740
6	中国财险	332594	16	中国太平洋财险	95674
7	中国太保	319809	17	阳光人寿	65216
8	中国太平洋人寿保险	222824	18	中国人寿财险	61144
9	中国平安财险	200910	19	天安人寿	58779
10	泰康集团	162601	20	天茂集团	53406

资料来源：Wind。

表2－16　　2017年保险公司净利润排名　　单位：百万元

排名	排名对象	净利润	排名	排名对象	净利润
1	中国平安	89088	11	新华保险	5383
2	平安寿险	344632	12	华夏人寿保险公司	4074
3	中国人寿	32253	13	中国太平洋财险	3788
4	中国财险	197116	14	国华人寿	2733
5	中国人民保险集团	16646	15	西水股份	2395
6	中国太保	14662	16	友邦保险	1990
7	中国平安财险	133725	17	中国人寿集团	1801
8	泰康集团	11376	18	阳光人寿	1744
9	中国太平洋人寿保险	102652	19	前海人寿	1506
10	太平人寿	5536	20	阳光财险	1428

资料来源：Wind。

表2－17　　2017年保险公司总资产排名　　单位：百万元

排名	排名对象	资产	排名	排名对象	资产
1	中国平安	6493075	4	平安寿险	2254008
2	中国人寿集团	3599577	5	中国太保	1171224
3	中国人寿	2897591	6	中国人民保险集团	987973

续表

排名	排名对象	资产	排名	排名对象	资产
7	中国太平洋人寿保险	979426	14	中国人保寿险	381802
8	泰康集团	712854	15	中国平安财险	336072
9	新华保险	710275	16	前海人寿	237579
10	中国财险	524653	17	西水股份	225774
11	华夏人寿保险公司	458383	18	天安财险	222503
12	太平人寿	439017	19	阳光人寿	218256
13	富德生命人寿	438089	20	天安人寿	148810

资料来源：Wind。

4. 证券业

2016 年底，中国证券行业总资产规模为 6.42 万亿元，行业总收入约 3280 亿元，证券化率为 68.23%，证券化率年复合增速 8%（见表 2－18、表 2－19、表 2－20）。相当于美国证券业 20 世纪八九十年代的水平。证券业产业链条上有证券交易所、证券公司、基金公司、金融信息服务、会计师事务所、律师事务所等，但具有垄断性的只有证券交易所。中国有四家证券交易所：上交所、深交所、北京新三板、香港交易所。四家交易所中上交所、深交所、北京新三板都是会员制、非营利性，只有香港交易所属公司制营利性。

表 2－18　2017 年证券公司营业收入排名　单位：百万元

排名	排名对象	营业收入	排名	排名对象	营业收入
1	中信证券	43291.63	11	中信建投	11303.25
2	海通证券	28221.67	12	中金公司	11209.14
3	国泰君安	23804.13	13	东方证券	10531.51
4	广发证券	21575.65	14	光大证券	9838.15
5	华泰证券	21108.53	15	兴业证券	8818.78
6	申万宏源	13367.78	16	平安证券	8382.13
7	招商证券	13353.21	17	中泰证券	8168.75
8	申万宏源证券	12668.53	18	安信证券	7567.37
9	国信证券	11923.61	19	华融证券	6812.29
10	中国银河证券	11344.19	20	方正证券	5952.99

资料来源：Wind。

表 2-19　　2017 年证券公司净利润排名　　单位：百万元

排名	排名对象	净利润	排名	排名对象	净利润
1	中信证券	11433	11	中国银河证券	3981
2	国泰君安	9882	12	东方证券	3554
3	华泰证券	9277	13	光大证券	3016
4	海通证券	8618	14	中金公司	2766
5	广发证券	8595	15	安信证券	2294
6	招商证券	5786	16	兴业证券	2285
7	申万宏源	4600	17	平安证券	2116
8	国信证券	4575	18	中泰证券	1795
9	申万宏源证券	4447	19	华融证券	1570
10	中信建投	4015	20	长江证券	1545

资料来源：Wind。

表 2-20　　2017 年证券公司总资产排名　　单位：百万元

排名	排名对象	资产	排名	排名对象	资产
1	中信证券股份有限公司	625574.64	11	东方证券股份有限公司	231859.99
2	海通证券股份有限公司	534706.33	12	中信建投证券股份有限公司	205883.39
3	国泰君安证券股份有限公司	431648.19	13	光大证券股份有限公司	205864.37
4	华泰证券股份有限公司	381482.54	14	国信证券股份有限公司	199637.97
5	广发证券股份有限公司	356904.64	15	兴业证券股份有限公司	153055.40
6	申万宏源集团股份有限公司	299943.30	16	方正证券股份有限公司	148336.26
7	招商证券股份有限公司	285643.56	17	中泰证券股份有限公司	132237.80
8	申万宏源证券有限公司	281570.10	18	安信证券股份有限公司	127324.48
9	中国银河证券股份有限公司	254814.97	19	华融证券股份有限公司	120860.88
10	中国国际金融股份有限公司	237811.95	20	长江证券股份有限公司	113152.22

资料来源：Wind。

中国的证券行业随着资本市场的发展不断壮大。2017 年证券公司营业收入排名榜显示，已有 13 家证券公司年营业收入超百亿元。但从市场集中度、产品差别化、企业进入和退出壁垒等方面来看，目前中国证券业是一个市场集中度很低、产品缺乏差异化而进入壁垒又非常高的市场，形成了原子型的市场结构。

5. 电信和移动互联网行业

电信行业属国家垄断行业。根据内地电信运营商公布的数据，2017 年总移动用户人数大增，中国 4G 市场的增长势头强劲。

中国移动在 2G 和 3G 市场的市场占有率达 55.0%，并已把 2G 或 3G 用户转向 4G 服务。2017 年 1 月底，中国移动的 4G 市场的市场占有率已达 69.9%，中国联通市场占有率为 14.0%，中国电信市场占有率为 16.1%。中国移动、中国联通、中国电信三家市场占有率总和达 100%，形成电信行业三巨头掌控局面。

移动互联网行业是后期逐步形成的垄断竞争行业之一。随着中国互联网产业技术的发展和成熟，互联网也一度成为中国的最充分竞争市场之一，但经过了十几年的自然竞争和优胜劣汰之后，互联网行业在我国快速发展，目前已经跨越原始积累，显现出非常明显的垄断趋势。少数几家公司，如腾讯、百度、阿里巴巴等已经悄然击败了大多数竞争者，在市场上占据垄断地位。这些垄断巨头在各自领域占据主宰地位和其他小公司难以望其项背的市场份额。

据相关数据显示，百度、阿里巴巴、腾讯（简称 BAT）已经分别占领搜索引擎、电子商务、即时通信市场份额的 50% 以上。目前我国互联网未上市创业公司估值前 30 名的公司，80% 背后都有腾讯的身影，行业已经具有垄断市场结构特征。但从行业发展来看，互联网行业正处于高速增长时期，国内上市互联网企业数量达到 91 家，总市值突破 5 万亿元，2010—2019 年，网络零售额占社会消费品零售额比重由 3.8% 增长至 24%。这说明互联网在生产生活中的作用日益显著。同时，由互联网产生的新生产或交易模式，如移动支付、O2O 模式兴起、共享出行逐渐规范化，为增进消费者福利带来了新契机。首先，行业中企业数量持续增加，说明大型企业的垄断没有形成明显的市场壁垒，互联网行业多样化的需求使可提供差异化服务的中小型企业进入市场，如在网上购物领域，唯品会以打折商品为特色，满足消费者廉价购物的需求。其次，大型企业通过自主开发或并购等方式加入这些差异性业务的竞争中，如阿里巴巴相应建立了“聚划算”优惠购物板块，类似上述企业的竞争行为保证了行业效率、促进了行业健康发展（见表 2-21）。

表 2－21　2019 年 3 月份中国综合电商类 APP 活跃用户数排名　单位：万人

排名	排名对象	用户数	排名	排名对象	用户数
1	淘宝	50584	11	网易严选	139
2	京东	20559	12	小象优品	122
3	天猫	5775	13	必要	120
4	苏宁易购	4329	14	绿叶惠购	116
5	小红书	3646	15	国美	115
6	蘑菇街	1132	16	精选速购	106
7	当当	349	17	庭秘密	102
8	萌推	170	18	亚马逊购物	95
9	1 号店	160	19	喵街	74
10	融 e 购	151	20	达令家	72

资料来源：易观国际。

七、家庭耐用消费品

家庭耐用消费品行业中各种家庭耐用消费品的生产，初期都处于自由竞争市场，后期在快速发展中优胜劣汰，逐步形成了垄断竞争格局。

1. 家用电冰箱

据 Wind 发布数据，2017 年 11 月份，中国家用电冰箱品牌市场中排名前十名的生产厂家生产的家用电冰箱占市场份额之和为 90.32%。2017 年是中国电冰箱行业发展标志性的一年，产业愈发向寡头集中，家用电冰箱品牌数量已经减少了 50—70 个。中怡康数据显示，2017 年冰箱价格竞争依然激烈，相比 2016 年，整体同比增长 10.6%，其中线上市场整体均价大幅上涨，同比增长 14.5%。其后冰箱替换能量缓慢释放，2018—2022 年迎来了第二次行业发展高峰阶段，2018 年成为整个冰箱行业的历史转折点（见表 2－22）。

表 2－22　2017 年 11 月中国家用电冰箱品牌市场份额月度排名　单位：%

排名	排名对象	市场份额
1	海尔	30.98
2	美的	14.61
3	美菱	10.32

续表

排名	排名对象	市场份额
4	容声	9.95
5	西门子	9.57
6	海信	4.47
7	伊莱克斯	2.94
8	三星	2.79
9	新飞	2.51
10	现代	2.18

资料来源：Wind 数据库。

总体看，冰箱行业高速发展成为过去时，行业调整不可避免，多方因素将驱动技术进步。同时受产业上游影响，预计冰箱行业内需趋稳，出口增长，整体会小幅回暖。

2. 空调

据 Wind 发布数据，2016 年 11 月份，中国空调品牌市场中排名前十名的生产厂家生产的空调占市场份额之和为 96.44%。在国内空调市场，已形成了格力、美的两大巨头拥有超过五成市场份额的格局，海尔虽然在空调市场位居第三名，但是与前两强的差距相当明显（见表 2－23）。

表 2－23　　2016 年 11 月中国空调品牌市场份额月度排名　　单位:%

排名	排名对象	市场份额
1	格力	39.50
2	美的	19.42
3	海尔	10.46
4	伊莱克斯	7.79
5	海信	4.79
6	奥克斯	4.47
7	三菱电机	2.89
8	TCL	2.75
9	志高	2.23
10	长虹	2.14

资料来源：Wind 数据库。

据奥维云网发布数据，2018 年在国内线下空调市场，格力、美的、海尔的市场份额分别为 38.1%、25.1%、10.5%，均超过 2017 年各自的市场份额（37%、24.7%、10.2%），其中格力的领先地位进一步强化。前“三强”在线下空调市场的优势主要在于它们多年来在线下市场建立了强大的渠道和服务优势。空调行业向来有三分品质七分安装的说法，服务对于空调来说极为重要，这是这些企业得以在线下市场不断巩固领先优势的原因。

海信、奥克斯等空调企业在线下市场的份额则被逐渐压缩，从上述数据可以看出，前“三强”以外的空调企业占有的市场份额从 2017 年的 28.1% 下降至 26.3%。2016 年中小品牌占有的市场份额为 31.2%，也表明前“三强”市场份额增长的难度在加大。

与线下市场前“三强”格局稳固的局面相比，线上空调市场表现出不同格局。其中最突出的是奥克斯，在线下市场奥克斯仅位居第五名，市场份额也只有大约 4 个百分点，与前“三强”相比可说是天差地别。但是在线上奥克斯则较空调行业前“三强”强势的多。同样来自奥维云网的数据，2018 年在线上空调市场，前“三强”分别为奥克斯、美的、格力，市场份额分别为 28.6%、22.49%、17%，奥克斯的领先优势相当明显，而在线下市场位居前“三强”的海尔在线上市场仅有 6.5% 的市场份额。

3. 洗衣机

据 Wind 发布数据，2017 年 11 月份，中国洗衣机品牌市场中排名前十名的生产厂家生产的洗衣机占市场份额之和为 89.36%。在国内洗衣机市场，已形成了海尔、小天鹅两大巨头拥有近五成市场份额的格局，美的虽然在空调市场位居第三名，但是与前两强的差距相当明显。中国洗衣机行业双寡头垄断格局已经形成，市场集中度不断提升，双寡头垄断红利（见表 2－24）。

表 2－24　2017 年 11 月中国洗衣机品牌市场份额月度排名　单位：%

排名	排名对象	市场份额
1	海尔	24.72
2	小天鹅	17.57
3	美的	8.96

续表

排名	排名对象	市场份额
4	合肥三洋	8.22
5	西门子	7.41
6	松下	5.99
7	荣事达	5.75
8	现代	3.91
9	小鸭	3.45
10	海信	3.38

资料来源：Wind 数据库。

第七节
垄断竞争格局对中国经济的影响

垄断竞争市场的形成对中国经济的作用分为两个方面：一方面垄断竞争市场的形成可能会造成就业下降、物价上升以及中小微企业生存困境。另一方面垄断竞争市场对国民经济也有促进技术进步、形成具有国际竞争力的大企业等积极作用。20 世纪 90 年代中期以后，各国均认识到，在参与国际竞争中，适度的垄断能更好地促进技术进步，国内企业垄断是可以容忍的，甚至应该鼓励其在某些行业内的发展。美国国会批准美国最大的飞机制造公司——波音公司，兼并第二大飞机制造公司麦道公司，目的就是对付来自欧洲的强手——空中客车公司。

一、技术进步

以美国经济学家熊彼特和加尔布雷思为代表的观点认为：较集中的市场结构有助于技术进步。(1) 垄断企业比竞争企业能更好地筹集研究和开发经费。技术进步需要的研发资金主要从企业内部筹集。只有存在超额利润的垄断市场可以提供这种资金。(2) 研究活动也存在规模经济问题。集中度高行业中的企业具有研究规模优势。小企业消耗不起时间，也缺乏大规模研究开发的财力。大企业则可把风险投资分摊到大量的项目中。（3）其他优势。垄断企业具有保护技术专利的优势。技术创新是大企业压制竞争对手、提高进入壁垒的重要策略和手段；大企业能以更高的待遇吸引科研人员等。

随着部分行业垄断竞争市场的形成，中国的创新成效指数和科技进步贡献率指数自 2005 年至 2017 年不断上升。垄断是企业家愿意投资创新活动的前提，没有垄断利润就不会有创新动力。某种程度的垄断是技术进步必不可少的条件，但并不意味着垄断程度越高，创新就会同比例增加。一个介于垄断和完全竞争之间的市场结构会有效提升创新水平。当然，不同产业和同一产业的不同发展阶段技术进步的最佳垄断程度也不一样（见图 2－1）。

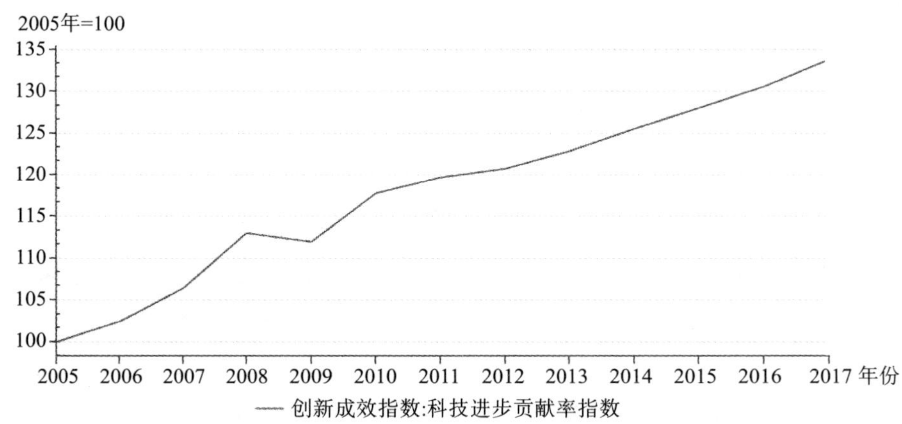

图 2－1　中国创新成效指数：科技进步贡献率指数

资料来源：Wind。

二、国际竞争力显著增强

改革开放以来，中国由计划经济时代迈向市场经济，经济和社会发展取得了举世瞩目的成就，主要经济社会总量指标占世界的比重和人均水平相当于世界平均水平的比例持续提高，综合实力位次不断前移，国际地位显著提升，国际影响力不断增强。

1979—2017 年，中国经济年平均增长率为 9.5%，明显高于世界同期 2.9% 的平均水平，也高于世界各主要经济体同期平均水平。农业生产稳定增长，谷物、肉类等主要农产品产量居世界第一位。主要工业产品产量跃居世界前列。对外货物和服务贸易总额跃居世界前列，货物进出口总额全球第一，服务进出口总额均位于世界前三位。

世界知识产权组织《2018 年全球创新指数报告》显示，在 2018 年《报告》中中国排名再度跃升，中国继 2016 年成为首个进入全球创新指数前 25 强的中等收入经济体之后，在全球 126 个经济体中排名第 17 位，首次进入全球最具创新性的前 20 个经济体之列。表明中国近年来大力实施创新驱动发展战略、推动“大众创业、万众创新”取得显著成效（见图 2－2）。

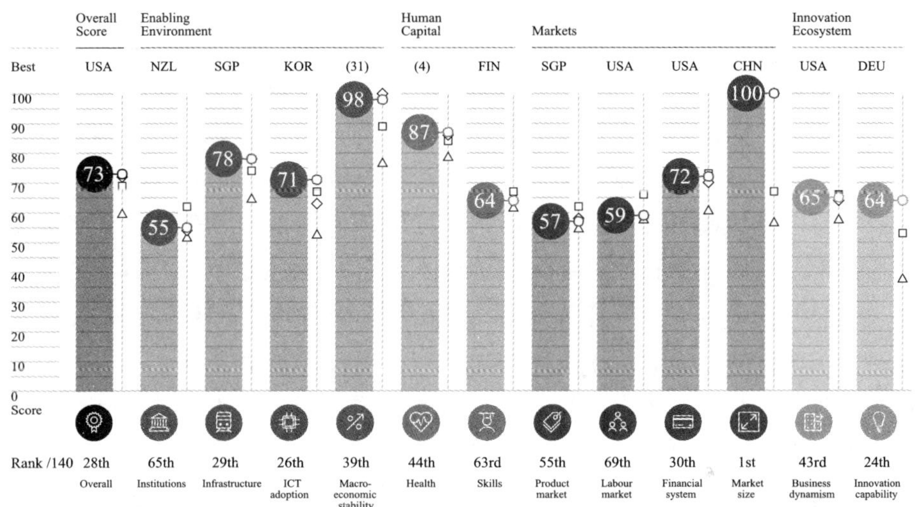

图 2－2　中国全球竞争力分项指标

资料来源：《2018—2019 年全球竞争力报告》。

中国世界 500 强上榜公司数量连续十五年增长，中国与美国上榜公司数量差距不断缩小。《财富》杂志最新发布的世界 500 家最大企业（或称 500 强企业）排行榜显示，中国公司 2017 年达到了 120 家，已经非常接近美国（126 家），远超第三位的日本（52 家）。这些公司在各自领域均为垄断寡头企业，它们都具有显著的研发优势。

世界经济论坛《2018—2019 年全球竞争力报告》显示，2018 年，中国的国际竞争力在 140 个国家和地区中排名第 28 位，领跑金砖国家，在发展中国家中名列前茅。

联合国工发组织公布的《工业竞争力报告（2016）》显示，中国制造业竞争力绩效指数2015年排名第3位，仅次于德国和日本，比1990年上升了29位。

三、就业率下降

行业垄断是引起劳动者收入差距扩大的重要原因，也间接扰动劳动力市场均衡。由于行政性垄断行业效率低下，企业产出减少，劳动力需求总量相应减少。行政性垄断行业内部往往还存在行政化配置人力资源情况，行业产值增长与就业增长之间的传导机制运转不畅，所以行政性垄断行业的产值增加所能拉动的就业数量必然低于竞争性行业。

行政性垄断行业大都是关系国计民生的基础性行业，其产品价格的提升与产出的减少，带来“负”的就业乘数效应会导致相关行业吸纳就业人数成倍萎缩，降低劳动力资源配置效率，加剧结构性失业。由于垄断行业内部工资远超竞争性行业正常工资标准必然会带来以下几个问题：（1）弱化劳动力市场的调节功能。行政性垄断行业畸高的收入水平，扰乱了要素市场价格信息机制，致使很多大学生放弃或者减少原专业学习时间，参与行政性垄断行业就业竞争，从而加重结构性失业程度。（2）畸高的工资福利造就了激烈的就业竞争，大大增加了相关劳动力的就业成本。因此，就业的经济成本与机会成本同时增高，而就业收益相对减少，整个社会自愿失业人数上升。

民营经济在解决就业方面具有无可替代作用，整理《中国统计年鉴2009》的数据后可见，民营经济已经成为解决中国就业问题的主要承担者。到2008年底，民营经济（包括个体经济）吸纳的就业人数已经占到城镇总就业人数的75%以上，吸纳了城镇新增就业人数的90%以上。但是，垄断竞争市场发展到一定阶段，也会使民营企业减少对就业人员的吸纳。京东就是一例，2019年4月，京东先后传出高层末尾淘汰制、清退三类人、取消快递员底薪、裁员8%等一系列消息。在所有电商平台里，淘宝一直占据着头把交椅，京东则稳居第二。在2018年京东面临多重困难，节省开支也是无奈之举，开源节流势在必行。公积金系数由12%降到7%；快递员底薪全部取消；清退8%不符合公司“价值观”的员工，降薪裁员的动作一个接着一个。

四、形成垄断价格，在一些领域推动了物价上涨

马克思认为，商品价格是商品价值的货币表现形式，它“只是物化在商品中的社会劳动量的货币名称”。决定商品价值量的是社会必要劳动时间，社会必要劳动时间“是在现有的社会正常的生产条件下，在社会平均的劳动熟练程度和劳动强度下制造某种使用价值所需要的劳动时间”。这种价值决定理论反映了市场上存在着众多商品生产者的情况，在生产条件有了优劣区分，工人熟练程度、劳动强度与劳动过程的社会结合有区别的情况下，才会有社会平均工资水平。实际上，形成价值的社会必要劳动时间是在商品生产者充分竞争基础上形成的。在竞争情况下，一个商品生产者耗费劳动时间多于社会必要劳动时间，等待他的只有破产的命运。但是垄断情况下，垄断者几乎没有任何生存压力，其主要任务就在于维护其垄断地位。只要垄断地位得到保证，垄断者可以用低效率的方式提供产品。产品生产所耗费的劳动增加，在货币价值不变的情况下，也会刺激物价上涨。垄断产品价格提高会通过投资、消费等渠道推动普遍的价格水平上涨。

从中国市场结构来看，垄断性因素在经济生活中的决定作用越来越明显，使一些重要的产业与行业接近于寡头垄断状态。中国的垄断力量主要来自于两个方面：一是国有企业垄断。中国作为社会主义国家强调国有企业对国民经济的控制力与主导作用，国有企业在一些领域占据垄断地位也有必要，但如果缺乏有效监管，这种力量有可能异化为垄断利润。二是外资企业的垄断。外资企业尤其是国际大型跨国公司凭借质量、服务、品牌等方面优势形成经济性垄断，内资企业无法与之竞争，它们在定价上握有绝对的话语权。因此，涨价成了外资企业赚取超额利润的手段，这在洋品牌奶粉、日化用品、奢侈品等产品上都有较多反映。

在中国，最受关注的“垄断行业”主要还是电力、电信、铁道、民航、邮政、公用、石油石化、烟草和金融等上游行业。这些行业的主导力量为国有企业，且多数是中央企业，它们的产品与服务价格变动可以迅速传导到下游产业，其不变资本的耗费和劳动力支出的增加及垄断利润的上升也会推升整体的价格水平。

五、对中小微企业的不利影响

金融业的垄断竞争一定程度上限制了民间资本，影响了中小企业生存和发展。虽然自《关于促进和引导民间投资的若干意见》发布以来，民营经济的经营环境不断改善，但行政性行业垄断对中国中小企业的生存和发展依然具有较大负面影响：（1）产业准入限制。受现行政府审批制度以及投资体制约束，一些传统的垄断行业民营资本仍然难以进入。即使在国家政策和相关法律没有明确限制进入的领域，民间投资进入也存在一些隐性不公平待遇和政策歧视。（2）金融制度限制：中国信贷投资一直倾向于大中型国企，虽然中央再三强调要优化民营企业的融资环境，但效果并不明显。这制约了民营中小企业的发展。

第三章

中国经济已处于收入分配差距扩大期

收入分配格局始终是全社会最关心的问题之一，关系到人民物质文化生活水平提高和人民群众对改革、发展的信心。因此，化解收入分配矛盾一直是政府高度重视的重大问题。党的十八大报告指出："实现发展成果由人民共享，必须深化收入分配制度改革"。党的十九大报告进一步指出："坚持在经济增长的同时实现居民收入同步增长、在劳动生产率提高的同时实现劳动报酬同步提高"。党的十九大还把新时代中国社会的主要矛盾概括为人民日益增长的美好生活需要和不平衡不充分的发展之间的矛盾，并有针对性地提出："坚持按劳分配原则，完善按要素分配的体制机制，促进收入分配更合理、更有序。鼓励勤劳守法致富，扩大中等收入群体，增加低收入者收入，调节过高收入，取缔非法收入。"

当前中国已进入第十四个五年规划时期，化解收入分配矛盾成为社会关注的焦点问题。改革后收入分配矛盾集中体现在个人收入基尼系数居高不下和城乡收入差距、行业收入差距、地区收入差距的持续扩大上。这些差距，既有市场配置资源追求效率方面的成因，也有国民收入分配制度不规范、不公正方面的成因。总体看，解决问题至为重要的是建立稳定、长效、自觉实现良性循环的收入分配机制。

第一节 国民收入三大部门分布格局

一、基本理论框架

国民收入分配分为初次分配阶段和再分配两个阶段。在初次分配阶段，市场发挥主要作用。在国民收入再分配阶段，政府发挥核心作用。本书首先清晰界定国民收入分配过程中三大部门间关系，其后分析当前收入分配现状，探寻收入分配差距的深层次机制性原因。

本书分析框架基于资金流量表（实物交易）的结构构建。资金流量表是顺次反映国民经济总量的初次分配、再次分配以及消费、储蓄和资本转移等各个阶段情况的综合统计报表。该表给出了从增加值开始，经过初次分配和再分配阶段，国民经济各部门可支配收入的形成及使用过程。在国民收入的形成和分配过程中，资金不断在政府部门、企业部门和居民（住户）部门（三大部门）之间流动：

在初次分配阶段，在“效率原则”和公平原则的引导下将财富以劳动报酬、生产税和营业盈余三种形式分配到居民部门、政府部门和市场主体。市场机制和市场规则在这一阶段发挥核心作用，通过资源有效配置和保证市场效率来建立有序、公平、竞争充分的市场，最终实现国民收入按要素合理分配。初次分配阶段主要处理的是市场主体与居民部门和政府各自的分配关系。

在国民收入初次分配基础上，三大部门之间通过各项经常转移进行国民收入再分配。在该阶段，政府作用更为突出，主要表现为政府部门和企业部门、政府部门与居民部门的收入转移关系。其中，企业部门和住户部门通过“收入税”和“其他经常转移”项目向政府部门转入资金；企业部门通过“社会补助”项目向住户部门转入资金；住户部门通过“社会保险缴款”项目向政府部门转入资金；政府部门通过“社会保险福利”、“社会补助”和“其他经常转移”项目向住户部门转入资金，通过“其他经常转移”项目向企业部门转入资金，并通过“其他经常转移”项目在各级政府间实现转移支付。经过各部门之间的经常转移，国民收入再分配过程完成，最终形成各部门可支配收入。

国民收入再分配过程是对初次分配结果的修正，是通过各部门之间的经常转移来实现政府发挥社会财富调节功能、促进社会公平的过程。经常转移是扣除资本转移后的转移，是单方向提供货物、资产或服务的无回报交易。经常转移的实质是机构或部门间的利益流动，一个机构部门的获得就是另一个机构部门的支付，因此，经常转移是“总量不变，结构调整”的过程。具体看，各部门的经常转移包含经常转移来源和运用（也就是收入和支出），部门的经常转移净额是两者的差额。初次分配收入加上经常转移净额构成各部门的可支配收入。

国民收入的使用过程是完成国民收入循环的重要一环，其结果是影响下一阶段国民收入形成数量和质量的重要因素。国民收入经过初次分配和再分配，形成各部门的可支配收入。可支配收入的最终使用，在理论上分为消费（最终消费支出）和储蓄（资本形成）两部分，最终消费支出进一步划分为居民消费支出和政府消费支出，其中，政府部门的消费支出将继续影响国民收入分配的基本格局。

中国的资金流量表是1992年开始编制的，本部分研究选取1992—2019年时期的数据。

二、三大部门收入分配格局的演变与现状

改革开放以来，中国收入分配制度改革逐步推进，目前按劳分配为主体、多种分配方式并存的分配制度框架已基本确立，以税收、社会保障、转移支付为主要手段的再分配调节机制框架也初步形成。这有效促进了社会主义市场经济体制的建立和国民经济发展以及人民生活水平的显著提高。但要看到，收入分配领域仍存在不少亟待解决的突出问题，如城乡收入差距、居民收入分配差距较大、收入分配秩序不规范等。

在国民收入初次分配阶段，三大部门收入占比反映社会财富的基本分配格局。1992—2019年间，政府部门占比较为稳定，在社会总财富中的比重处于12%—17%区间内，近15年来基本保持在14%—15%范围内。同期住户部门和企业部门则出现了逆向变动趋势，住户部门在社会总财富中的比重呈下降趋势，由1992年的65.41%降至2017年的60.56%，企业部

门稳步上升，由 1992 年的 19.06% 升至 2019 年的 25.41%，说明在市场经济形成过程中市场主体在国民财富分配中的地位呈上升势态（见表 3－1、图 3－1）。

表 3－1 1992—2017 年中国国民经济初次分配收入结构（基于资金流量表） 单位：%

年份	政府部门	住户部门	企业部门
1992	15.53	65.41	19.06
1993	16.83	62.56	20.61
1994	16.26	64.10	19.65
1995	15.14	64.74	20.12
1996	15.53	67.23	17.24
1997	16.17	65.71	18.12
1998	16.87	65.61	17.53
1999	16.95	64.98	18.07
2000	13.13	67.15	19.72
2001	12.67	65.93	21.40
2002	13.94	64.49	21.57
2003	13.62	64.09	22.28
2004	13.74	61.14	25.12
2005	14.20	61.28	24.52
2006	14.53	60.73	24.74
2007	14.74	59.61	25.65
2008	14.73	58.66	26.61
2009	14.58	60.69	24.73
2010	14.99	60.50	24.51
2011	15.38	60.67	23.95
2012	15.63	61.65	22.73
2013	15.22	60.66	24.12
2014	15.24	60.09	24.67
2015	14.95	60.89	24.16
2016	14.46	61.28	24.25
2017	14.03	60.56	25.41

资料来源：依据 Wind 数据库数据计算，Wind 原始资料来源于《中国统计年鉴》：国民经济核算。

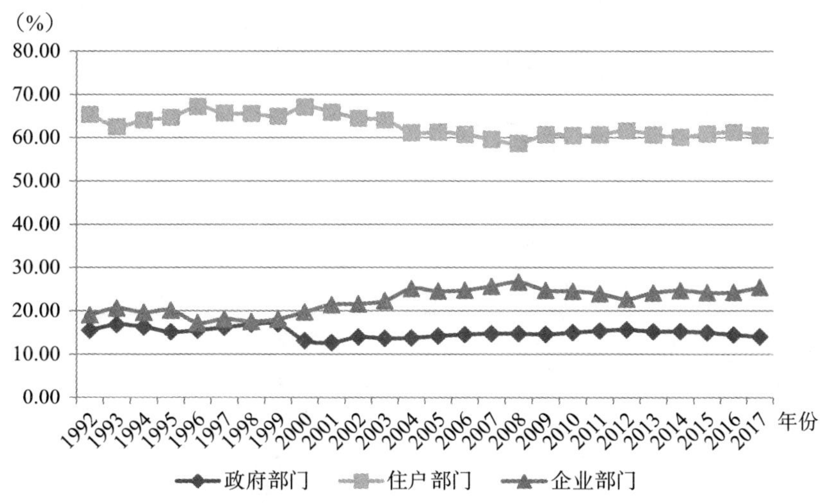

图 3－1 1992—2017 年三大部门初次分配收入比重

市场在资源配置中起决定作用的制度环境中，从起点公平、过程公平的角度来看，在国民收入初次分配阶段，资源、要素占有差异带来收入差距有其合理性，政府的应尽之责是制定和维护必要、合理的法律制度和规则，营造保护合法产权和公平竞争的环境，“刷出一条起跑线”。概言之，正当的收入差异应当支持，违反市场公平竞争要求的不规范的收入差异要调控抑制，不正当的收入差异应大力消除，核心问题是确立公平与效率的合理关系。

在国民收入再分配阶段，三大部门的收入占比反映社会财富的最终分配格局。1992—2019 年间，政府部门占比较初次分配阶段有了明显上升，从初次分配比重的 12%—17% 上升到再分配收入比重的 15%—20%，但总体上较为稳定，近 15 年来基本保持在 18%—20% 范围内。与此同时，住户部门和企业部门依然处于变动状态，住户部门在社会再分配结构中的比重较初次分配比重略有上升，为 58%—69%，并随时间推移出现波动性趋势，由 1992 年的 65. 41% 升至 1996 年的 69. 29% 的最高点后，逐年降至 2008 年的 58. 28%，之后各个年间略有波动，基本稳定在 60%—62% 的范围内。而企业部门总体上在社会再分配结构中的比重较初次分配比重略有下降，为 13%—21%，但随时间推移稳步上升，由 1992 年的 13. 33% 升至 2017 年的 21. 19%（见表 3－2、图 3－2）。

表 3 - 2 1992—2017 年国民经济再分配结构（可支配收入，基于资金流量表） 单位：%

年份	政府部门	住户部门	企业部门
1992	18.96	67.71	13.33
1993	19.23	64.61	16.15
1994	18.01	65.97	16.02
1995	16.50	66.81	16.70
1996	17.15	69.29	13.57
1997	17.51	68.13	14.37
1998	17.53	68.14	14.33
1999	18.58	67.11	14.31
2000	14.53	67.54	17.94
2001	15.01	66.07	18.92
2002	16.23	64.43	19.34
2003	16.09	63.97	19.94
2004	16.43	61.05	22.51
2005	17.55	60.84	21.60
2006	18.21	60.25	21.54
2007	19.01	58.89	22.10
2008	18.98	58.28	22.74
2009	18.28	60.53	21.19
2010	18.41	60.40	21.19
2011	19.19	60.78	20.03
2012	19.54	61.99	18.47
2013	18.94	61.29	19.77
2014	18.85	60.65	20.50
2015	18.55	61.64	19.81
2016	17.89	62.10	20.01
2017	17.96	60.85	21.19

资料来源：依据 Wind 数据库数据计算，Wind 原始资料来源于《中国统计年鉴》：国民经济核算。

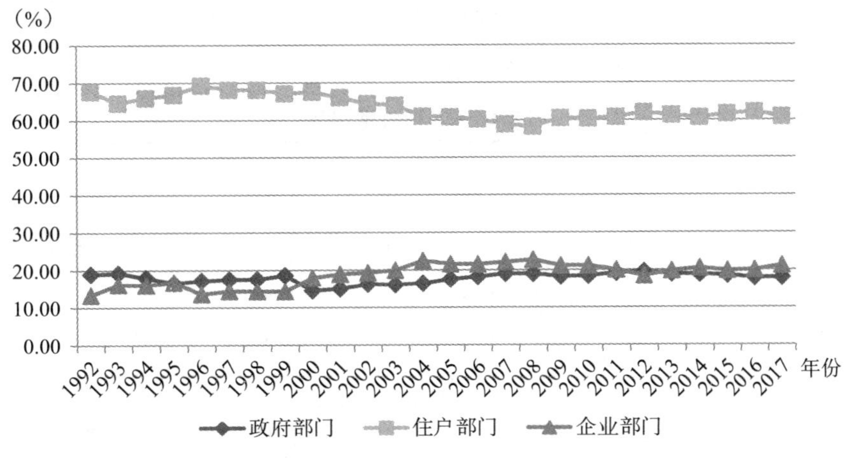

图 3－2　1992—2017 年三大部门可支配收入比重

在国民收入再分配阶段，政府的职责是采用必要的调节、控制、规范手段介入收入再分配过程，遏制收入差距悬殊、防止“两极分化”的固化并促其收敛，但有效干预需要政府以对收入差异的原因做出正确分析并有针对性地实施分类政策来实现，这一方面取决于政府对基本情况的判断以及做出准确决策的能力；另一方面也取决于形成合理的机制并发挥出积极作用，二者缺一不可。

在国民可支配收入使用阶段，储蓄与消费占比反映社会财富的最终使用格局。1992—2019 年间，中国总储蓄比重经历了“先升后降”过程，从 1992 年的 40.29% 升至 2008 年的最高的 51.91%，之后降至 2017 年的 46.64%，与此同时，消费比重则经历了“先降后升”的过程，从 1992 年的 59.71% 降至 2008 年的最低的 48.09%，之后升至 2017 年的 53.36%（见表 3－3）。这一变化轨迹在一定程度上表明中国的经济发展动力已由投资向消费转换。2008 年之前，中国经济发展主要靠投资拉动，储蓄率不断上升，超过 50%，超过消费率。2009 年开始由于受到外部“金融危机”和结构转换等因素的共同作用，消费拉动的积极作用显现，消费率不断上升，超过 50%，反超储蓄率。

在总消费中，政府部门与住户部门比重反映最终消费格局。1992 年至 2019 年间，总消费中政府部门比重不断上升，由 1992 年的 21.89% 上升到 2017 年的 27.26%，表明政府消费能力不断增强，而住户部门消费比重则不断下降，由 1992 年的 78.119% 下降到 2017 年的 72.74%（见表 3－3），表明居民消费能力减弱。这一方面是由住户部门可支配收入下降造成；另一方面是由政府消费能力增强所致。

表 3-3　可支配收入使用情况表

指标名称	总储蓄比重	总消费比重	以总消费为 100	
			政府部门比重	住户部门比重
1992	40.29	59.71	21.89	78.11
1993	41.72	58.28	22.30	77.70
1994	42.73	57.27	22.34	77.66
1995	41.62	58.38	19.89	80.11
1996	40.32	59.68	19.63	80.37
1997	40.76	59.24	20.02	79.98
1998	39.98	60.02	20.44	79.56
1999	38.61	61.39	20.89	79.11
2000	37.56	62.44	25.46	74.54
2001	38.46	61.54	26.14	73.86
2002	40.24	59.76	26.12	73.88
2003	43.05	56.95	25.79	74.21
2004	45.74	54.26	25.51	74.49
2005	46.46	53.54	26.57	73.43
2006	48.15	51.85	26.99	73.01
2007	50.89	49.11	27.15	72.85
2008	51.91	48.09	27.21	72.79
2009	50.57	49.43	26.99	73.01
2010	51.77	48.23	27.49	72.51
2011	50.63	49.37	27.21	72.79
2012	49.46	50.54	27.26	72.74
2013	48.34	51.66	26.99	73.01
2014	49.09	50.91	26.13	73.87
2015	47.16	52.84	26.58	73.42
2016	45.96	54.04	26.62	73.38
2017	46.64	53.36	27.26	72.74

需要说明在国际上（依据 SNA 1993），政府消费支出被细分为用于个人的消费支出（individual consumption expenditure）和公共消费支出（collective consumption expenditure）两部分，且在统计时将用于个人消费的部分纳入居民消费支出的范围合并计算，作为个人消费支出，其余的作为政府公共消费。而中国的国民经济核算口径未对政府消费支出作进一步划分，客观上造成了政府消费比重过大的统计结果。事实上，在政府消费支出中，有相当一部分通过财政转移支付、政府补助等各种形式用于住户部门，形成教育、医疗、社会保障等方面的民生支出。我们根据财政支出功能分类，对政府消费做如下细分：把政府在教育、文化体育与传媒、社会保障和就业、保障性住房支出、医疗卫生、城乡社区事务、地震灾后恢复重建方面的支出作为对住户部门的消费支出处理，其余作为公共部门消费。重新统计后，政府部门消费中对住户部门的消费支出占政府消费的比重呈明显上升趋势，从具体项目支出看，前三位分别是教育、社会保障与就业和城乡社区事务支出，表明中国近年来不断加大民生领域投入的政策已经发挥了积极作用，用于住户部门的实际消费支出不断增长与中国近年来不断加大民生领域投入的政策取向相符。

第二节 中国收入分配现存问题

收入分配具有多层次结构，除了前述的宏观层面的国民收入分配问题，还有中观层面的居民收入分配问题，本部分我们着重讨论社会最关注的居民收入分配问题。

一、居民收入分配现状

居民收入即住户部门收入，从具体组成看，通常由劳动收入、财产收入、经营收入、转移收入四部分构成，其中，劳动收入、财产收入、经营收入通过国民收入初次分配过程实现，转移收入通过国民收入再分配过程实现。

1. 居民收入基本构成

居民收入结构反映住户部门取得收入的来源及其在总收入中的地位。在资金流量表中，居民收入与住户部门可支配收入相对应。从住户部门可支配收入变化趋势看，1992—2017 年间，住户部门来源于劳动者报酬比重出现了“先降后升”的变化，个别年份高达 90%，近 15 年来，基本在 80%—85% 的区间内，表明劳动收入依然是居民主要收入来源。财产收入比重也出现了一定程度的波动，近 15 年来基本保持在 6% 水平上，财产性收入已经成为居民重要、稳定的收入来源之一。经营收入和转移收入基本呈现“先升后降”态势，这一方面表明基于市场交易取得的收入和再分配取得的收入是居民重要、稳定的收入来源；另一方面也表明其在居民收入结构中的地位逐渐下降（见表 3－4）。

表 3－4　　1992—2017 年住户部门可支配收入组成　　单位：亿元，%

年份	住户部门可支配收入	其中：劳动者报酬比重	财产收入比重	经营收入和转移收入
1992	18090. 27	88. 22	6. 59	5. 19
1993	22374. 21	87. 75	8. 05	4. 2
1994	30862. 01	86. 34	8. 99	4. 67
1995	38491. 19	87. 45	7. 72	4. 83
1996	46442. 91	84. 58	7. 94	7. 48
1997	50121. 32	87. 25	6. 74	6. 01
1998	52688. 56	87. 30	6. 85	5. 85
1999	54354. 30	90. 01	5. 61	4. 38
2000	66538. 67	78. 52	4. 61	16. 87
2001	71865. 34	80. 05	4. 10	15. 85
2002	77423. 32	83. 31	3. 85	12. 84
2003	87268. 45	82. 20	3. 68	14. 12
2004	98508. 92	82. 18	3. 83	13. 99
2005	112910. 20	82. 50	3. 97	13. 53
2006	131426. 40	80. 93	5. 51	13. 56
2007	158558. 60	80. 68	6. 20	13. 12
2008	185926. 30	80. 95	6. 34	12. 71
2009	207302. 40	80. 54	5. 48	13. 98

续表

年份	住户部门可支配收入	其中：劳动者报酬比重	财产收入比重	经营收入和转移收入
2010	243121.70	78.51	5.33	16.16
2011	285772.60	77.83	6.60	15.57
2012	321399.20	79.83	7.57	12.6
2013	357113.40	83.72	6.11	10.17
2014	391110.00	83.95	6.27	9.78
2015	422629.20	84.49	5.89	9.62
2016	459534.70	84.12	5.93	9.95
2017	498528.10	85.11	6.14	8.75

资料来源：依据 Wind 数据库数据计算，Wind 原始资料来源于《中国统计年鉴》：国民经济核算。

2. 居民收入水平与收入分配差异

基尼系数是反映居民收入分配差距的国际通用指标，虽然存在不同计算口径下可比性不强的不足，但从单一口径计算结果还是能够看出收入分配差异的变动趋势。从全国居民收入基尼系数近 16 年走势看，中国收入分配不均衡问题在 2008 年之前极为严重，2008 年以后虽然有所缓解，但总体上，数值都在 0.46 以上的高位徘徊，表明中国收入分配一直存在收入差距大问题（见图 3－3）。

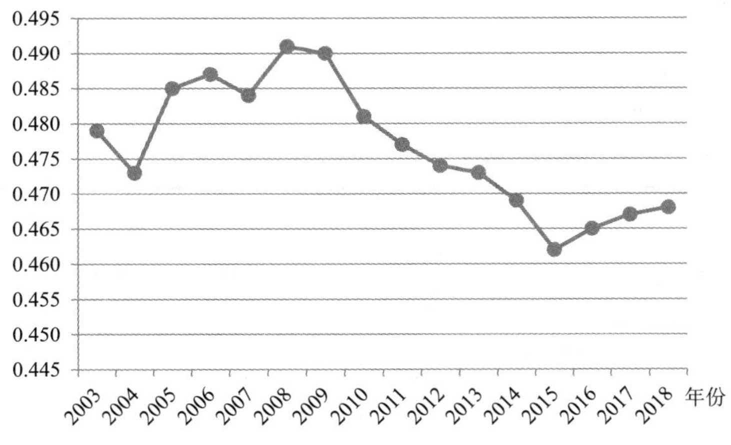

图 3－3　2003—2018 年全国居民收入基尼系数

资料来源：《中国统计年鉴 2019》。

2013—2019年全国居民人均可支配收入变动趋势基本呈现出单一上升趋势，表明居民收入逐年增加。从结构角度看，城镇居民收入增长速度要快于农村居民，城乡居民可支配收入呈现差距增大的“喇叭口”态势（见图3-4），表明城乡居民收入水平不断拉开距离，且随经济增长城乡贫富差距反而扩大。

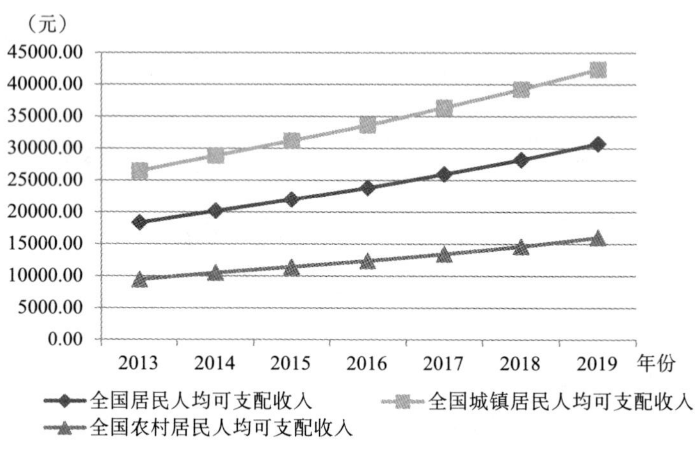

图3-4 2013—2019年居民人均可支配收入变动趋势

2013—2019年，在城镇居民人均可支配收入中，工资性收入占比在60%以上，财产净收入占比约为10%，转移净收入占比约为16%—18%。同期农村居民人均可支配收入中，工资性收入占比仅为40%左右，约为城镇居民的2/3，财产净收入占比仅为2%，约为城镇居民的1/5，两项合计远低于城镇居民，只有转移净收入17%—20%略高于城镇居民（见表3-5）。经营净收入是农村居民人均可支配收入最重要的组成部分，也是未来提升农村居民收入的主要政策落脚点。

表3-5 2013—2019年居民人均可支配收入构成 单位：元，%

年份	全国居民人均可支配收入	其中：工资性收入	经营净收入	财产净收入	转移净收入
2013	18310.80	56.86	18.76	7.77	16.61
2014	20167.10	56.63	18.51	7.87	16.99
2015	21966.20	56.72	18.01	7.92	17.35
2016	23821.00	56.48	17.71	7.93	17.88
2017	25974.00	56.29	17.33	8.11	18.26
2018	28228.05	56.08	17.19	8.43	18.31
2019	30733.00	55.92	17.07	8.52	18.48

续表

年份	全国城镇居民人均可支配收入	其中：工资性收入	经营净收入	财产净收入	转移净收入
2013	26467.00	62.79	11.24	9.64	16.33
2014	28843.90	62.19	11.37	9.75	16.70
2015	31194.80	61.99	11.14	9.75	17.12
2016	33616.20	61.47	11.22	9.73	17.58
2017	36396.00	61.00	11.17	9.91	17.93
2018	39250.84	60.62	11.32	10.26	17.80
2019	42359.00	60.35	11.43	10.37	17.85
年份	全国农村居民人均可支配收入	其中：工资性收入	经营净收入	财产净收入	转移净收入
2013	9429.60	38.73	41.73	2.06	17.47
2014	10488.90	39.59	40.40	2.12	17.90
2015	11421.70	40.28	39.43	2.20	18.09
2016	12363.40	40.62	38.35	2.20	18.83
2017	13432.00	40.93	37.43	2.26	19.38
2018	14617.03	41.02	36.66	2.34	19.98
2019	16021.00	41.09	35.97	2.35	20.59

资料来源：依据 Wind 数据库数据计算，Wind 原始资料来源于《中国统计年鉴》：城乡一体化数据。

城乡居民人均可支配收入结构的巨大差异表明，农村居民未来在劳动者报酬、经营净收入方面还有较大提升空间。在财产收入方面，当前农村居民很难享受到与城镇居民类似的财产增量。

从居民人均可支配收入“五分法”对比结构看，2013—2019 年，全国最高收入人群与最低收入人群的收入差距均在 10 倍以上，近年还存在扩大趋势，从城镇居民看，最高收入人群与最低收入人群的收入差距相对较小，约为 5—6 倍且基本稳定，而农村居民最高收入人群与最低收入人群的收入差距相对较大，且存在明显扩大趋势（见表 3 -6）。这与农村居民收入结构有关，在市场经济条件下，部分农村居民农业生产经营收入增长迅速，农村居民收入差距由此拉开。

表 3－6 2013—2019 年“五分法”下的居民人均可支配收入对比情况 单位：元

年份	全国居民人均可支配收入				
	20% 低收入户	20% 中等偏下入户：20% 低收入户	20% 中等收入户：20% 低收入户	20% 中等偏上户：20% 低收入户	20% 高收入户：20% 低收入户
2013	4402. 43	2. 19	3. 57	5. 53	10. 78
2014	4747. 30	2. 29	3. 71	5. 67	10. 74
2015	5221. 17	2. 28	3. 70	5. 64	10. 45
2016	5528. 70	2. 33	3. 78	5. 79	10. 72
2017	5958. 43	2. 32	3. 78	5. 80	10. 90
2018	6440. 48	2. 23	3. 60	5. 66	10. 97
2019	7380. 00	2. 14	3. 39	5. 32	10. 35
年份	城镇居民人均可支配收入				
	20% 低收入户	20% 中等偏下入户：20% 低收入户	20% 中等收入户：20% 低收入户	20% 中等偏上户：20% 低收入户	20% 高收入户：20% 低收入户
2013	9895. 93	1. 78	2. 44	3. 30	5. 84
2014	11219. 28	1. 75	2. 38	3. 18	5. 49
2015	12230. 85	1. 75	2. 38	3. 15	5. 32
2016	13004. 13	1. 77	2. 42	3. 21	5. 41
2017	13723. 07	1. 79	2. 46	3. 29	5. 62
2018	14386. 87	1. 73	2. 45	3. 42	5. 90
年份	农村居民人均可支配收入				
	20% 低收入户	20% 中等偏下入户：20% 低收入户	20% 中等收入户：20% 低收入户	20% 中等偏上户：20% 低收入户	20% 高收入户：20% 低收入户
2013	2877. 94	2. 07	2. 93	4. 11	7. 41
2014	2768. 14	2. 39	3. 43	4. 86	8. 65
2015	3085. 55	2. 34	3. 34	4. 71	8. 43
2016	3006. 45	2. 60	3. 71	5. 23	9. 46
2017	3301. 87	2. 53	3. 63	5. 13	9. 48
2018	3666. 16	2. 32	3. 42	4. 92	9. 29

资料来源：依据 Wind 数据库数据计算，Wind 原始资料来源于《中国统计年鉴》：城乡一体化数据。

分析城乡居民收入地区差距是认识居民收入分配变动规律的有效视角。从全国看，居民人均可支配收入的地区差距约在 1—1. 7 倍之间，城镇居民收入差距略小一些，在1—1.4倍，农村居民收入差距略大一些，在1.2—1.6倍之间。总体上，地区收入差距十分稳定，近年来出现了轻微缩小趋势（见表3-7），这与政府出台向民生倾斜的政策和大力扶贫的政策相关。

表3-7 2013—2019年居民人均可支配收入地区对比情况 单位：元

年份	全国居民人均可支配收入				
	东部地区	中部地区	西部地区	东部地区：西部地区	中部地区：西部地区
2013	23658.42	15263.89	13919.01	1.70	1.10
2014	25954.00	16867.70	15376.10	1.69	1.10
2015	28223.32	18442.13	16868.12	1.67	1.09
2016	30654.72	20006.24	18406.83	1.67	1.09
2017	33413.99	21833.62	20130.33	1.66	1.08
2018	36298.21	23798.29	21935.77	1.65	1.08
年份	城镇居民人均可支配收入				
	东部地区	中部地区	西部地区	东部地区：西部地区	中部地区：西部地区
2013	31152.38	22664.65	22362.80	1.39	1.01
2014	33905.37	24733.33	24390.61	1.39	1.01
2015	36691.25	26809.64	26473.12	1.39	1.01
2016	39650.97	28879.28	28609.72	1.39	1.01
2017	42989.83	31293.79	30986.95	1.39	1.01
2018	46432.58	33803.16	33388.60	1.39	1.01
年份	农村居民人均可支配收入				
	东部地区	中部地区	西部地区	东部地区：西部地区	中部地区：西部地区
2013	11856.80	8983.24	7436.62	1.59	1.21
2014	13144.64	10011.08	8295.00	1.58	1.21
2015	14297.35	10919.01	9093.39	1.57	1.20
2016	15498.29	11794.25	9918.37	1.56	1.19
2017	16822.06	12805.77	10828.59	1.55	1.18
2018	18285.70	13954.12	11831.35	1.55	1.18

资料来源：依据Wind数据库数据计算，Wind原始资料来源于《中国统计年鉴》；城乡一体化数据。

行业收入差距是社会关注的热点问题。从工资对比结果看，2003—2019 年，农林牧渔业工资始终是各行业中最低的，其次是住宿餐饮业，工资最高的行业分别是信息传输、计算机服务和软件业，金融、保险业次之，科学研究、技术服务和地质勘查业第三，从相对变动趋势看，这些行业与农林牧渔业工资之间的差距还在不断拉大（见表 3－8）。

表 3－8　2003—2019 年行业工资对比情况（以农林牧渔为 1）

年份	采掘业	制造业	电力、煤气及水的生产和供应业	建筑业	金融、保险业	房地产业	交通运输、仓储和邮政业	信息传输、计算机服务和软件业	批发和零售业
2003	1.98	1.84	2.70	1.65	3.02	2.48	2.29	4.49	1.58
2004	2.24	1.90	2.87	1.68	3.24	2.46	2.41	4.46	1.74
2005	2.49	1.94	3.02	1.72	3.56	2.47	2.55	4.73	1.86
2006	2.60	1.97	3.07	1.74	3.83	2.40	2.60	4.69	1.92
2007	2.60	1.95	3.09	1.70	4.06	2.40	2.57	4.40	1.94
2008	2.73	1.94	3.07	1.69	4.29	2.40	2.55	4.37	2.06
2009	2.65	1.87	2.92	1.68	4.21	2.25	2.46	4.05	2.03
2010	2.64	1.85	2.83	1.65	4.20	2.15	2.42	3.85	2.01
2011	2.68	1.88	2.71	1.65	4.17	2.20	2.42	3.64	2.09
2012	2.51	1.84	2.57	1.61	3.96	2.06	2.35	3.55	2.04
2013	2.33	1.80	2.60	1.63	3.86	1.98	2.25	3.52	1.95
2014	2.18	1.81	2.59	1.62	3.82	1.96	2.24	3.56	1.97
2015	1.86	1.73	2.47	1.53	3.59	1.89	2.15	3.51	1.89
2016	1.80	1.77	2.50	1.55	3.49	1.95	2.19	3.64	1.94
2017	1.90	1.77	2.48	1.52	3.37	1.90	2.20	3.65	1.95
2018	2.23	1.98	2.75	1.66	3.56	2.06	2.43	4.05	2.21
2019	2.31	1.99	2.74	1.67	3.34	2.04	2.47	4.10	2.26

续表

年份	住宿和餐饮业	租赁和商务服务业	科学研究、技术服务和地质勘查业	水利、环境和公共设施管理业	居民服务和其他服务业	教育	卫生、社会保障和社会福利业	文化、体育和娱乐业	公共管理和社会组织
2003	1.63	2.47	2.97	1.71	1.84	2.06	2.35	2.48	2.23
2004	1.68	2.50	3.11	1.72	1.82	2.15	2.45	2.74	2.32
2005	1.69	2.59	3.31	1.75	1.92	2.22	2.54	2.76	2.47
2006	1.64	2.64	3.41	1.69	1.95	2.26	2.55	2.79	2.43
2007	1.57	2.56	3.54	1.69	1.88	2.39	2.57	2.81	2.56
2008	1.54	2.62	3.62	1.68	1.82	2.38	2.56	2.72	2.57
2009	1.45	2.47	3.49	1.61	1.75	2.41	2.48	2.63	2.46
2010	1.40	2.37	3.37	1.53	1.69	2.33	2.41	2.48	2.29
2011	1.41	2.41	3.30	1.48	1.70	2.22	2.37	2.46	2.16
2012	1.38	2.34	3.05	1.43	1.55	2.10	2.32	2.36	2.03
2013	1.32	2.42	2.97	1.40	1.49	2.01	2.25	2.30	1.91
2014	1.31	2.37	2.90	1.38	1.48	2.00	2.23	2.27	1.87
2015	1.28	2.27	2.80	1.36	1.40	2.08	2.24	2.28	1.95
2016	1.29	2.28	2.88	1.42	1.42	2.22	2.38	2.38	2.11
2017	1.25	2.23	2.95	1.43	1.38	2.29	2.46	2.41	2.20
2018	1.32	2.33	3.38	1.55	1.52	2.53	2.69	2.70	2.41
2019	1.28	2.24	3.39	1.55	1.53	—	—	—	—

资料来源：依据 Wind 数据库数据计算，Wind 原始资料来源于《中国统计年鉴》。

注：2019 年部分数据不全。

二、居民收入分配中的主要矛盾

1. 不同要素价格的矛盾

主要体现为劳动力、财产要素占有状态和水平不同而形成的收入差别。受教育、房地产市场发展以及其他客观因素影响（如继承关系），每个社会成员在资金、不动产、教育水平、家族关联、社会人脉等方面必然都有差异，由此产生收入（如利息、房产增值、房租以及经营活动中的重要信息等促成的收益）不均，并且有可能随着时间推移形成一定的“自我叠加”。

2. 垄断与市场的矛盾

主要体现为行业薪酬存在巨大差距。从非私营单位职工平均工资看，2019 年年薪最高的前 3 位是信息传输、计算机服务和软件业，科学研究、技术服务和地质勘查业，其次是金融、保险业，它们与农林牧渔业工资的差别分别为 4. 1 倍、3. 39 倍和 3. 34 倍。虽然前几年差异有所缩小，但近年来呈现扩大趋势。收入高的行业大多为垄断行业，如金融业、地质勘查业。

3. 同工不同酬的矛盾

市场经济条件下不同工不同酬是正常的劳动收入机制。劳动中劳动者的努力程度、辛劳程度以及能力不同必然带来收入差别。这是以公正为前提而形成的收入差别，保障了初次分配中的基本公平，部分人取得高收入理所当然。但是，源于现行制度中某些不尽合理的垄断因素和政策取向安排因素又形成了同工不同酬局面。

4. 教育不平等与收入分配差距改善的矛盾

教育和医疗等作为再分配中的社会性支出项目，实际上联通着初次分配和再分配两端：一方面，教育和医疗的均等能够保证是实现公平分配的重要决定因素；另一方面，更为重要的是，教育和医疗同时又可调节初次分配以促进公平，实现从而改善市场运行效率优化劳动力市场运行。就现状来看，教育和医疗制度方面的不合理之处人为放大了个人能力差异，一定程度上导致因病返贫和学历收入差距。

5. 制度扭曲导致的收入分配矛盾

制度扭曲指现行体制、制度弊端形成的不被追究，或暂时不被追究的“潜规则”。这种规则会给特定利益集团带来现行法规无法禁止却又明显不符合公平原则的高额收入。这大体相当于一般人们所说的“灰色收入”。这些潜规则明显不公正亟须整改。但与源于不法行为形成的收入还有本质差别。后者属于“黑色收入”，如偷逃税款、权钱交易、贿赂舞弊、走私贩毒等，从起点、过程来看，均属非法所得，并非经济研究意义上的个人收入。

三、三大部门间的分配矛盾

1. 企业部门与居民部门的关系：市场机制应有的作用没有发挥好

（1）劳动生产率与劳动报酬的关系不顺。劳动生产率是经济产出能力和效率的量化表现。理论上，劳动生产率与劳动报酬的同步增长有利于维持合理的劳动力投入，实现劳动生产率与劳动报酬相互良性促进。劳动生产率增速过多超出劳动者收入增速，会导致劳动力再投入不足。反之，则导致劳动者收入增长失去可持续性。因此，保持两者合理关系十分重要。究其根本，劳动生产率提升意味着单位劳动投入创造出更多的经济产出，使劳动者提高报酬成为可能，对促进经济增长和提高劳动者收入具有基础性意义。

数据表明，1992—2009 年，除个别年份外，我国劳动者年均实际工资水平增速普遍高于劳动生产率年均增速，短期内，这种趋势有助于实现社会财富分配向劳动者倾斜，弥补长期以来积累的低工资导致居民收入低下问题，保护劳动者积极性。但长期看，受劳动力结构性短缺、劳动力成本上升等因素影响，劳动报酬增长持续高于劳动生产率，出现“超分配”现象，不利于形成劳动生产率与劳动报酬增长的良性循环（见表 3－9、图 3－5）。

表 3－9　1992—2019 年国家全员劳动生产率、城镇单位平均工资及其增长情况

单位：元,%

年份	国家全员劳动生产率	国家全员劳动生产率增长	平均工资	平均工资增长
1992	10409.60	13.02	2711.00	15.90
1993	11745.73	12.84	3371.00	24.30
1994	13153.25	11.98	4538.00	34.60
1995	14454.91	9.90	5348.00	18.90
1996	15728.12	8.81	5980.00	11.80
1997	16972.97	7.91	6444.00	7.80
1998	18082.69	6.54	7446.00	15.50
1999	19244.90	6.43	8319.00	11.70
2000	20656.89	7.34	9333.00	12.20
2001	22154.84	7.25	10834.00	16.10
2002	23969.26	8.19	12373.00	14.20

续表

年份	国家全员劳动生产率	国家全员劳动生产率增长	平均工资	平均工资增长
2003	26203.83	9.32	13969.00	12.90
2004	28654.70	9.35	15920.00	14.00
2005	31700.43	10.63	18200.00	14.30
2006	35548.50	12.14	20856.00	14.60
2007	40401.03	13.65	24721.00	18.50
2008	44121.51	9.21	28898.00	16.90
2009	48025.58	8.85	32244.00	11.60
2010	53826.75	10.24	36539.00	13.30
2011	58704.66	9.06	41799.00	14.40
2012	72817.00	7.33	46769.00	11.90
2013	78182.00	7.30	51483.00	10.10
2014	83211.00	6.89	56360.00	9.50
2015	89055.00	6.60	62029.00	10.10
2016	94939.00	6.40	67569.00	8.90
2017	101411.00	6.70	74318.00	10.00
2018	108268.00	6.60	82413.00	10.90
2019	115009.00	6.20	90501.00	9.80

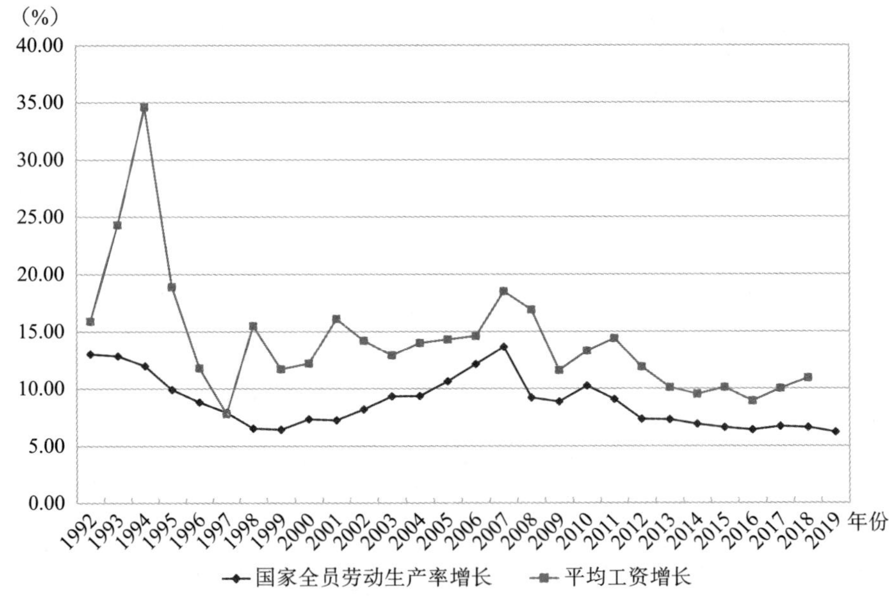

图 3-5 1992—2019 国家全员劳动生产率年增速与平均工资增速的对比

劳动生产率与劳动报酬具有相互促进关系。从长期看，提高劳动生产率是实现劳动报酬持续提高的基本条件。但在短期内，工资收入的上涨也可以使企业施行要素替代，形成企业创新技术的“倒逼机制”。企业追求劳动力低成本的竞争优势对经济结构转型升级不利，“涨工资”可以通过更加公平合理地增加劳动者报酬收入，对资源浪费型、环境污染型、劳动力成本过低型企业形成“挤出效应”，促进企业主动创新，推动产业转型升级，进而形成劳动生产率提高和劳动者报酬收入增加相互促进的良性循环机制。在新常态下，随着经济增速放缓、劳动力数量增速下降、劳动力成本上升等趋势的出现，通过提高劳动生产率实现劳动报酬可持续提高的迫切性已凸显。

（2）制度不完善。如前所述，居民收入差距的扩大集中表现为城乡差距、地区差距和行业差距。判断这些差距的存在是否合理，需要进行客观、具体分析。

从居民收入不同组成部分看，市场完善程度及其运行情况的差异，对居民收入影响较大。具体讲，居民流量收入与存量收入之间关系及其在收入循环过程中的重要性，在很大程度上决定了不同居民之间的收入差距。以财产性收入为例，居民财产性收入主要体现为三部分：房产转让收入、红利收入、租金收入。在二十年房地产业迅速发展期间，城市尤其是大中城市房价不断攀升，拥有房产的居民财产性收入相应迅速增加，投资房产者收益丰厚，可获得的红利收入、租金收入也呈现快速增加趋势。相比之下，在中小城市和农村，房产价格不高，导致城乡、地区居民收入差距不断拉大①。

市场作为要素配置机制，效率是首要标杆。但从中国的现实情况看，市场机制的作用并不纯粹，除了市场本身不完善的影响，还掺杂了诸多体制性因素的影响，体制、编制、户籍等带来的“社会排斥”现象屡见不鲜，如体制内外劳动者之间存在的正式工与合同工之间的“同工不同酬”、城市职工与农民工之间的劳动机会、教育机会不对等、工会作用不充分

---

① 北京大学中国社会科学调查中心发布的《中国民生发展报告2014》通过样本调查、抽样推断的方法对财产性收入导致的差距进行了量化计算，结果表明，中国的财产不平等程度在迅速升高：1995年中国财产的基尼系数为0.45，2002年为0.55，2012年中国家庭净财产的基尼系数达到0.73，顶端1%的家庭占有全国三分之一以上的财产，底端25%的家庭拥有的财产总量仅在1%左右。见《中国民生发展报告2014》，北京大学出版社2014年版。

等。这些体制性因素使得市场的劳动力资源配置功能失效。

（3）劳资关系不合理。除市场、体制等因素之外，在企业内部劳资关系的实质性不对等也是劳动报酬失衡、收入分配差距拉大的原因。目前劳方和资方的力量对比严重失衡，劳动者在工资和福利谈判中缺少话语权，导致劳动者报酬往往无法随企业效益增长而同步提高。

从国际经验看，建立高效、公平的工资调整机制，主要依靠政府、企业、劳动者三方进行工资集体协商。目前中国的三方协商工资调整机制还在起步阶段，三方中的劳动者处于实质性弱势，普遍缺乏话语权。近几年，随着劳动力资源逐渐转向结构性短缺，劳动者地位有所改善，这为形成新的劳资关系提供了契机。

2. 政府部门与企业部门关系：政府在国民收入初次分配中定位有待完善

（1）政府补贴的异化与失衡：产业政策与收入分配的矛盾。作为一种宏观引导手段，政府补贴可用来实现多重政策目标，如支持高新技术产业、稳定市场价格和引导产品更新换代等。但有些政府补贴的使用偏离了政策制定初衷，反而成为抑制创新单纯补贴资方的政策工具。2007—2019年，很多上市公司获得了政府补贴。2019年获得政府补助的上市公司比重高达95.13%，而且，地方政府对亏损上市公司的补贴比例逐年上升，金额不断增加，甚至其中有很大一部分公司是连续数年获得补贴。这说明政府补贴存在严重的目标不合理与资金效率低下现象（见表3－10、图3－6、图3－7、图3－8）。特别是地方政府运用财政资金支持本地上市公司所发挥的非市场扶持作用，导致市场机制失效，进而直接干扰了企业间、劳资间的收入分配公平。

表3－10　2007—2019年A股上市公司获得政府补助情况　单位：元

年份	获得政府补助的上市公司数（家）	上市公司数（公布年报）（家）	取得政府补助的上市公司比重（%）	亏损公司数（家）	补助总额	平均补助额
2007	1450	2240	64.73	116	16894749131	11651551
2008	1873	2509	74.65	258	36327897135	19395567
2009	2136	2650	80.60	201	30255004742	14164328
2010	2248	2653	84.73	120	40589924578	18056016
2011	2420	3183	76.03	168	56002546870	23141548
2012	2630	3442	76.41	233	75203248057	28594391

续表

年份	获得政府补助的上市公司数（家）	上市公司数（公布年报）（家）	取得政府补助的上市公司比重（%）	亏损公司数（家）	补助总额	平均补助额
2013	2965	3628	81.73	251	80955069390	27303565
2014	3341	3728	89.62	274	97078143081	29056613
2015	3501	3771	92.84	364	126867451367	36237490
2016	3710	3842	96.56	251	134882600083	36356496
2017	3750	3842	97.61	246	137489208412	36663789
2018	3768	3842	98.07	472	157188040957	41716571
2019	3649	3836	95.13	484	176854538957	48466577

资料来源：依据 Wind 数据库数据计算。

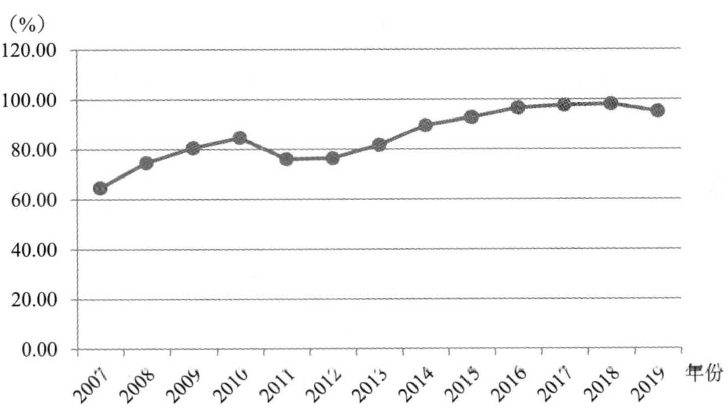

图 3－6　2007—2019 年 A 股上市公司获得政府补助比重

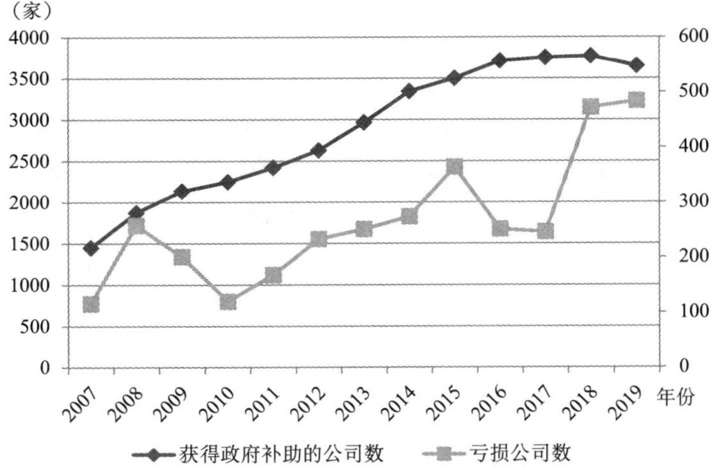

图－7　2007—2019 年 A 股获得政府补助的上市公司与亏损公司数量

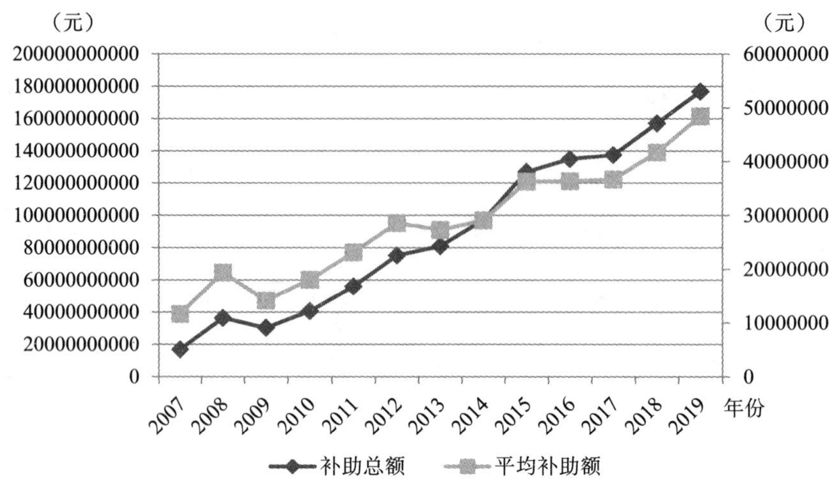

图 3-8　2007—2019 年 A 股上市公司获得政府补助的总额与平均值

除对上市公司补贴外，政府还通过多种方式鼓励和支持资方，包括为招商引资出台的减免税费、零地价、强制雇佣劳动力以及各种形式的明奖和暗补，这些方式反映出财政资金向资本倾斜的政策意图。其结果是，一方面劳动者在劳资关系中的地位进一步弱化；另一方面，政府财政资金用于民生的比重相应下降。

（2）企业所有制与不公平竞争对收入分配的影响。在市场经济条件下，企业作为市场主体，保持竞争力应是活力根本所在，但在我国，部分国有企业的垄断地位派生出了企业的超额利润和职工高薪酬：一方面，国有企业整体报酬高于其他所有制企业；另一方面，在国企内部，高管与普通员工的薪酬差距巨大。

从用资成本角度看，不同所有制企业的用资成本也存在较大差异，导致利润率不同，影响到市场对资源配置的导向作用①。具体到银企关系，从贷款规模、贷款期限到具体业务，国有企业由于有政府扶持，具有显著优势。例如，并购贷款业务，针对国企及民企的贷款操作上有时有两套标准，国企享受贷款利率下浮 10% 的优惠，而民企贷款利率则上浮 10%。可见，企业所有制差别上的制度待遇差异引起的公平竞争会直接拉大劳动者收入差距。

① 丁立章等（2013）研究了不同所有制企业的用资成本，结果表明，国有企业的平均贷款利息为 6.2%，民营企业的平均贷款利息为 7.09%，二者相差 0.81%。见丁立章，步丹璐．国有企业高利润的融资贷款优势分析［J］．中国外资，2013（4）下。

3. 政府部门与居民部门关系的国民收入再分配职能缺位

（1）劳动收入的“高税负”与财产收入的“低税负”。征收个人所得税属于国民收入再分配范畴，其初衷在于通过超额累进税制“抽肥补瘦”，缩小贫富差距，调节收入分配。但是，由于中国个人所得税制度设计征管上的缺陷，使得其调节导向出现了偏离预定功能，工薪阶层成为了个税缴纳主体，而更富裕的群体却能利用各种方式避税，个人所得税正在异化为“工资税”。目前中国工薪阶层所缴纳的个税占个税缴纳总额的70%左右，不仅没能缩小贫富差距，反而拉大了差距。

在财产税方面，中国目前主要有房产税、城镇土地使用税等。目前国家并没有对居民住房征收房产税和城镇土地使用税，仅对房产出租征税，税率总体也较低。至于国外普遍征收的遗产税和赠与税，中国一直停留在理论研究阶段。因此，从调节收入分配角度看，现行税收体系中，财产税的税负明显低于个人所得税，税收在调节居民收入方面存在“重流量，轻存量”特点，所发挥的调节作用极其有限，甚至存在“逆调节”情形。

从资本角度看，资本相对于劳动而言总是有更多的投资扩张机会，越来越多的市场主体在追求资本扩张时能够得到政府支持，因而可以不断提高技术水平。所以，在经济实践中，资本收益率呈现逐步上升趋势。收入分配不平等随着资本（财富）向少数人手中集中而继续扩大，并且随着技术进步和全球化而呈现新的“加码”特点。中国步入中等收入阶段后，资本（财富）存量指标所产生的差距可能更加突显，资本（财富）所导致的收入分配不平等更加明显。基于资本要素的分配差距越来越大。

（2）基本公共服务供给失衡带来居民收入失衡。过去较长时间内政府公共支出政策向城镇倾斜整体上导致了城乡收入差距扩大。由于支出目的和受惠群体不同，政府财政支出对城乡的作用和影响也存在明显差异。

首先，教育失衡。接受教育机会不均等直接影响劳动者的经济参与能力和财富创造能力。人力资本积累决定人力资本质量，人力资本质量是经济发展质量的关键，是获取劳动报酬的首要决定因素。政府的收入再分配机制中的一项重要内容就是通过公共教育投入促成人力资本积累，并通过基础教育投入均等化为实现公平劳动报酬奠定基础。

目前，中国的教育失衡主要体现在专业设置结构与市场需求结构相偏离，高等教育同质化严重，职业教育不足，技工紧缺和普通教育毕业生就业难并存。职业教育毕业生就业率高于普通教育毕业生就业率，技能劳动者的求人倍率一直在 1.5:1 以上（1.5 个岗位对应 1 个求职者），高级技工的求人倍率甚至达到 2:1 以上的水平。从资金投入和生源情况看，职业学校资金投入有限、招生困难，大量的资金和生源进入普通教育领域，导致出现劳动力结构性失衡。

另外，农村劳动力在向城市转移过程中，亟须通过职业教育和农民工职业技能培训实现就业转移和收入增加。这需要政府在职业教育和职业技能培训方面相应增加投入。近年来政府财政在这方面的投入力度有所加强，但由于缺乏有效的资金使用评价和约束制度，投入效果并未达到预期目标。

其次，医疗服务失衡。与教育类似，接受健康服务条件不均等也影响劳动者的经济参与能力和财富创造能力。中国现行基本医疗保险制度由城镇职工基本医疗保险制度、城镇居民基本医疗保险制度、新型农村合作医疗制度三大医疗保险制度组成，分别覆盖城镇就业人口、城镇非就业人口和农村人口。但是，三类医疗保障制度在筹资水平和保障力度方面存在较大差异，城乡医疗保障制度整体上缺乏公平。这使医疗保障制度还能充分发挥缩小城乡差距功能。

最后，养老保障体系和低保制度不完善。中国的养老保障制度及其覆盖范围在城乡之间也存在较大差异。政府为城市企业职工及机关事业单位人员建立了涵盖广泛的以社会保险为核心的社会养老保障制度，而农村的新型社会养老保险起步较晚，保障程度也较低。从低保补助看，城乡标准也存在差异，例如，2009 年中央财政分别按照月人均 15 元、10 元的标准，增加城市和农村低保补助资金，2013 年又分别按月人均 15 元和 12 元增加城乡低保补助资金。社会保障机会和程度的不均等成为造成城乡居民收入差距扩大的因素之一。

第四章

中国经济已步入高杠杆阶段

杠杆率居高不下目前已成为全球关注的重大财经问题。决定一国杠杆率水平的因素包括经济总量、经济增速、消费率、投资率、人口结构、产业结构、需求偏好、经济社会发展战略等。一国的投资规模、经济增速和出口份额增速越大，表明经济发展态势好、资产利用效率高，经济可持续发展水平高。在这种情况下，国家可以承受的杠杆率水平较高。外债规模是衡量一个国家杠杆率高低的重要指标，如果一国外债规模小，说明该国经济“内循环”水平高，主要依托国内资金来实现经济循环。总体来说，一国经济的“自给自足”水平越高，越有可能通过柔性措施解决杠杆问题，可以通过在企业部门、政府部门、居民部门之间实施杠杆转移在一定程度上优化杠杆结构。直接体现一国杠杆率状况的主要是社会融资结构，即：企业、居民、政府等部门通过股权和债权进行融资的结构比例。股权融资包括多个层次，既有 VC（风险投资）、PE（私募股权）等，也有 IPO（首次公开融资）、定向增发等上市及上市后融资。债权融资既包括最传统的银行贷款，也包括信托融资、融资租赁等，还包括发行公司债、企业债等债券融资。目前，中国各类市场主体的融资方式总体上仍然以债权性融资为主。

衡量杠杆率高低，重点是考察杠杆率阈值，因为这一指标能够反映债务可持续性。从理论上讲，即便一国杠杆率水平很高，只要不超过杠杆率阈值、不影响债务流转就是可容忍的。目前，国际上公认的杠杆率阈值是“90、60”标准，即：如果一国的政府债务占 GDP 的比重低于 90%，那么政府债务规模对 GDP 的影响相对有限，但如果这一比重超过 90%，那么政府债务的增长会对经济增长形成负面冲击。当外债占 GDP 比重超过 60%时，意味着一国经济存在较高的对外依存度，经济增长的可持续性和稳定性较差，如果这一比重超过 90%，表明该国经济的内生循环已发生梗阻，经济将出现衰退。当然，杠杆率阈值在不同发展阶段、发展路径的国家有不同水平。但有一点是共同的，即当杠杆水平达到一定水平时，高杠杆就会转变成为诱发宏观金融危机的核心因素，成为系统性风险的根源。此时，一方面会出现实体经济部门的大部分收益用来偿还债务，难以保持投资的连续性；另一方面会引发流动性危机，加剧经济金融风险积累并拓宽个体危机的传播渠道，从而促使经济“硬着陆”。

改革后较长时期中国一直保持着较低杠杆率，杠杆效应也起到了放大资产规模、推动经济快速发展作用。事实上，工业化社会正常运行离不开一定水平的杠杆率，一段时间内中国依托大规模信贷扩张和投资，实现了强有力的发展。但随着经济发展进入新阶段，特别是 2010 年以来，中国的宏观杠杆率快速提升，成为争议激烈的热点问题。麦肯锡的研究报告发现中国的负债率在 2007—2014 年间提高了 83%，国内外的众多研究也确认了杠杆率上升过快这一事实，认为杠杆率过高与中国企业高度依赖负债融资、股权融资不足的资本市场结构有直接关系，也是中国货币传导机制不顺畅的突出表现之一。2015 年 12 月，中央经济工作会议提出“三去一降一补”，其中一降即指降杠杆。2016 年中央经济工作会议提出，要控制总杠杆率，重点降低企业杠杆率、规范政府举债行为。2017 年 7 月的全国金融工作会议进一步提出，要把国有企业降杠杆作为重中之重，严控地方政府债务增量。2018 年 4 月，中央财经委员会第一次会议明确提出“结构性去杠杆”，分部门、分债务类型降杠杆，同时要求地方政府和企业特别是国有企业要加快降杠杆进程。显然，实现去杠杆的政策目标，有必要认真研究杠杆率是否真的过高，如此高的杠杆率是如何产生的？高杠杆是否会长期化？

第一节
中国宏观杠杆率水平

一、杠杆的定义及经济影响

杠杆（leverage），是指把借到的资金用于投资或消费项目上，通常体现为债务融资。杠杆率（leverage rate）表示负债程度。在企业管理中，财务杠杆的效应主要表现为增加负债后，相关财务变量发生一定幅度变动。

杠杆率包括宏观杠杆率和微观杠杆率两类。观察整体经济运行情况时，通常使用宏观杠杆率，既包括社会整体的杠杆率，也包括特定经济部门的杠杆率水平，用总债务/GDP表示，通过比较债务存量与GDP比值来衡量负债水平以及债务的可持续性。这一指标的适用性虽然存有一定争议，但世界银行（WB）、国际清算银行（BIS）等主要国际金融机构都在运用，各国央行和监管机构也大多用这个指标来衡量本国的债务水平。微观杠杆率用来衡量企业等市场主体负债情况。市场主体的债务水平通常用资产负债率表示，即债务/总资产，用来表示企业的负债水平与总资产的关系，衡量资产中债务比重。资产负债率指标反映的是某一时点企业的负债总额与总资产的对比情况，资产负债率越高，表明企业偿债压力越大、债务风险越高。

宏观杠杆率和微观杠杆率存在着密切联系。但是宏观杠杆率不是各机构的微观杠杆率加总，微观杠杆率和宏观杠杆率经常发生趋势背离。这一点在我国近些年表现突出。根据宏观杠杆率定义，宏观杠杆率＝总债务/GDP，拆解后不难得出宏观杠杆率＝总债务/总资产×总资产/GDP＝微观杠杆率/资产利用效率。其中，GDP/总资产表示一定数量总资产下能够产生的GDP即收入产值，这一比率越高，表明经济效率越高。因此，微观杠杆率＝宏观杠杆率×资产利用效率。由此可见，宏观杠杆率不仅与负债水平有关，也与经济效率有直接关系。同时，根据微积分，从宏观杠杆率＝总债务/总资产不难得出Δ（宏观杠杆率）＝Δ（总债务）－Δ（GDP），可以得出杠杆率增速等于债务增速减去名义 GDP 增速，即名义 GDP 增速 = 债务增速 - 杠杆率增速。这一公式表明，单纯的债务增加并不必然导致经济发展水平下降，相反如果债务增加而没有导致杠杆率显著增加的情况下，债务扩张是能够对经济增长起到推动作用。而杠杆率 = 负债率 ÷ 资产利用效率，这意味着在资产利用效率较高的前提下，如果债务水平上升，反而能够带来经济的快速增长。由此可见，在经济发展中，如果债务投资带来的 GDP 增量超过债务本身，会带来经济的持续增长，由此可见杠杆率水平上升并不必然都是“坏”事，债务杠杆有“好”、“坏”之分，如果投资效率高，那就是应当鼓励发展的“好杠杆”，比如朝阳产业的优质企业加杠杆的投资行为；反之如果债务投资效率较低，那就是“坏杠杆”，比如给“僵尸企业”的贷款等。由此可见，对于杠杆并不应当一味压降，而是应当充分分析杠杆率效率水平。同时，加杠杆并不必然带来金融风险，而是与权益资本充足程度、现金流管理水平和资产负债结构管理水平有关。在中国，受价格发现机制、法律体系健全程度、资本市场发展情况等因素影响，企业融资路径受到限制，流动性管理的科学性对杠杆率调控的作用至为重要。

与发达国家相比，中国资本市场结构属于银行贷款为主的债务融资体系，特别是自 2008 年金融危机以来，为防范系统性风险、发挥逆周期调节作用，从实行“四万亿”政府投资计划开始，金融方面主要通过信贷扩张来刺激经济，这使中国实体部门杠杆率急剧上升。2009 年中国 M2 增速高达 28%，其后在 10% 左右，高杠杆成为不可忽视的问题。同时，经济效率下滑导致了高杠杆很难发挥高强度刺激经济增长作用，反而成为系统性金融风险的诱发因素。

二、中国国民经济宏观杠杆率水平

总体杠杆水平是就国民经济整体而言的杠杆率水平。国民经济包括政府、居民、企业和进出口四大部分。一般而言，在测算杠杆率时，考虑到金融机构本身具有负债经营的特殊性，将企业分为金融企业和非金融企业两部分。因此，国民经济可分为政府、居民、非金融企业、金融企业四个部分。金融企业的杠杆水平，例如，银行、证券公司等，主要由监管机构通过资本充足率、资产负债率等具体指标进行控制。至于各国控制线，受监管政策、金融市场发展水平差异等因素影响，往往各有标准，不具可比性。同时，金融机构企业的系统性风险，往往源于实体经济部门风险，金融部门扮演的主要是通道角色，有时会放大风险的影响范围和水平。因此，整体而言，实体经济部门的杠杆水平应是关注重点。所以，下文如无特别提示，均以实体经济部门杠杆率水平代表国民经济宏观杠杆水平。下面，我们从纵向和横向两个角度分析中国总体经济的杠杆率水平。

三、中国宏观杠杆率的变化

中国社会科学院国家资产债表（CNBS）的数据表明，1993—2019 年中国的宏观杠杆率持续上升（见表 4－1）。

表 4－1　1993—2019 年中国宏观杠杆率水平　单位:%

年份	宏观杠杆率水平	年度增加数	较平均增幅变动
1993	107.79	—	—
1994	98.35	-9.44	-14.54
1995	97.90	-0.45	-5.55
1996	101.20	3.30	-1.80
1997	110.50	9.30	4.20
1998	123.20	12.70	7.60
1999	128.40	5.20	0.10
2000	125.20	-3.20	-8.30
2001	128.80	3.60	-1.50
2002	137.40	8.60	3.50
2003	149.40	12.00	6.90
2004	150.90	1.50	-3.60
2005	145.00	-5.90	-11.00
2006	143.20	-1.80	-6.90
2007	145.00	1.80	-3.30
2008	141.20	-3.80	-8.90
2009	173.00	31.80	26.70
2010	180.80	7.80	2.70
2011	177.70	-3.10	-8.20

续表

年份	宏观杠杆率水平	年度增加数	较平均增幅变动
2012	190.60	12.90	7.80
2013	205.40	14.80	9.70
2014	217.30	11.90	6.80
2015	227.30	10.00	4.90
2016	238.80	11.50	6.40
2017	241.20	2.40	-2.70
2018	239.30	-1.90	-7.00
2019	245.40	6.10	1.00

资料来源：CNBS。

自1993年至2019年，中国宏观杠杆率年平均上升5.1%。从表4-1统计中可见有几个时期内宏观杠杆率爬升速度较快：一是1997—1998年期间，两年宏观杠杆率分别增加了9.3和12.7个百分点，分别高于平均增速4.2个和7.6个百分点；二是2002—2003年期间，两年时间宏观杠杆率分别增加了8.6个和12个百分点，分别高于平均增速3.5个和6.9两个百分点；三是2009年，一年时间宏观杠杆率增加了31.80个百分点，为统计时段内的最高值；四是2012—2016年期间，各年宏观杠杆率增速分别为12.90%、14.80%、11.90%、10.00%、11.50%，均保持在两位数以上的增长。2017年以来，随着去杠杆力度加大，宏观杠杆率增速得到一定控制，但进入2020年，受疫情等突发因素影响，GDP增速大幅下降，仅2020年前两个季度，宏观杠杆率就增加了11个百分点达到266.4%。同时要看到，中国宏观杠杆率并非直线上升，1994—1996年期间，宏观杠杆率增幅分别为-9.44、-0.45、3.30，分别低于平均值14.54个、5.55个和1.80个百分点；2000—2001年期间，宏观杠杆率增幅分别为-3.2、-3.6，分别低于平均值8.3个和1.5个百分点；2004—2008年，宏观杠杆率增幅分别为-5.90、-1.80、1.8、-3.80，分别低于平均值11个、6.9个、3.3个和8.9个百分点；2017、2018年，由于采取了严厉的去杠杆措施，宏观杠杆率增速也显著低于均值。社融/GDP的统计指标值也反映了相近的变化趋势（见表4-2）。

表 4－2　**1993—2019 年 GDP 和社会融资存量规模**　单位：亿元，%

年份 \ 指标名称	GDP	社会融资存量规模	社融/GDP
1993	27194.50	32943.10	121.14
1994	35673.20	39976.00	112.06
1995	48637.50	50544.10	103.92
1996	61339.90	61156.60	99.70
1997	71813.60	74914.10	104.32
1998	79715.00	86524.10	108.54
1999	85195.50	93734.30	110.02
2000	90564.40	99371.07	109.72
2001	100280.10	112314.70	112.00
2002	110863.10	148532.00	133.98
2003	121717.40	181655.00	149.24
2004	137422.00	204143.00	148.55
2005	161840.20	224265.00	138.57
2006	187318.90	264500.00	141.20
2007	219438.50	321326.00	146.43
2008	270092.30	379765.00	140.61
2009	319244.60	511835.00	160.33
2010	348517.70	649869.00	186.47
2011	412119.30	767478.00	186.23
2012	487940.20	914186.00	187.36
2013	538580.00	1074575.00	199.52
2014	592963.20	1228591.00	207.20
2015	643563.10	1381383.00	214.65
2016	688858.20	1559900.00	226.45
2017	746395.10	2059098.09	275.87
2018	832035.90	2270356.01	272.87
2019	919281.10	2513119.64	273.38

资料来源：中国人民银行、Wind。

由于宏观杠杆率＝负债÷GDP×100%，解释宏观杠杆率的变化需从负债和 GDP 两个角度来进行。其中社会融资存量规模是指一定时期内（每月、每季或每年）实体经济（即非金融企业和个人）从金融体系获得的资金总额。社会融资虽然并不完全是债务融资，但基本上能够反映中国债务负担的实际情况。同时需要说明，由于无法统计到2002年之前的社会融资存量规模，1993—2002年的社会融资存量规模可用人民币贷款余额数据来替代。因为当时中国尚未建立多元化融资渠道，社会融资的主要表现形式即为人民币贷款，因此两者数据较为接近可以相互替代。例如，2002年人民币贷款存量规模为131293.93亿元，社会融资存量规模148532亿元，两者差异率不足10%。考察宏观杠杆率变动较大的几个时期GDP和社会融资存量规模变化情况，可见导致宏观杠杆率爬升速度加快的两大因素（见表4－3）。

表4－3　　1993—2019年GDP和社融增速　　单位:%

年份	实际GDP增速	社融增速	社融增速－实际GDP增速
1993	16.01	25.15	9.14
1994	15.69	21.35	5.66
1995	12.50	26.44	13.94
1996	10.55	21.00	10.45
1997	9.35	22.50	13.14
1998	7.73	15.50	7.76
1999	7.60	8.33	0.73
2000	8.67	6.01	－2.66
2001	8.47	13.03	4.55
2002	9.16	32.25	23.09
2003	10.26	22.30	12.04
2004	10.80	12.38	1.58
2005	11.84	9.86	－1.99
2006	13.20	17.94	4.74
2007	15.30	21.48	6.18
2008	10.45	18.19	7.74
2009	9.38	34.78	25.40
2010	11.33	26.97	15.64
2011	10.37	18.10	7.73
2012	8.08	19.12	11.03
2013	7.97	17.54	9.58

续表

年份	实际 GDP 增速	社融增速	社融增速 - 实际 GDP 增速
2014	7.48	14.33	6.85
2015	7.00	12.44	5.43
2016	6.90	12.92	6.02
2017	7.20	32.00	24.81
2018	6.94	10.26	3.32
2019	6.20	10.69	4.50

1997—1998 年期间，GDP 增速分别为 9.35%、7.73%，社融增速分别为 22.50%、15.50%，两者差值分别为 13.14 个、7.76 个百分点，表明此时经济增长对信贷扩张依赖度大幅增强。2002—2003 年期间，实际 GDP 增速分别为 9.16%、10.26%，社融增速分别为 32.25%、22.30%，两者差值分别为 23.09 个、12.04 个百分点，属于高杠杆率、高经济增速、高债务增速时期。1999—2000 年期间经济增速分别为 7.60%、8.67%，而社融增速则快速下降为 8.33%、6.01%，与经济增长保持基本一致甚至有所下滑，但经济增速未有明显下降，表明在遏制经济泡沫、防通胀的同时，经济增长快速吸收了前期的杠杆，信贷扩张在一定程度上发挥了积极的作用，对经济增长起到了有效拉动作用。

除上述指标外，M2/GDP 也被用来衡量宏观杠杆水平。M2 指的是广义货币存量，中国 M2 的定义与其他国家略有差异，包括流通中的现金、企业活期存款、定期存款、居民储蓄存款和其他存款，整体上反映了各部门在银行的存款，反映了中国社会的整体货币数量。总体看中国融资以间接融资为主，而且银行具有货币再生功能，因此广义货币存量（M2）一定程度上能够表现出中国债务的发展趋势，故可把 M2/GDP 作为反映中国宏观杠杆率的指标之一（见表 4 -4）。

表 4 -4　　1993—2019 年我国 M2/GDP 变动情况　　单位：亿元，%

年份	M2	M2/GDP
1993	34879.80	128.26
1994	46923.50	131.54
1995	60750.50	124.90
1996	77265.00	125.96

续表

年份	M2	M2/GDP
1997	90631.83	126.20
1998	104498.50	131.09
1999	119898.00	140.73
2000	138356.47	152.77
2001	158301.92	157.86
2002	185006.97	166.88
2003	221222.82	181.75
2004	253207.70	184.26
2005	298755.48	184.60
2006	345577.91	184.49
2007	403401.30	183.83
2008	475166.60	175.93
2009	610224.52	191.15
2010	725851.79	208.27
2011	851590.90	206.64
2012	974148.80	199.65
2013	1106524.98	205.45
2014	1228374.81	207.16
2015	1392278.11	216.34
2016	1550066.67	225.02
2017	1690235.32	226.45
2018	1826744.22	219.55
2019	1986488.82	216.09

表4－4表明整体上看，M2/GDP指标的走势与前述宏观杠杆率（债务/GDP）、社会融资总量/GDP的趋势基本一致，即在2008年之前M2/GDP指标有升有降，总体而言虽有较大增长，但尚在合理范围。2008—2019年期间，M2/GDP增长到216%，其中2009年增长了15个百分点，这一增长趋势与前述的指标趋势也是一致的。此外，2017年之后M2/GDP开始出现下降，这与“三去一降一补”的宏观政策有关。同时需要指出的是，随着中国多层次资本市场的发展特别是直接融资市场的发展，M2与债务水平背离度会加大。

2008 年启动了“四万亿”刺激计划，同时开启了信贷扩张之路，此时社融快速增加，远超 GDP 增速，导致中国宏观杠杆率快速上升。例如 2009 年，中国社融增速为 34.78%，而 GDP 增速仅为 9.38%。2010 年在刺激惯性之下，社融增速为 26.97%，而 GDP 增速为 11.33%，导致 2009 年前后宏观杠杆率快速增加。这一段时期的加杠杆操作大幅减弱了 2008 年金融危机带来的冲击，但也为后续的宏观杠杆率持续上升打下了基础。2012—2016 年期间，中国经济增速逐年下滑至 7.00% 以下，宏观杠杆率增速却保持在两位数以上，加杠杆并未使经济同步增长，表明资产效率较之前开始下降。2016 年后，决策层逐渐认识到高杠杆带来的隐患，要求去杠杆。2017 年 7 月的全国金融工作会议明确提出防止发生系统性金融风险是金融工作的永恒主题，要推动经济去杠杆，坚定执行稳健的货币政策，处理好稳增长、调结构、控总量三者间关系。2017 年 12 月的中央政治局会议明确提出，要统筹规划，有序推进，确保打赢防范化解重大风险、精准脱贫、污染防治三大攻坚战，并将防范化解重大风险排在首位。防范化解重大风险特别是金融领域的重大风险，主要指的是系统性金融风险，而高杠杆无疑是诱发系统性金融风险的主要因素之一。此次会议精神指向了控制宏观杠杆率。随后的中央经济工作会议更加明确指出要防控金融风险，促进形成金融和实体经济、金融和房地产、金融体系内部的良性循环。在严厉的追责机制下，2017—2018 年期间，中国宏观杠杆率增速降至 2.40%、-1.90%，但也造成了部分企业的流动性危机，为此 2019 年适度放松了去杠杆要求，宏观杠杆率增速增长至 6.10%。由此可见，去杠杆进程是一个艰辛、曲折的过程。

第二节
中外宏观杠杆率比较

评估一国宏观杠杆率高低不能只看绝对值，需与国民经济发展阶段、发展速度等结合起来分析问题。因为杠杆率受到多重经济因素影响，把处于不同经济发展阶段，增长速度、居民可支配收入水平、储蓄率不同的国家放在一起，简单直接比较杠杆率可说科学性较差。为此，我们仅选取几类国家的宏观杠杆率数据，与中国不同发展时期进行比较（见表4－5）。

第一类是与发达经济体比较，主要从BIS的数据中选取了美国、发达经济体均值和G20国家均值。

表4－5　1993—2019年中国与发达经济体宏观杠杆率水平　单位:%

年份	中国	发达经济体均值	美国	G20
1993	107.79	—	183.70	—
1994	98.35	—	182.90	—
1995	97.90	—	184.50	—
1996	101.20	—	184.40	—
1997	110.50	—	183.60	—
1998	123.20	—	185.10	—
1999	128.40	—	186.10	—
2000	125.20	207.90	183.30	—
2001	128.80	207.70	187.50	—
2002	137.40	226.00	193.50	—
2003	149.40	233.00	199.40	—
2004	150.90	235.50	210.70	—
2005	145.00	219.60	213.90	—
2006	140.10	232.60	219.10	—
2007	142.50	240.80	226.10	—
2008	138.90	235.60	234.70	201.30
2009	175.00	264.50	245.70	230.20
2010	178.80	266.20	245.80	226.40
2011	178.40	256.60	245.10	215.50
2012	191.90	264.50	245.40	222.70
2013	208.10	263.10	245.30	223.50
2014	221.70	247.50	244.20	215.50
2015	239.00	258.80	244.00	227.60
2016	247.90	257.10	247.50	230.20
2017	250.50	269.60	247.50	241.10
2018	249.60	259.30	248.20	231.10
2019	258.70	265.50	250.00	239.80

资料来源：BIS，笔者整理。

从上述数据可见，近20年来，发达经济体的宏观杠杆率水平整体而言虽有所上升，但变化不大。2000年，中国宏观杠杆率水平为125.20%，而同期发达经济体的均值杠杆率水平为207.90%，美国杠杆率水平为183.30%，远高于中国。2009年中国宏观杠杆率水平提升至175.00%，比2000年增长大约50个百分点，而同期发达经济体杠杆率均值为264.50%、美国杠杆率水平为245.70%，也增加了大约50—60个百分点，同期G20国家（以发达经济体为主）杠杆率水平为230.20%，与发达经济体均值较为一致。在2000—2009年的10年期间，中国杠杆率水平上升情况与发达国家经济增长趋势基本同步。进入2010年以后，中国宏观杠杆率水平继续大幅攀升，2019为258.70%，较10年前增长了大约80个百分点，而同期发达经济体的均值杠杆率水平为265.50%，较10年前仅仅增加了1个百分点；美国杠杆率水平也仅仅增加了4个百分点，达到250.00%，G20国家增加不到10个百分点。从横向来看，与发达经济体相比，中国宏观杠杆率水平已基本上与美国等发达经济体处于同一水平上，“国际排名”创历史新高。

第二类是与世界均值相比较。BIS统计了所有报告国的宏观杠杆率水平均值，既包括发达经济体，也包括新兴市场国家等发展中国家的经济数据，一定程度上可视为全球杠杆率水平的均值（见表4-6）。

表4-6　2008—2019年中国与BIS所有报告国均值宏观杠杆率水平　单位：%

年份	中国	所有报告国均值
2008	138.90	198.80
2009	175.00	228.90
2010	178.80	225.00
2011	178.40	213.40
2012	191.90	221.80
2013	208.10	222.30
2014	221.70	213.90
2015	239.00	226.30
2016	247.90	228.90
2017	250.50	239.80
2018	249.60	229.60
2019	258.70	238.40

资料来源：BIS，笔者整理。

上述数据表明，2013 年以前，中国宏观杠杆率水平低于全球杠杆率水平均值。特别是在 10 年前的 2008 年，中国宏观杠杆率水平较全球平均值低 60 个百分点，随后中国宏观杠杆率水平持续攀升，在 2014 年超过了全球平均值，且差距逐年拉大。到 2019 年，中国宏观杠杆率水平已经超过全球均值 20 个百分点。这意味着，在短短十年时间里，相较于全球杠杆率水平均值，中国宏观杠杆率水平增加了大约 80 个百分点，增速可说较快。

第三类是和新兴经济体以及与中国人均 GDP 接近的国家比较。我们从全球人均 GDP 排名接近的国家中选取了经济体量较大的若干经济体，分别是巴西、俄罗斯、土耳其、墨西哥，并依此比较宏观杠杆率水平差异（见表 4－7）。

表 4－7　2019 年全球人均 GDP 9000—11000 美元的国家　单位：美元

人均 GDP 排名	国家	人均 GDP
63	土耳其	11706. 89
64	马来西亚	11441. 82
65	赤道几内亚	11200. 29
66	格林纳达	11186. 24
67	俄罗斯	11082. 17
68	巴西	10913. 42
69	毛里求斯	10628. 82
70	墨西哥	10492. 69
71	圣卢西亚	10380. 12
72	中国	10121. 3
73	哈萨克斯坦	9858. 95
74	多米尼克	9259. 94
75	保加利亚	9203. 85
76	土库曼斯坦	9045. 43

通过比较我们发现，无论是与新兴经济体均值相比，还是与人均 GDP 近似的国家相比，中国宏观杠杆率水平均处高位。2019 年，中国宏观杠杆率水平已经高达 258. 70%，而同期新兴经济体宏观杠杆率水平为 196. 10%，低于我国大约 60 个百分点；而巴西、俄罗斯、土耳其、墨西哥等国的宏观杠杆率水平分别为 163. 10%、110. 40%、113. 70%、77. 90%，低于中国大约 100—200 个百分点。由此可见，在人均 GDP 相近的国家里，

中国的宏观杠杆率水平偏高（见表4－8）。

表4－8　中国与若干新兴市场国家的杠杆率比较　单位：%

年份	中国	新兴市场	巴西	俄罗斯	土耳其	墨西哥
1998	123.20	—	99.30	188.40	—	54.20
1999	128.40	—	105.30	131.60	—	47.50
2000	125.20	—	108.80	87.70	—	44.20
2001	128.80	—	116.30	77.10	105.30	42.30
2002	137.40	—	128.70	72.60	95.30	44.80
2003	149.40	—	119.70	67.30	86.70	46.10
2004	150.90	—	112.80	62.70	80.70	44.10
2005	145.00	—	113.20	59.90	80.60	43.70
2006	140.10	—	114.40	58.40	81.30	45.60
2007	142.50	—	110.80	68.00	79.40	48.70
2008	138.90	106.70	116.90	73.30	86.20	54.10
2009	175.00	140.70	122.70	80.50	93.20	57.80
2010	178.80	137.90	121.40	74.00	96.30	56.70
2011	178.40	130.50	123.40	74.80	98.10	59.50
2012	191.90	144.20	128.80	81.40	95.70	60.20
2013	208.10	152.90	129.10	94.60	103.50	65.90
2014	221.70	157.20	134.10	114.30	103.60	69.10
2015	239.00	171.70	150.00	120.30	107.50	74.70
2016	247.90	181.10	149.00	115.80	113.30	79.90
2017	250.50	192.30	152.00	114.70	113.90	77.70
2018	249.60	182.80	157.40	111.30	114.50	77.00
2019	258.70	196.10	163.10	110.40	113.70	77.90

总体看，在2009年以来的十年里宏观杠杆率上升过快，近期趋势略有所放缓。横向来看，当前中国宏观杠杆率总水平略低于发达经济体，明显高于新兴市场经济体，显著高于与中国人均GDP接近的巴西、俄罗斯、土耳其、墨西哥等国家。这意味着，虽然中国经济发展阶段与其他新兴经济体接近，但宏观杠杆率却已经接近发达经济体水平。主要原因是金融危机之后中国宏观杠杆率提升过快，此间相较于世界平均水平增加了80个百分

点，同期无论是发达经济体还是新兴经济体均没有出现大幅增长情况。更为令人担忧的是，目前中国杠杆率仍然保持较高增速，债务风险在加速积累。

第三节 中国各部门宏观杠杆水平

本部分将从非金融企业部门杠杆率和政府部门杠杆率、居民部门杠杆率三个方面，衡量中国各部门宏观杠杆水平。在比较之前需要说明的是，中国社会科学院国家资产负债表研究中心（CNBS）和国际清算银行（BIS）的总体宏观杠杆率统计口径大体一致，但在分部门统计时存在差异。BIS 对政府部门的隐性债务和部分显性债务做了重复计算，把部分城投债进行了多次计算，因而对非金融部门企业杠杆率、政府部门杠杆率的计算偏高，而 CNBS 的处理更符合实际情况。下面，我们依次分析各经济部门的杠杆水平。

一、非金融企业部门

1. 总体情况

2000 年后非金融企业杠杆率格外受到关注。受疫情冲击影响，截至 2020 年第二季度，中国非金融企业杠杆率高达 161.1%，较 2019 年末上升 10 个百分点。各种统计表明，中国非金融企业债务负担已经接近或超过发达国家水平，非金融企业杠杆率过高已经成为各方共识，并对金融系统的抗风险能力产生了冲击。

在统计口径上，非金融企业负债主要包括人民币贷款、企业债券融资、信托贷款。目前，关于城投债的处理统计口径争议颇多。我们认为，从实际情况来看，虽然城投债在法律意义上应当计入非金融企业负债，但目前城投公司大部分仍然承担着政府公共项目的融资职能，其还款来源基本上依靠财政资金，缺乏自主运营的基础。因此，城投债不应当被视为非金融企业负债，而应当被视作是政府债务的一部分。而在CNBS和BIS的统计口径上，将城投债部分同时计入政府债务和企业债务，存在重复处理。有学者指出，从数据真实性角度考虑，应当将非金融企业外币贷款和未贴现银行承兑汇票纳入企业金融负债。我们认为，未贴现银行承兑汇票属于经营性负债，从财务实质角度来看并不属于金融债务，而是企业经营行为的延伸，因此不属于企业金融负债。从类别上看，基于中国现状，要重点关注国有企业和民营企业的杠杆率情况（见表4－9）。

表4－9　近20年中国非金融企业部门杠杆率变动情况　单位：%

年份	企业部门杠杆率	杠杆率变动（百分点）
1999	97.20	1.60
2000	92.00	－5.20
2001	92.90	0.90
2002	97.80	4.90
2003	105.50	7.70
2004	105.90	0.40
2005	100.60	－5.30
2006	99.00	－1.60
2007	96.10	－2.90
2008	95.20	－0.90
2009	115.60	20.40
2010	120.60	5.00
2011	118.20	－2.40
2012	128.30	10.10
2013	136.10	7.80
2014	142.50	6.40
2015	151.20	8.70
2016	157.60	6.40
2017	156.60	－1.00
2018	151.00	－5.60
2019	151.30	0.30

资料来源：CNBS。

表4－9内数据表明，非金融企业杠杆率整体上看始终处于波动性上升状态，从1999年的97.20%上升到2019年的151.30%。但分阶段看，不同时期非金融企业杠杆率上升速度存在显著差异。1999—2008年的十年期间，虽然个别年份杠杆率略有上升，但整体而言是从97.20%下降到95.20%。2009年到2016年，非金融企业杠杆率从95.2%快速增加到157.6%，增加了62.4个百分点，与前十年势态高度背反，仅2009年一年就增长了20个百分点。这既与国民经济宏观杠杆水平的变动趋势基本一致，也与社会融资规模/GDP指标、M2/GDP指标的走势基本吻合。由此可见，中国非金融企业杠杆率的发展大致可分为两个阶段，全球金融危机之后非金融企业杠杆率大幅上升。

需要特别说明的是，金融危机之后非金融企业杠杆率增加，实际上是由两部分组成：一部分是由城投债务大幅增加导致，而另一部分则是除城投以外的其他企业加杠杆所致。城投公司全称是城市基础设施投资企业，是我国经济发展过程中特别是城镇化进程中的一类特殊国有企业，时至今天仍然扮演着非常重要的角色。城投公司的主要历史使命是承接地方政府的投融资职能，本质上是财政的延伸，其融资资金主要用于城市基础设施建设，包括两大类：一类是机场、地铁、公共汽车、轻轨、市内道路、桥梁、高架路、人行天桥等；另一类是城市供水、供电、供气、电信、污水处理、园林绿化、环境卫生等公用事业设施。城投公司资金偿还主要有两个方面来源：一是注册资本和自有现金流。前者如地方政府及上级财政部门的财政拨款、注入的园区土地以及部分国有企业股权等；二是当年地方政府的统借统还资金。在2014年控制地方政府债务之前，城投公司的融资大多由地方财政资金予以担保，财政部门甚至直接与银行、信托等签署协议，约定还款责任。因此，城投公司虽然是拥有独立法人资格的经济实体，但实际上是财政的延伸，其债务应当计入政府债务。同样，银行等金融机构之所以愿意给城投公司授信贷款，主要的考虑也是地方政府信用而非城投公司自身的信用。因此，城投公司出现伊始就与政府融资紧密相连，因而也被称为政府融资平台。自2014年国务院发布《国务院关于加强地方政府性债务管理的意见》（国发〔2014〕43号）以来，地方政府举债融资机制逐步规范，在“开前门”赋予地方政府依法适度举债权限的同时，明确要求划清政府与企业界限，政府债务只能通过政府及其部门举借，不得通过企事业单位等举借，并要求剥离融资平台公司政府融资职能。此后，地方融资平台大多都宣布转型，并承诺自负盈亏，但从实际操作上看，其还款来源仍然高度依赖于地方政府，市场上的“城投信仰”也佐证了这一点。目前城投公司的债务虽然大多并未约定由政府偿还，但由于其实质控制人都是地方财政局、国资委等，且从事的业务大多是修公路、公园等公益性项目和准公益性项目，这类公司实际上仍然在承担政府公共建设职能，因而市场上仍然普遍认为城投公司是地方政府举债的重要载体。所以，在非金融企业杠杆率中剥离城投债务，能够更加客观反映非金融企业的实际债务压力。由于城投债务数据较为零散，我们采取联讯证券对城投债务的统计数据。联讯证券将已发债的城投公司债务分为七类，包括长期借款（向银行或信托等机构借入的期限在 1 年以上的债务）、短期借款（向银行或信托等机构借入的期限在 1 年以内的债务）、应付债券（发行的企业债、中票、PPN 等期限在 1 年以上的债券）、应付票据（签发的商业汇票，或以保证金形式让银行代为签发的银行承兑汇票）、一年内到期的非流动性负债（1 年以内到期的应付债券、长期借款等以及部分城投的短融超短融）其他流动性负债（发行的短融、超短融等短期负债）以及长期应付款（融资租赁、信托贷款、委托贷款等非标债务及其他）。其中，公开发行的债务，如应付债券、短融、超短融等的余额可以查询，而非公开债务则由联讯证券估计得到。根据估算，城投债务主要包括长期借款和应付债券两类，2008 年城投债务/GDP 的比例大约为 12%，而 2016 年这一数据则攀升至 40.8%，短短几年内增加了 32.8 个百分点；同期剔除城投债务的非金融企业杠杆率，则从 2008 年的 83.2% 攀升至 2016 年的 116.8%，增加了 33.7 个百分点，与城投债务杠杆率的增幅基本一致。这意味着，在 2008 年到 2016 年中国非金融企业加杠杆的过程中，有接近一半的债务源自城投，而其他实体经济部门的杠杆能力相对有限。换言之，导致十年来非金融企业杠杆率居高不下的重要原因之一仍然是政府债务。当然，目前中央政府多次强调，城投债务的偿还各级政府不得兜底。这意味着城投债务一旦出现风险，在现有法律框架下债务负担主体将处模糊不清状态。

第一，与世界各国比，中国其他非金融企业部门债务负担也处加重状态。运用 BIS 的数据与发达经济体包括美国相比较可看出中国非金融企业部门杠杆率上升较快（见表 4－10）。

表 4-10　2006 年以来中国与发达经济体非金融企业杠杆率水平比较　单位：%

年份	中国	发达经济体	G20	美国
2006	103.60	82.80	—	64.90
2007	94.30	89.00	—	69.90
2008	93.90	86.70	77.80	72.50
2009	116.90	92.90	86.30	70.30
2010	117.80	89.50	82.80	66.80
2011	117.00	85.70	79.50	66.10
2012	127.60	88.50	83.90	66.50
2013	137.50	87.70	86.00	67.00
2014	145.80	82.60	84.30	68.30
2015	158.40	87.30	91.00	70.10
2016	159.50	87.00	91.40	71.70
2017	156.40	93.00	96.80	73.70
2018	149.10	89.30	91.60	74.30
2019	149.30	91.50	94.60	74.90

资料来源：BIS，笔者整理。

从上述数据中我们发现，自 2006 年以来，发达经济体包括美国在内，宏观杠杆率大约上升了 10 个百分点，而同期中国则上升了 45.7 个百分点，显著高于发达经济体；2006 年，中国非金融企业部门宏观杠杆率水平为 103.60%，剔除城投债务后大约为 93%，而同期发达经济体的非金融企业部门宏观杠杆率水平为 82.80%、美国为 64.90%，中国企业的债务负担已略高于发达经济体平均水平、显著高于美国。随着近十年来加杠杆进程加快，2019 年中国宏观杠杆率水平已经提升至 149.30%，增长大约 46 个百分点；剔除城投债务后大约为 126%，同比增加了大约 23 个百分点；而同期发达经济体非金融企业部门的平均杠杆率水平为 91.50%、美国杠杆率水平为 74.90%，仅增加了大约 10 个百分点，同时 G20 国家（以发达经济体为主）杠杆率水平为 94.60%，与发达经济体均值表现较为一致。由此可见，近十年来中国非金融企业部门杠杆率水平快速提升，增幅已经远远高于发达经济体，且非金融企业部门存量杠杆已远超美国等发达经济体，存在相当程度的隐患。

第二，是与世界均值相比较。BIS 统计了所有报告国的宏观杠杆率水平均值，既包括发达经济体，也包括新兴市场国家等发展中国家的经济数据，可一定程度上视为全球杠杆率水平的均值（见表4－11）。

表4－11　2008年以来中国与BIS所有报告非金融部门企业杠杆率水平　单位：%

年份	中国	所有报告国
2008	93.90	78.00
2009	116.90	87.00
2010	117.80	83.60
2011	117.00	80.00
2012	127.60	84.80
2013	137.50	86.60
2014	145.80	84.60
2015	158.40	91.40
2016	159.50	91.80
2017	156.40	97.20
2018	149.10	92.00
2019	149.30	95.10

资料来源：BIS，笔者整理。

上述数据表明，2008年中国非金融企业部门杠杆率水平高于全球非金融企业部门杠杆率水平均值大约15个百分点，而去除城投债务影响后二者基本一致。但2008年以后非金融企业部门杠杆率水平快速提升，中国非金融企业部门杠杆率水平高于全球非金融企业部门杠杆率水平均值大约55个百分点，剔除城投债的影响后也高于全球平均值大约30个百分点，且这一差值不断拉大。可见，中国非金融企业部门杠杆率水平显著高于全球均值。

第三，是和新兴经济体以及与中国人均GDP接近的巴西、俄罗斯、土耳其、墨西哥等国进行比较（见表4－12）。

表4－12　2006年以来中国与若干新兴市场国家的非金融企业部门杠杆率比较　单位：%

年份	中国	新兴市场	墨西哥	俄罗斯	巴西	土耳其
2006	103.60	—	13.70	40.00	34.40	27.50
2007	94.30	—	14.70	49.30	30.10	29.90

续表

年份	中国	新兴市场	墨西哥	俄罗斯	巴西	土耳其
2008	93.90	56.00	16.70	54.30	35.70	35.70
2009	116.90	72.60	16.80	59.60	36.20	35.30
2010	117.80	71.00	16.60	52.80	36.10	40.10
2011	117.00	69.10	18.30	52.10	38.80	44.40
2012	127.60	77.90	18.10	55.70	41.90	44.80
2013	137.50	84.70	20.50	65.20	43.10	52.40
2014	145.80	87.90	21.90	80.90	44.70	56.20
2015	158.40	98.10	24.50	87.90	49.80	62.00
2016	159.50	100.00	26.90	84.00	43.50	67.50
2017	156.40	104.00	26.50	82.90	40.80	68.50
2018	149.10	96.10	25.70	79.70	42.00	69.30
2019	149.30	100.70	25.30	76.70	43.90	66.00

资料来源：BIS，笔者整理。

通过比较发现，在金融危机之后，新兴经济体也开启了加杠杆进程，例如从均值来看，新兴经济体的非金融企业部门杠杆率均值从2008年的56.00%增加到了2019年的100.70%，增加了44个百分点；俄罗斯从2008年的54.30%增加到2019年的76.70%，而土耳其则从2008年的35.30%增加到2019年的66.00%，几乎翻了一番。也就是说，金融危机之后新兴经济体的非金融企业部门都在加杠杆；但从总量上看，中国非金融企业部门杠杆率水平已经显著高于同类国家，分别高于新兴经济体均值、墨西哥、俄罗斯、巴西、土耳其等国48.60个、124.00个、72.60个、105.40个、83.30个百分点。由此可见，发展中国家在高速发展过程中，非金融企业部门杠杆率上升是一个普遍的现象。但值得警惕的是，在经济发展水平接近的国家里，中国的非金融企业部门杠杆率水平明显偏高。

总体上看，中国的非金融企业部门杠杆率水平在2009年以后的十年里上升过快，近期趋势略有所放缓。横向来看，当前中国非金融企业部门杠杆率水平不仅显著高于新兴经济体和与我国人均GDP接近的国家，甚至也远高于发达经济体，而且高度依赖债务融资。

2. 杠杆结构总体情况

从微观上看，中国非金融企业部门杠杆率存在结构性差异。一方面大量国有企业融资便利且价格低于民营企业；另一方面在资本市场不完善条件下，过度依赖信贷类金融机构来融资的小微企业陷入了融资困境。目前在各类所有制企业中，国有企业杠杆率高于私营企业；在行业分类中，重工业部门企业杠杆率高于其他产业；从规模角度看，小微企业的杠杆率低于大中型企业。从理论上讲，上市公司是分析杠杆结构的一种视角。但由于非上市公司相关数据不公开，而上市公司融资渠道又多元化，由此视角分析问题，不具可操作性。钟宁桦、刘志阔、何嘉鑫、苏楚林等人的实证分析与我们的观点基本一致。

钟宁桦等人整理了 1998—2013 年中国规模以上工业企业的杠杆率等相关数据，分析了 400 万个企业样本的平均负债率水平，并对非金融企业部门杠杆率的结构性差异进行了分析，并指出 1998—2013 年间中国企业负债有如下特征：一是存续时间越长的企业，负债率水平就越高。他们统计后发现，2008 年中存续 3 年以上的企业平均负债率是 48%，存续 15 年以上的企业平均负债率是 54%，后者较前者高 6 个百分点。二是大企业的负债率水平高于中小企业负债率。按照《中小企业标准暂行规定》，他们将从业人员 2000 人以下、营业收入在 3 亿元以下、资产规模在 4 亿元以下的企业划为中小企业，高于这一标准的则为大企业。统计数据显示，2013 年大企业的平均负债率为 57%，而中小企业的平均负债率为 51%，前者高于后者 6 个百分点。三是重工业企业、公用事业企业负债率水平高于其他行业。按照其统计，2013 年时煤炭开采和洗选业的平均负债率为 58%、水生产和供应企业的平均负债率为 55%，而其他行业则较这一数据为低。五是从所有制上看，国有企业平均负债率高于私营企业，而私营企业略高于外资企业。2013 年，国有企业的平均负债率为 62%，而私营企业组、外资企业组的平均负债率为平均负债率的 50%，前者高于后者 12 个百分点。此外，钟宁桦等人指出，按 2015 年数据计算，上市公司中负债最多的 500 个企业的总负债占所有企业负债总额的 25% 以上；而负债最多的 2000 个企业的负债约为所有企业负债总额的一半。在中国企业中，负债总额中大型企业占比最高。

二、政府部门

1. 政府债务概念及分类

政府债务也称为政府主权债务，是指一个国家各级政府所承担的需要还本付息的债务，既包括中央政府债务，也包括地方政府和公共部门所承担的债务。政府债务筹集的财政资金主要用于弥补财政赤字，是社会债务的重要组成部分。从融资渠道看，政府既面向国内投资者发行政府债券，也面向外国投资者（包括私人和外国政府）发行政府债券。政府债务收入不同于税收和非税收入。目前我国政府债务融资主要面向国内投资者（机构和个人）。弥补一般公共预算赤字的债务收入不列为一般公共预算收入。地方政府专项债收入列为政府性基金预算收入。

实践中政府债务的种类和范围在不断度化，除了传统的以政府为直接借款人和还款人的债务类型外，还有其他类型。目前，政府债务根据借款主体和条件，可分为四类即：一是直接显性负债（direct explicit liabilities），即由法律和合同明确约定由政府偿还的主权债务；二是间接显性负债（contingent explicit liabilities），即由法律和合同明确约定由政府偿还的、在特定情况下的可能偶发债务，比如对各种贷款（抵押贷款、农业贷款、普惠金融贷款等）的政策性担保；三是隐性直接负债（direct implicit liabilities），指的是虽然没有明确法律和合同约定，但从项目产出公益性角度上说，应当由政府部门承担的经常性债务，如已经投入的公共项目的维护费用；四是隐性间接负债（contingent implicit liabilities），指的是虽然没有明确法律和合同约定，但从负债机构特性说，应当由政府部门承担的偶发或有债务，包括虽然没有明确担保，但实际承担救助义务的非担保性债务，比如对国有银行破产承担的法律约定之外的救助行为导致的债务，再如中国最为典型的城投公司债务。目前，国际上主流的做法是把广义政府部门债务，包括中央政府、地方政府和社会保障资金所承担的债务视为政府债务，但不包括国有企业债务。中国的城投公司债务应属隐性政府债务。

从中国政府债务的发展历史上看，相当长一段时期内中国的政府债务主要指的是中央政府债务，用于弥补中央财政赤字。广义而言，当前的中央政府债务既包括国债，也包括中央政府对政策性银行债务的担保。地方政府早期通过政府融资平台进行融资形成了大量政府性债务。2014 年 43

号文发布和新《预算法》实施以来，地方政府通过发行地方政府一般债和专项债券融资。截至 2019 年，中央政府债务余额 240774 亿元，地方政府债务余额 213072 亿元，其中专项债券 94378 亿元、一般债券 118694 亿元。此外，如上文指出，大量城投公司虽然不再承担政府融资平台职能，但实际上仍然扮演着政府融资通道角色，其债务规模颇为庞大。审计署 2010 年和 2013 年发布的政府债务审计报告披露，2013 年 6 月融资平台债务中地方政府负有偿还责任的债务余额为 40755. 54 亿元，其中地方政府直接承担偿还责任债务余额比例为 34. 45%，或有债务比重为 41. 33%。此后再未披露政府隐性债务规模，但仅从公开发行的城投公司债券来看，截至 2020 年 9 月，城投债存量规模高达 103100 亿元，较 2019 年年底增加了 1. 32 万亿元；城投债存续数量 12389 只，较 2019 年年底增加了 1976 只，存续债城投公司数量 2309 家，较 2019 年年底增加了 21 家。此外，城投公开还背负大量银行贷款、信托贷款、融资租赁等未公开披露的融资。

2. 政府部门杠杆率

测算政府杠杆率水平时国际货币基金组织（IMF）和中国社会科学院国家资产负债表研究中心（CNBS）都没把城投公司债务计入进来。据有关方面计算，城投公司公开发行的债务规模约 10 万亿元。另有学者统计计算非公开的城投债务主要包括以下几部分：一是未完全纳入预算的政府购买服务融资（主要是棚改贷款），由国家开发银行和农业发展银行承担，规模大约在 4 万亿元；二是政府付费类 PPP 项目、名股实债类 PPP 项目，规模大约在 2 万亿—3 万亿元；专项建设基金、名股实债类基金、资产管理计划等，规模大约在 2 万亿元，以及供应商垫付的应付款等，合计非公开发行的城投债务规模大约为 10 万亿元。两类加总城投债务总规模在 20 万亿元以上。考虑到 2019 年中国 GDP 为 99 万亿元，城投债务/GDP 约为 21%，这与 CNBS 的预估数据大体一致（见表 4 - 13）。

表 4 - 13　　1993 年以来中国政府部门杠杆率变动情况　　单位:%

年份	政府部门杠杆率	中央政府杠杆率	地方政府杠杆率
1993	7. 82	4. 25	3. 57
1994	8. 13	4. 99	3. 14
1995	8. 70	5. 70	3. 00

续表

年份	政府部门杠杆率	中央政府杠杆率	地方政府杠杆率
1996	9.60	6.50	3.10
1997	10.40	7.10	3.30
1998	15.90	12.20	3.70
1999	18.80	14.60	4.20
2000	20.80	16.20	4.60
2001	22.70	17.20	5.50
2002	25.00	18.30	6.70
2003	27.70	20.10	7.60
2004	27.60	19.30	8.30
2005	27.50	18.30	9.20
2006	26.70	16.70	10.00
2007	30.10	19.60	10.50
2008	28.10	17.20	10.90
2009	33.90	17.70	16.20
2010	32.90	16.60	16.30
2011	31.60	14.90	16.70
2012	32.30	14.40	17.90
2013	35.80	14.70	21.10
2014	38.80	14.90	23.90
2015	36.90	15.50	21.40
2016	36.50	16.00	20.50
2017	35.90	16.10	19.80
2018	36.20	16.20	20.00
2019	38.30	16.80	21.50

资料来源：CNBS。

表 4－13 数据表明，中国政府部门杠杆率处于上升状态，从 1993 年的 7.82% 上升到 2019 年的 38.30%，上升了大约 30 个百分点。但分阶段看，不同时期政府部门杠杆率上升速度差异显著。1994—1998 属于分税制改革的调整适应期，其间政府部门杠杆率快速上升，主要体现为政府投资快速增加，五年间从 8.13% 上升到 18.80%，上升了将近 10 个百分点。但此后直到 2008 年，政府部门杠杆率始终保持在 25% 左右的水平，维持了将近

十年时间。金融危机之后特别是2008年到2014年的几年内，由于强调发挥逆周期调节作用，政府部门杠杆率快速攀升至38.80%的历史高点，提高了大约10个百分点。2014年之后由于严控地方政府债务，有几年略有下降。从中央政府部门杠杆率来看，虽然其趋势大体上与总体情况一致，但由于中央政府部门承担的直接逆周期调节功能较弱，杠杆率水平长期稳定在16%左右。地方政府则不同，杠杆率水平呈现出稳定上升态势。

运用BIS的数据与世界各国相比中国政府部门杠杆率不高。

首先与发达经济体比较（见表4-14）：

表4-14　1995年以来中国与发达经济体政府部门杠杆率水平比较　单位：%

年份	中国	发达经济体	G20	美国
1995	21.60	—	—	64.20
1996	21.40	—	—	63.40
1997	20.60	—	—	61.20
1998	20.60	—	—	58.00
1999	21.80	—	—	54.50
2000	22.90	—	—	48.60
2001	24.50	63.70	60.50	48.40
2002	25.90	69.90	65.90	50.50
2003	26.80	73.80	69.60	52.80
2004	26.40	76.50	71.40	60.10
2005	26.40	69.20	64.00	59.10
2006	25.70	70.00	63.50	57.80
2007	29.30	69.60	62.80	57.70
2008	27.10	72.90	63.10	66.30
2009	34.60	87.90	77.00	78.90
2010	33.70	95.30	80.20	87.40
2011	33.60	95.20	77.90	91.60
2012	34.50	99.40	80.30	95.00
2013	37.30	99.50	79.60	96.50
2014	40.20	94.00	76.20	96.20
2015	41.70	98.50	79.70	96.30
2016	44.20	98.10	81.20	98.10

续表

年份	中国	发达经济体	G20	美国
2017	46.00	101.20	83.60	96.40
2018	49.00	98.20	81.10	98.20
2019	54.20	100.60	84.50	99.90

资料来源：BIS，笔者整理。

2008 年以来，发达经济体包括美国在内，政府部门杠杆率大约上升了 15 个百分点，而同期中国则上升了大约 10 个百分点，略低于发达经济体。但考虑到城投增加情况，二者实际数据大约一致。从 2019 年情况看，中国政府部门杠杆率水平为 38.30%，加上城投债务后大约为 50%，而同期发达经济体的政府部门杠杆率水平为 100.60%、G20 国家为 84.50%、美国为 99.90%，由此可见中国政府部门的债务负担远低于发达经济体平均水平和美国，安全度较高。

BIS 统计了所有报告国的宏观杠杆率水平均值，既包括发达经济体，也包括新兴市场国家等发展中国家的经济数据，可一定程度上视为全球杠杆率水平的均值（见表 4 – 15）。

表 4 – 15　2001 年以来中国与 BIS 所有报告国均值宏观杠杆率水平　　单位：%

年份	中国	全球均值
2001	24.50	59.30
2002	25.90	64.70
2003	26.80	68.30
2004	26.40	69.80
2005	26.40	62.50
2006	25.70	62.10
2007	29.30	61.20
2008	27.10	60.90
2009	34.60	74.80
2010	33.70	77.60
2011	33.60	74.90
2012	34.50	77.60
2013	37.30	76.90

续表

年份	中国	全球均值
2014	40.20	73.50
2015	41.70	77.10
2016	44.20	78.50
2017	46.00	80.90
2018	49.00	78.40
2019	54.20	81.70

资料来源：BIS（2014 年以后的数据处理同上），笔者整理。

上述数据表明，2008 年中国政府部门杠杆率水平低于全球政府部门杠杆率水平均值大约 30 个百分点，金融危机后全球政府部门杠杆率增加了大约 20 个百分点，而中国考虑城投债务后增加了大约 15 个百分点，略低于全球均值。2019 年全球政府部门杠杆率水平均值为 81.70%，而中国政府部门杠杆率水平在考虑城投债务的影响后约为 50%，这意味着，中国政府部门杠杆率水平低于全球均值，安全度较高。

与新兴经济体及与中国人均 GDP 接近的巴西、俄罗斯、土耳其、墨西哥等国进行比较，可说中国处于中等水平（见表 4－16）。

表 4－16　1995 年以来中国与若干新兴市场国家的政府部门杠杆率比较　单位：%

年份	中国	新兴市场	墨西哥	巴西	俄罗斯	土耳其
1995	21.60	—	32.40	—	—	—
1996	21.40	—	25.20	—	—	—
1997	20.60	—	20.60	—	58.90	—
1998	20.60	—	22.20	50.50	155.00	—
1999	21.80	—	20.50	57.10	106.30	—
2000	22.90	—	19.10	62.20	64.10	—
2001	24.50	41.10	18.50	67.30	51.00	76.60
2002	25.90	43.00	20.20	76.10	43.10	72.50
2003	26.80	45.00	21.20	71.60	32.50	66.00
2004	26.40	43.70	20.10	68.10	23.90	58.00
2005	26.40	39.20	19.60	67.00	15.40	50.80

续表

年份	中国	新兴市场	墨西哥	巴西	俄罗斯	土耳其
2006	25.70	37.30	20.00	64.70	10.20	44.80
2007	29.30	37.60	20.50	63.10	8.30	38.20
2008	27.10	31.00	24.10	61.50	7.70	38.10
2009	34.60	42.20	27.50	64.80	10.20	43.90
2010	33.70	40.20	26.90	62.50	10.90	40.10
2011	33.60	36.00	27.70	60.60	11.20	36.50
2012	34.50	38.10	28.20	61.60	11.90	32.70
2013	37.30	38.40	30.80	59.60	13.10	31.50
2014	40.20	39.10	32.60	61.60	16.10	28.70
2015	41.70	41.30	35.00	71.70	16.40	27.60
2016	44.20	45.30	37.00	77.40	16.20	28.20
2017	46.00	48.50	35.20	82.80	15.50	28.30
2018	49.00	47.30	35.30	86.20	14.50	30.50
2019	54.20	52.30	36.40	88.70	14.60	32.90

资料来源：BIS（2014年以后的数据处理同上），笔者整理。

表4-16数据表明，中国政府部门杠杆率水平与新兴经济体政府部门杠杆率水平均值大体上相当，2019年新兴市场政府部门杠杆率水平均值为52.30%，而中国政府部门杠杆率水平在考虑城投债务的影响后与其基本一致。这意味着，中国政府部门杠杆率水平与新兴经济体均值大体相当，但与不同新兴经济体之间的差异则较大，如俄罗斯2019年的政府部门杠杆率水平仅为14.60%，巴西则高达88.70%。从整体上看，中国处于中间水平。

总体上看，中国政府部门杠杆率水平明显低于发达国家，在发展中国家中处于中间水平。虽然在2009年以来的十年里有了较快上升，但整体上看仍处于中间水平。当然，不同国家政府扮演的角色、在经济中的地位不同，中国政府除了承担公共管理事务职能之外，还承担着调结构、拉动投资等众多经济职能，因而债务比重居中并不意味着中国政府债务负担隐患轻，事实上许多地区仍然面临着严重的债务压力，严控地方政府债务、妥善处置债务风险任务艰巨。

三、居民部门

1. 总体情况

衡量居民部门债务水平最常用的指标是居民杠杆比率，指一个国家或地区居民债务与国内生产总值的比率。在统计口径上，主流国际机构如国际清算银行（BIS）、国际货币基金组织（IMF）用居住部门的信贷贷款来表示家庭部门贷款。但这一口径在一定程度上低估了中国居民部门债务水平，因为除了银行贷款外，中国居民部门的借款渠道还包括住房公积金贷款、P2P、私人贷款，以及部分企业贷款转化为个人使用。本书主要采用BIS、IMF的口径，同时以CNBS的数据作为补充，主要以居住部门的信贷贷款计算居民部门的实际债务压力。这样选择的主要原因包括：一是因为数据的可获得性和可比性。中国居住部门的信贷贷款由人民银行统计、按月公布，数据权威可靠，而其他数据包括住房公积金贷款、P2P、私人贷款余额，目前尚未有非常权威、及时更新的资料来源。同时，IMF和BIS统计各国的居民杠杆比率均采取这个口径，也方便将我国与其他国家的居民债务水平进行横向比较。二是因为信贷贷款是居民部门债务的主要形式。除了贷款之外，居民部门虽然也可获得住房公积金贷款，但这一比例占家庭贷款余额至多11%。因此，我们主要以BIS数据为主，在统计住宅贷款相关口径时予以适当调整。同时，基于数据可比性，虽然许多国家都有类似中国住房公积金的贷款机构，比如德国的住房储蓄银行贷款、新加坡的中央公积金制度等，但均未纳入IMF和BIS的统计口径，在此我们做统一处理。此外，P2P贷款正进入整理关闭期，P2P已经从2013—2015年的高速发展转变为风险处置化解对象，行业进入规范发展时期，P2P贷款余额持续减少。根据统计，2018年的P2P个人贷款占同期家庭贷款的比重仅为1.5%，且考虑可比性原因，未将P2P个人贷款纳入家庭负债。最后，家庭部门的信贷参与率较低，但私人贷款的规模缺乏权威数据，而且将部分企业贷款转化为个人使用主要存在于小微企业，比例、规模都难以估计，并已在企业债务范畴内做了统计，故在此不再重复计算（见表4－17）。

表 4－17　　1993 年以来居民贷款变动　　单位：亿元，%

年份	居民贷款余额	居民部门杠杆率（CNBS 口径）	居民部门杠杆率（BIS 口径）
1993	2965.00	8.31	—
1994	3798.00	7.81	—
1995	5054.00	8.20	—
1996	6597.00	8.90	—
1997	8574.00	10.30	—
1998	10581.00	11.70	—
1999	12443.00	12.40	—
2000	14148.00	12.40	—
2001	16804.00	13.20	—
2002	20366.00	14.60	—
2003	25250.00	16.20	—
2004	31647.00	17.40	—
2005	35364.00	16.90	—
2006	42817.00	17.50	10.80
2007	56247.00	18.80	18.90
2008	63568.00	17.90	17.90
2009	91543.00	23.50	23.50
2010	125748.00	27.30	27.30
2011	152698.00	27.90	27.80
2012	183913.00	30.00	29.80
2013	228795.00	33.50	33.30
2014	267489.00	36.00	35.70
2015	316650.00	39.20	38.90
2016	391700.00	44.70	44.20
2017	—	48.70	48.10
2018	—	52.10	51.50
2019	—	55.80	55.20

从整体上看，CNBS 和 BIS 的数据基本一致，中国家庭部门贷款总量增长迅速，从 1993 年的 2965 亿元增长到 2016 年的约 40 万亿元，杠杆率水平从 8.31% 增加到 55.80%，增长了大约 43 个百分点，居民部门从高储蓄变成了高负债。具体来说，中国居民部门杠杆率水平的增长存在明显的

阶段性。从1993到2008年的15年内，中国居民部门平均每年的杠杆率增加了9.5个百分点，平均每年增加约0.6个百分点；2009年到2019年的10年间则增加了34个百分点，平均每年增加约3.4个百分点，是之前十几年的数倍。由此可见，2008年之后，中国居民部门的负债水平快速爬升。

与世界各国比，中国居民部门债务负担情况如何呢？我们仍然运用BIS的数据进行比较。

首先与发达经济体包括美国的均值和G20国家均值比较（见表4－18）。

表4－18 1995年以来中国与发达经济体居民部门杠杆率水平比较 单位:%

年份	中国	发达经济体	G20	美国
1993	8.31	—	—	62.40
1994	7.81	—	—	63.10
1995	8.20	—	—	64.40
1996	8.90	—	—	65.40
1997	10.30	—	—	65.60
1998	11.70	—	—	67.10
1999	12.40	63.70	—	69.00
2000	12.40	63.50	—	70.60
2001	13.20	65.00	—	74.30
2002	14.60	71.50	—	78.90
2003	16.20	75.20	—	84.70
2004	17.40	76.70	—	88.90
2005	16.90	73.80	—	92.30
2006	17.50	79.80	—	96.40
2007	18.90	82.20	—	98.50
2008	17.90	76.00	60.40	95.90
2009	23.50	83.70	66.90	96.50
2010	27.30	81.40	63.40	91.60
2011	27.80	75.70	58.10	87.40
2012	29.80	76.60	58.50	83.90
2013	33.30	75.90	57.90	81.80
2014	35.70	70.90	55.00	79.70

续表

年份	中国	发达经济体	G20	美国
2015	38.90	73.00	56.90	77.60
2016	44.20	72.00	57.60	77.70
2017	48.10	75.40	60.70	77.40
2018	51.50	71.80	58.40	75.70
2019	55.20	73.40	60.70	75.20

资料来源：BIS（中国 2006 年以前的数据由 CNBS 数据替代），笔者整理。

上述数据中由于中国居民部门债务在 2005 年以前存在缺失，且 2006 年与 2007 年之间存在较大差异，因此 2006 年以前的数据由 CNBS 数据替代。我们观察到，发达经济体居民部门杠杆率水平较为稳定。例如，从 1999 年到 2019 年，发达经济体居民部门杠杆率水平均值在 20 年之内仅增加了 10 个百分点。G20 国家居民部门杠杆率水平近十年内虽有起伏，总体上没有变化，美国也存在类似的现象。相较而言，中国居民部门杠杆率水平快速攀升。从 2019 年的情况看，中国居民部门杠杆率水平为 55.2%，但考虑到广泛存在的民间借贷，实际同比水平要高于这一数值，而同期发达经济体的居民部门杠杆率水平为 73.40%、G20 国家为 60.70%、美国为 75.20%。由此可见中国居民部门的债务负担已经基本接近 G20 国家的平均水平，略低于发达经济体平均水平和美国。

其次是与世界均值相比较。BIS 统计了所有报告国的居民部门杠杆率均值，既包括发达经济体，也包括新兴市场国家等发展中国家的经济数据，可一定程度上视为全球杠杆率水平的均值（见表 4－19）。

表 4－19　2008 年以来中国与 BIS 所有报告国均值宏观杠杆率水平　单位：%

年份	中国	报告国
2008	17.90	59.90
2009	23.50	67.10
2010	27.30	63.80
2011	27.80	58.50
2012	29.80	59.40
2013	33.30	58.80
2014	35.70	55.80

续表

年份	中国	报告国
2015	38.90	57.80
2016	44.20	58.60
2017	48.10	61.70
2018	51.50	59.20
2019	55.20	61.60

资料来源：BIS，笔者整理。

从上述数据中我们可以发现，2008 年中国居民部门杠杆率水平尚远低于全球居民部门杠杆率，但金融危机后中国居民部门杠杆率增加了大约 37 个百分点，而同期全球居民部门杠杆率基本没有变化。2019 年全球居民部门杠杆率水平均值为 61.60%，而中国居民部门杠杆率已经接近全球均值，处于中间水平。

最后是与新兴经济体均值比较，如与中国人均 GDP 接近的巴西、俄罗斯、土耳其、墨西哥等（见表 4－20）。

表 4－20　1993 年以来中国与若干新兴市场国家的居民部门杠杆率比较　单位：%

年份	中国	新兴市场	墨西哥	巴西	俄罗斯	土耳其
1993	8.31	—	—	—	—	1.80
1994	7.81	—	10.70	—	—	0.70
1995	8.20	—	11.80	—	—	0.90
1996	8.90	—	11.00	12.10	—	1.30
1997	10.30	—	9.70	12.90	—	2.00
1998	11.70	—	9.30	13.00	0.60	2.10
1999	12.40	—	8.50	12.60	0.50	2.10
2000	12.40	—	7.70	14.30	0.60	4.00
2001	13.20	—	8.00	11.50	1.00	2.00
2002	14.60	—	8.70	10.90	1.20	1.90
2003	16.20	—	9.30	10.40	2.20	2.90
2004	17.40	—	10.00	12.00	3.70	4.80
2005	16.90	—	11.00	13.90	5.70	7.20

续表

年份	中国	新兴市场	墨西哥	巴西	俄罗斯	土耳其
2006	17.50	—	11.90	15.30	8.20	9.00
2007	18.90	—	13.50	17.60	10.40	11.30
2008	17.90	19.70	13.30	19.70	11.30	12.40
2009	23.50	25.90	13.50	21.70	10.70	14.00
2010	27.30	26.70	13.20	22.80	10.30	16.10
2011	27.80	25.40	13.50	24.00	11.50	17.20
2012	29.80	28.20	13.90	25.30	13.80	18.20
2013	33.30	29.80	14.60	26.40	16.30	19.60
2014	35.70	30.20	14.60	27.80	17.30	18.70
2015	38.90	32.30	15.20	28.50	16.00	17.90
2016	44.20	35.80	16.00	28.10	15.60	17.60
2017	48.10	39.80	16.00	28.40	16.30	17.10
2018	51.50	39.40	16.00	29.20	17.10	14.70
2019	55.20	43.10	16.20	30.50	19.10	14.80

资料来源：BIS（2014 年以后的数据处理同上），笔者整理。

上述数据表明，中国 2008 年居民部门杠杆率水平与新兴经济体居民部门杠杆率水平均值大体上相当。虽然金融危机后中国和新兴市场国家的居民部门杠杆率都在上升，但中国的上升趋势明显高于其他国家。2019 年新兴市场居民部门杠杆率水平均值为 43.10%，中国居民部门杠杆率水平高于其 10 个百分点以上，这意味着，中国居民部门杠杆率水平与全球均值大体相当。不同新兴经济体之间的差异较大，如俄罗斯 2019 年的居民部门杠杆率水平仅为 19.10%，巴西则达 30.50%。从整体上看，中国都远高于其他几个人均 GDP 水平相近国家。

总体上看，中国居民部门杠杆率水平略低于发达国家，但远高于部分发展中国家中处于中间水平。特别是金融危机以来的十年里中国居民部门杠杆率水平快速上升，从整体上看中国居民部门杠杆率处于较高水平。

2. 中国居民杠杆的结构

中国居民贷款由消费性贷款和经营性贷款两部分组成（见表 4－21）。

表 4 - 21　　2005 年以来消费贷款、经营贷款占比　　单位：亿元

年份	消费贷款	占比（%）	经营贷款	占比（%）
2005	21147.37	68.28	9822.27	31.72
2006	22118.28	61.70	13730.23	38.30
2007	27858.72	61.08	17753.55	38.92
2008	35332.00	63.98	19889.61	36.02
2009	43891.64	64.71	23939.08	35.29
2010	67427.69	66.56	33876.55	33.44
2011	81843.66	64.72	44605.53	35.28
2012	94602.98	64.18	52807.71	35.82
2013	117617.95	64.55	64580.88	35.45
2014	141950.78	65.30	75433.25	34.70
2015	169778.52	67.61	81351.12	32.39
2016	217070.73	72.39	82795.41	27.61
2017	284558.27	76.59	86996.44	23.41
2018	344725.47	78.11	96596.14	21.89
2019	408137.10	79.01	108420.02	20.99

表 4 - 21 表明，除去 2005 年之外，消费贷款占比稳步上升，逐年增长到 79.01%，成为中国居民贷款的主要类型。从期限上看，可以将贷款分为短期贷款、中长期贷款，其中贷款期限 1 年以下的为短期贷款，1 年及以上的为中长期贷款，统计数据中长期贷款稳步上升（见表 4 - 22）。

表 4 - 22　　2005 年以来短期贷款、中长期贷款占比　　单位：%

年份	短期贷款	中长期贷款
2005	33.29	66.71
2006	34.34	65.66
2007	34.34	65.66
2008	32.38	67.62
2009	33.95	66.05
2010	30.24	69.76
2011	31.82	68.18
2012	33.81	66.19
2013	35.14	64.86

续表

年份	短期贷款	中长期贷款
2014	35.34	64.66
2015	34.67	65.33
2016	30.80	69.20
2017	28.31	71.69
2018	28.32	71.68
2019	28.03	71.97
2020	24.36	75.64

在所有贷款类别中，最引人注目的是个人住房贷款。根据 CNBS 统计，住房是中国居民最核心的非金融资产，资产价值占比长期高于 90%。例如，2013—2016 年，中国居民住房资产占非金融资产的比重分别为 92.17%、91.99%、92.25%、92.56%，是当之无愧的核心资产。因此，个人住房贷款在家庭贷款中占比很高，是居民债务的主要类型（见表 4－23）。

表 4－23　2012 年来个人购房贷款及其占比　单位：亿元，%

年份	个人购房贷款	占中长期贷款比例	占居民贷款比重
2012	74900.00	76.76	50.81
2013	90700.00	76.76	49.78
2014	107400.00	76.41	49.41
2015	126400.00	77.04	50.33
2016	165500.00	79.76	55.19
2017	201000.00	75.46	54.10
2018	238400.00	75.36	54.02
2019	279600.00	75.21	54.13

从表 4－23 数据中不难发现，个人购房贷款占中长期贷款比例长期高于 70%，占居民贷款比重也在不断增加，始终在半数以上。事实上，如果考虑到公积金贷款（金额占居民贷款比例 10% 以上），则个人购房贷款实际占中长期贷款比例应接近 90%、占居民贷款比重在 65% 左右，成为中国居民贷款的主要类别。此外，还有大量的消费贷款实际用于购房，因此可说住房贷款已经成为中国居民负债的最主要负担，并对消费、投资等形成了长期抑制。

第四节

中国经济高杠杆成因

研究中国经济高杠杆成因，应当首先分析杠杆率水平对经济增长的正面和负面效应。一方面，杠杆率上升在经济正常增长国家特别是发展中国家是普遍现象。因为经济增长必然带来经济部门资产扩张，资产扩张势必借助杠杆工具。同时，强烈的金融需求又进一步带来金融市场的成熟和改革，并从而推动完善各种类型杠杆工具的使用，以使经济增长与金融工具发展良性循环。总体看信贷增长能够促进经济发展。中国长达40多年的高增长可说是鲜明例证。特别是2000年后中国加入世贸组织，内外需逐渐扩大，需求增加带来供给扩张，并要求提升生产水平、提高产品竞争力和经济发展质量。在此期间信贷等杠杆工具起到了有效配置金融资源、提升经济发展质量的作用。

然而要看到，2008年之后，中国逐渐转向以债务+投资的路径拉动经济增长。2008年的“四万亿”计划，较大程度上避免了经济硬着陆，但这一积极的财政政策依赖于宽松的货币政策和信贷政策配合，不仅增加了企业和居民部门的债务规模，也推高了房地产价格等。企业和居民部门背负过高的债务水平造成了资产效率下降。但为保持经济增长速度，政府实施逆周期调节时还要加杠杆。

同时，货币政策对杠杆率上升也有重要影响。金融危机之前，主流观点认为货币政策不会对杠杆率产生根本性影响，各国央行只需要关注通胀水平和产出，而不必考虑货币政策特别是宽松货币政策对信贷水平和质量的影响。这一假设的前提是货币传导机制通畅、资本市场高度发达和有效配置。但这一理论对2008年的金融危机显然没有说服力。因为：金融部门的杠杆水平实际上取决于实体经济部门杠杆水平。当采取宽松的货币政策时，由于短期率下降，金融部门会倾向于进行资产负债表扩张，而实体经济部门则倾向于在低利率时期多举债、减少股权融资，同时做大自身规模，金融和实体经济部门的合谋行为会导致全社会杠杆率上升。特别是长期的货币宽松会导致信贷扩张行为长期化，从而导致杠杆率不断上升。反之，如果央行提升利率，实施紧缩的货币政策，则可有效降低信贷政策导致的杠杆率。此外，债务规模过度扩张将会导致“债务通缩”，具体来说就是居民部门的债务压力过大将会迫使居民选择减少消费，从而导致总需求下降。而且居民部门债务水平过高，还会引发可获得贷款减少和不良贷款率提升。同样，就企业部门而言，当债务积累程度超过一定限度时，债务约束变紧，企业难以获得进一步的融资和还款，难以维持正常的生产和投资活动，而必须通过处置资产的方式回收流动性。这一行为同时又必将导致贷款的可获得性进一步下降、债务人的实际负债水平进一步提升，从而导致恶性循环，需求和经济增长双双下降。比如日本经济曾经出现过高杠杆造成的泡沫破裂后拖累经济增长情况。就我国而言，高杠杆具体有如下原因：

一、以政府主导的债务投资模式

表面上中国宏观杠杆水平快速上升始于 2008 年，当时“四万亿”的刺激计划为地方政府投资大开方便之门，但事实上这一模式由来已久。自改革开放以来，经济增长率步入两位数时期，蓬勃的经济发展催生了大量贸易需求。基础设施建设是打破区域阻隔、实现经济快速发展的重要路径，由此出现了知名口号“要想富，先修路”，基础设施投资成为推动地方经济发展的重要因素。同时，在推动中国经济增长的三驾马车中，投资特别是政府投资这辆马车往往发挥着逆周期调节的作用。当经济面临下行压力时，往往通过上马工程，搞“铁公基”等基础设施投资来稳定经济。因此，一方面确实存在基础设施的建设需求；另一方面基建投资又可满足地方快速提升 GDP 的诉求。此外，中国地方官员的晋升考核机制长期强调以 GDP 增长为核心，因此地方政府官员势必去快速拉动 GDP 谋求发展，而能够快速实现 GDP 增长的就是向基础设施、公用事业等领域投资。但是，基础设施投资规模大、周期长、收益低，使地方政府很难找到权益资本进入，不得不通过负债来满足投资需求，由此，地方融资平台成为地方政府获取金融资源的重要途径。

政府主导的债务投资模式的制度基础之一是土地财政。基础设施建设首先要解决资金来源问题。为此，地方政府通过土地出让金获得收入，并在此基础上通过加杠杆进行基础设施再投资。反过来，基础设施投资完善了产业配套，有效提升了城市吸引力，又抬高了土地价格，从而为政府提供了更多的土地出让收入。在这一循环过程中，形成了地方财政高度依赖土地资源相关税收和出让金格局，个别地方与土地有关的收入占地方财政收入的比重接近60%。这一模式在某一历史时期内解决了城市发展的起步资金问题，为中国经济发展步入快车道奠定了基础。例如，1999年官方公布的土地出让金为514.33亿元，而短短五年之后的2004年这一数字就高达5894.14亿元，翻了10倍不止，2007年土地出让金突破万亿元规模，2013年则创纪录超过4万亿元。快速增加的土地财政收入使得政府可以积累起城市发展的原始资本、有效提供公共产品，改善投资环境，推动经济持续高增长。

但是近年来，城市基础设施投资的边际效应开始下滑，土地信用的产业资本转换效率开始下降。这意味着，基础设施投资无法带来高水平收益，因为"四万亿"后信贷快速扩张对实体经济的挤出效应渐强。此外，在"四万亿"计划的实施过程中，除了部分资金由财政承担外，大部分项目建设资金由地方自筹，但由于投资规模大、周期长，难以通过权益方式进行融资，地方只能通过举债方式进行融资。这一政府主导的债务投资模式虽然在短期内刺激了经济，但却直接造成了资产收益率下降、杠杆率抬升问题。

政府主导的债务投资模式效率较低，在一定程度上加剧了杠杆率的上升。我们知道，宏观杠杆率=微观杠杆率/资产效率，资产效率下降会导致宏观杠杆率水平提升。据统计，2009年以来，规模以上工业企业ROE水平从20%以上迅速下行至15%左右，投资效率大幅下滑，单位投资的GDP拉动能力下降。2008年美国次贷危机以来，外贸大幅下降对中国经济增长造成了拖累。中国推出"四万亿"政府投资计划后，与基建有关的建筑、水泥、钢铁、煤炭、房地产等重工业部门再度高速扩张，其突出表现是通过加杠杆扩大再生产。其后几年，这些产业从繁荣转变为产能过剩，产品价格下降、企业现金流紧张、利润下滑，与当时的举债交织在一起使得企业陷入财务困境，企业盈利预期逐步恶化。企业盈利水平的下降进一步导致了投资情绪下降，使得企业融资难度加剧，迫使企业通过非正常的成本更高的渠道融资，比如影子银行、民间借贷等。这难免又加剧了企业杠杆率的提升。

总之，政府主导的债务投资模式在过去一个时期内发挥了重要作用，但也造成了政府部门债务上升、部分地区债务压力过大、高度依赖杠杆、资产效率下降等多重问题。为此，要全面深化改革，规范地方融资渠道。同时要适度规范政府职能定位，让“政府聚焦宏观调控，减少对微观事务的干预”，规范政府的投资行为，减少政府直接资源配置，创造公平竞争的市场环境。具体到投融资领域，要由政府主导投资转变为功能性、引导性、支持性投资，提升投资效率。

二、房价等因素抬升居民杠杆

居民部门借贷的主要原因是弥补因不同年龄阶段消费和收入的差异进而改善消费，实现生命周期内享用最大化的消费动机。在个人年轻时期，收入低、消费需求旺盛，而随着年龄增加消费需求减少、收入增加，因此借贷可以平滑两者之间的差异，实现跨期消费。另外，借贷也可以成为投资工具、优化资产组合，增加生命周期内收入。但从中国情况看，房价上升成为居民债务高企的主要原因。

前文分析指出，中国经济增长高度依赖债务投资拉动，地方政府依赖土地财政模式，而土地财政的一个直接弊端就是推高房价。以土地为主要财产的资产配置模式使政府、金融机构、房地产商都有动机提升房价。政府加大基建投资必然会抬升房价。中国城镇化快速推进过程中大量农民进入城市成为“新市民”，引发了对住房的旺盛需求。在这些因素推动下，中国城市住房价格特别是特大型城市住房价格，从全球范围内来看都属于较高水平。以国际通行的房价/城市 GDP 指标来看，北京 3.98、上海 3.49，而国际都市纽约 3.88、巴黎 2.25，指标越高表明房价相较于城市发展水平而言越高。由此可见北京、上海的房价水平较高。从房价收入比即人均 GDP/房价，北京、上海分别仅为 1.13、1.16，而纽约、东京、首尔则分别为 3.09、3.02、1.19，两地这一指标仅高于香港的 0.98。从房价收入比的角度来看，中国主要城市的房价收入比远超主要国际城市水平，在全球房价收入比排名前 10 位的城市中，中国城市占据 8 席；在房价收入比排名前 20 位的城市中，中国城市占据 16 席；在房价收入比排名前 40 位的城市中，中国城市总共占据 20 席。需要特别说明的是，中国房价存在结构性差异。2001 年，一二三四线城市的房价收入比分别是 9.65、7.42、5.82、5.78；2016 年，一二三四线城市的房价收入比则分别为 16.18、7.13、5.29、4.87，分别上升 73.8%、-3.9%、-9.1%、-15.7%。总体上看，中国的平均房价并不高，但对于一二线城市而言人均收入难以支撑高房价，就导致形成了宏观层面房价合理、微观层面房价差异巨大的分化格局。

高房价造成了居民部门债务负担严重，且主要集中在个人住房按揭贷款，而发达经济体的居民债务则是以消费贷款为主体。从前文统计数据来看，中国大约 65% 的居民负债是住房贷款。

在资产价格上升周期，一方面，房价上涨会导致居民债务增加，有房者的负债水平要远高于无房者，而住房价格的增长会增加部分有房居民的财富效应，会带来有房者边际消费倾向增加。另一方面，房价上升导致在特定首付比例下居民承担更多的首付压力和还款责任，从而最终推动居民债务的提高。周广肃、王雅琦等人对我国住房价格的实证研究表明，房价快速上涨推动了家庭杠杆率的急剧攀升，房价每上涨 100%，样本期间的家庭贷款数额将会增长 288%，住房价格的快速上涨刺激了家庭必需型和投资型住房需求，并提高了家庭的借贷意愿和风险偏好。另外，有关房价的信贷政策，例如，首付比例、利息政策等也会通过降低居民购房门槛、推进房市看涨预期以及通货膨胀强化居民资产保值增值等方式推动房价上升。

随着中国进入人口老龄化，人口变动也会导致居民债务的变动。从实证角度看，居民债务与人口结构变动存在长期均衡关系。从长期来看，随着人口老龄化的进程加速，青壮年减少意味着老年抚养比的上升，中国一部分老年人群没有加入社会养老体系，其生活支出主要依托家庭承担，从而导致债务增加，必须通过借贷来平滑消费，这使家庭债务水平上升。邵旭方等人统计了中国 2005—2013 年多个省份的数据后发现，老年抚养比上升会推动居民债务占 GDP 比上升，老龄化将增加养老、医疗支出，从而增加家庭负债。

最后，收入不平等是影响居民个体借贷的重要因素，居民债务随着收入提高而增加。收入不平等表现为大部分人群的实际收入增长率低于企业主和高级管理人员收入增长率；中低收入居民为维持原有生活水平要减少储蓄增加借贷来维持消费。这一点在中国的购房、就学等问题上表现突出。中低收入家庭为保证基本支出达到一般消费水平，需通过增加债务的形式来平滑消费，居民债务总规模随之增加。随着收入群体间收入差距拉大，这一现象表现得更加明显，从而造成居民部门债务的结构性差异。

总的来说，居民部门的低债务、高储蓄是推动中国经济发展的重要基础，目前这一基础正在丧失，居民债务的负面影响日益显现。对此，要引导居民合理负债。避免杠杆率过快攀升，一是要稳定房价。房贷是居民负债的主要部分。要通过抑制房产投机性需求、合理保障刚性需求，避免房贷导致居民债务进一步上升，进一步提升房地产调控政策的精准性，加快地方财税体制改革、通过长效机制化解土地财政弊端，形成房地产调控合力。二是要开展消费者金融教育，普及金融知识，提高居民的债务风险意识。三是合理引导消费倾向，倡议适度消费、理性消费，合理控制杠杆水平。四是要建立完善居民部门债务风险预警和监测机制，实施差异化的家庭负债控制措施。

三、债务融资为主的资本市场

从企业微观发展的角度上讲，“融资优序理论”较好地诠释了不同阶段企业融资路径的选择。在企业发展的早期阶段，市场不成熟、企业运营管理差、风险能力差，此时，应当以股权融资为主、债权融资为辅。对出资人而言股权融资风险高、收益高，对融资人而言债权融资要求定期还本付息、难以实现，因而也愿意采用成本较高的股权融资方式。而对于成熟企业而言则相反，由于企业自身运营好、现金流稳定、市场稳定，因此更愿意采取成本更低的债务融资而非股权融资。中国股权融资市场不发达，企业融资不得不选择债务融资，从而造成了小微企业融资难、民营企业融资难问题。具体讲，非金融企业部门杠杆水平高的一个核心原因是资本市场内融资工具特别是多层次的股权融资不成熟，专业投资人和合理的投资机制欠缺。目前，中国社会融资规模总量增速较快，其中绝大多数是银行贷款等间接融资以及债券债务融资，直接融资比重不到30%，股权融资比重更低。此外，直接融资市场从20世纪90年代至今已经有近30年的发展历史，但仍然面临基础设施不完善、固收业务占比过高问题。

党的十八届三中全会提出，要完善资本市场、推动金融市场改革，特别强调要解决股权市场化问题。美国企业每年新增融资的70%来自股权融资，债务融资占30%，与中国正好相反。由前面的数据可以看出美国企业的杠杆率远低于中国，可见建设发达的股权市场、提升股权融资的社融占比，能够从根本上解决企业部门的高杠杆问题。建立多层次资本市场（multi - level capital market），就是要根据投资者与融资者的需求不同而构建由场内市场和场外市场共同组成的股权融资市场。其中，主板市场即场内市场是关键，而完善场内制度，就要建立起完善的准入和退出机制，完善信息披露要求，加大对违法行为的处置力度。通过改革金融监管体制，打破僵化的管理模式、大力发展规范的股权融资，完善投资者保护制度，充分发挥资本市场的降杠杆、优化资源配置功能。要看到，只有从微观上切实有效解决企业股权融资难问题，才能真正实现去杠杆目标。

四、不同所有制下信贷传导机制不畅抬升杠杆

中国国有企业的融资难度低于民营企业（以下简称民企），因而，一方面出现了国企加杠杆和民企去杠杆同步情况；另一方面，国有企业运营效率又低于民企，不同所有制企业即国企和民企之间存在价值倒挂，但从整体上看，运营效率更高的企业反而难以获得信贷支持。这一现象的成因之一是金融机构在配置信贷时偏好国有企业、歧视民营企业。因为国有企业实质上存在隐性政府担保，一旦面临运营和流动性危机，往往能够得到政府在资源、资金等方面的支持，由政府承担“剩余风险”的责任。有学者实证研究表明，2009 年后，在资产规模、效益接近的情况下，仅因为企业的国有“身份”，其负债率比同等条件的民营企业高 6 个百分点，这一数字在 2013 年提高了 8 个百分点，表明银行体系配置信贷向国有企业的倾斜性和偏向性越来越强。另外，对国有企业提供的贷款普遍增加原因是配合“四万亿”刺激经济计划的落实。贷款配置偏向于某些企业大幅降低了信贷资金效率，形成了无效杠杆。同时考虑到责任制，信贷从业人员基于自身的利益选择，更愿意将低效资金配置到国有企业，以便应对未来可能发生的责任追究问题。

此外，国有企业还存在着一定程度的“僵尸贷款”现象。“僵尸贷款”最早是对日本股市楼市泡沫破灭后银行贷款行为的描述。当时日本银行业持续给亏损的企业贷款。造成这种反常现象的重要原因之一是日本采取主银行制度，银行需要优先给自身主导的企业贷款，同时持续的贷款也能够减缓坏账的暴露。中国的银行在信贷配置过程中也存在给亏损、缺乏再生能力的国有企业贷款。这是由于政府的隐性担保和国有银行具有配合重大经济政策实施职责，从而偏离市场化效率原则行事的缘故。正因此，即使一部分国有企业已经在实质上变成了杠杆率高、利息备付率低、无法产生自有现金流的僵尸企业，但金融机构仍然愿意持续提供资金支持，从而导

致僵尸企业占用的金融资源越来越多。同时，不同所有制企业存在规模差异，银行信贷配置更加偏好有固定资产抵押的企业，这类企业规模越大，能够获得银行的授信就越多，而小规模企业则难以提供充足的可抵、质押资产，因而难以获得信贷资金支持。在重资产、资产规模大的资源类重工业行业中，国有企业比较集中；民企更多的是在轻工业，而且越来越多的转向服务业，可提供的抵质押物较少、信用结构单一，因而更难获得信贷资金的支持。

总体上看，中国金融体系特别是信贷资金的传导存在偏差，不符合效率原则，资金未能充分流向高效、资金需求量大的企业，而是更多流向了现金流充足、甚至是不需要信贷资金的企业，导致资金配置低效。

五、企业成本上升

企业可使用资金包括自有资金和外部融资两部分。企业资金需求量变动受多方面因素影响，包括生产经营规模变动、产品结构变动、经营方式变动、成本规模变动等。其中成本规模变动属于综合性因素，其他各种因素的变化都会体现在成本变动上。成本上升势必增加资金需求，经济新常态背景下，企业成本出现了不断上升趋势。为此，2015 年中央就提出实施“三去一降一补”宏观经济治理。其中“一降”即指降成本。

企业成本是为取得物质资源所需付出的经济价值，其作用主要体现为：首先，成本是补偿生产耗费的尺度。企业为了保证再生产的不断进行，必须用自身的生产成果（即销售收入）来对生产耗费（即资金耗费）进行补偿，维持企业再生产按原有规模进行；其次，成本是制订产品价格的基础，作为价值构成的主要组成部分，成本的高低能反映产品价值量的大小，正确地核算成本能使价格最大限度地反映社会必要劳动的消耗水平，从而接近价值；最后，成本是企业进行决策的依据，企业要努力提高其在市场上的竞争能力和经济效益，成本作为价格的主要组成部分，其高低是决定企业有无竞争能力的关键。

企业成本分类方式很多，本节从理顺企业成本形成体制机制的角度考虑，将企业成本分为物化成本、人工成本、融资成本和税费成本四类。近年来企业这四类成本均处高企状态。

1. 物化成本上升

在企业成本中，占比最高的通常是物化成本，主要包括原材料、燃料、动力、辅助材料，折旧费用，摊销费用等，以及一些不形成产品价值的损失性支出，如工业企业里的废品损失、停工损失等。物化成本状况与产业结构密切相关。比如东北地区的三次产业结构中第二产业占比较高，2014 年黑龙江、辽宁、吉林第二产业占比分别为 36.9%、50.2%、52.8%，在第二产业中，传统的重化工业占比过高，黑龙江达 80% 左右，其中能源工业的占比达到 54%，在一汽所在地长春，汽车制造占工业产值的 60%，辽宁的装备制造业和原材料工业占规模以上工业比重超过 70%。这样的产业结构决定了企业物化成本的下降空间极为有限，原因在于：

首先，这些企业多为“重资产型”企业，固定资产比重高，投资额巨大，回收期长，抵御市场风险的能力弱。以生产机床的设备为例，从我们调研企业的情况看，为保证产品质量，现有生产设备相当一部分从德国进口，单台设备的价值往往达到亿元以上，折旧额很高。在正常的生产运营时期，通过产品正常出售收回资金，企业能够持续经营，固定资产的投入可以得到补偿。但从当时情况看，受到国内外市场需求萎缩的冲击，产品销售难度加大，销量减少，价格大幅度走低，部分企业减产甚至长时间停产，直接导致资金回收难度不断加大，但固定资产的折旧费用是刚性的固定费用，基本没有压缩空间。

其次，这些企业的原材料和辅助材料价格主要取决于市场，部分企业的原材料进口比例高，采购议价能力较弱，存在不同程度采购成本挤压利润的现象，这部分成本也基本属于企业不可控成本，降成本空间难以预期。

最后，这些企业的燃料、动力等方面的支出也多属于企业不可控成本，既受市场价格波动的影响，也受现行体制的限制，降成本空间也十分有限。以用电成本为例，东北地区的电价普遍高于邻近省区，电力供应体制不顺，存在“用电企业成本高”和“发电企业产能利用不充分”并存的不合理现象：一方面，部分发电企业开工率不足，产能过剩；另一方面，用电企业电力成本高，政府补贴政策力度有限，企业负担较重。

2. 人工成本

根据国际上通用定义，人工成本是指雇主在雇佣劳动力时产生的全部费用。中国的人工成本是指企业在一定时期内，在生产、经营和提供劳务活动中因使用劳动力而支付的所有直接费用和间接费用的总和，范围包括：职工工资总额、社会保险费用（“五险一金”）、职工福利费用、职工教育经费、劳动保护费用、职工住房费用和其他人工成本支出等。自2009年中国持续出现了结构性劳动力短缺现象，劳动力成本出现了上升趋势，而且《中华人民共和国劳动法》又规定了最低工资标准，要求各地区的最低工资标准每两年至少要调整一次，这加大了人工成本持续上升压力。2015年5月，根据经济下行压力较大、企业经营困难等情况，中华人民共和国人力资源和社会保障部决定将最低工资标准调整的时间由每两年至少调整一次，改为两至3年至少调整一次，且调整幅度原则上不超过社会平均工资增长幅度，这一政策降低了企业的人工成本。自2016年3月起，在中央“5项任务”的落实过程中，各地区社会保险“五险一金”的缴纳比例均有所降低，也在一定程度上降低了企业成本。

以东北地区为例，该地区人工成本在全国处于中下游水平，2012年后一直呈现增长趋势，部分已达到或即将达到个人所得税纳税标准，使缴纳个税成为推动企业工资水平进一步上升的一个新的因素。2015年以来，与全国其他地区一样，东北地区最低工资标准调整频率放慢，“五险一金”的缴纳比例也有所降低，企业实际的人工成本负担有所下降。但是，这些政策对企业减负的影响总体有限，很难从根本上对企业走出困境产生作用。而且这些政策作用具有暂时性，难以发挥长期持续作用，因为最低工资标准和社会保险费用关系到劳动者当前的实际利益和未来的保障程度，社保的缴费基数是按照最低工资标准进行缴纳的，放缓最低工资的调整频率和涨幅以及社保基金比重下调，都会对社保基金产生负面影响，在东北地区社保基金已经不足、老年人口负担系数远高于全国其他地区的情况下，已大大增加了劳动者保障风险，因此，劳动力成本持续上升。

在上海市经济转型、产业升级过程中，人才政策对企业影响较大，关注度不断提升。很多创新型企业，研发投入大，科技人才比重大，例如汇付天下，研发支出占企业期间费用总额达到50%左右，科技人员占比为43%。近年来，高端专业技术人才和科技人才市场需求大，流动性也大。

为配套吸引高端人才，各地纷纷出台优惠措施解决包括子女教育、户口、医疗、养老等在内的具体问题。但上海市的政策主要针对海归人才，对于高端海归人才，上海市人民政府在启动资金、户口、等方面有力度较大的扶持政策，但是对于国内培养的人才，就没有相同的待遇，这些问题解决不好，带来了人才流失，因此，企业相应的成本投入增加。而且，高端人才薪酬高，个人所得税方面上海执行国家税法，没有深圳等地15%个税税率上限的优惠政策，在吸引人才方面处于劣势，人工成本也相应提升。

3. 融资成本高

企业融资成本是资金所有权与资金使用权分离的产物，实质是资金使用者支付给资金所有者的报酬。由于企业融资是一种市场交易行为，有交易就会有交易费用，资金使用者为了能够获得资金使用权，就必须支付相关的费用。企业融资成本包括两部分：即融资费用和资金使用费。融资费用是企业在资金筹资过程中发生的各种费用，资金使用费是企业因使用资金而向其提供者支付的报酬，如股票融资向股东支付股息、红利，发行债券和借款支付的利息，借用资产支付的租金等。需要指出的是，上述融资成本的含义仅只是企业融资的财务成本，或称显性成本。除了财务成本外，企业融资还存在着机会成本或称隐性成本，这些成本包括：（1）企业融资的机会成本，即企业自有资金的使用成本。（2）企业融资的风险成本，主要指破产成本和财务困境成本。（3）企业融资的代理成本，即资金的使用者和提供者之间会产生委托—代理关系，这就要求委托人为了约束代理人行为而必须进行监督和激励，如此产生的监督成本和约束成本便是所谓的代理成本，另外，资金的使用者还可能进行偏离委托人利益最大化的投资行为，从而产生整体的效率损失，也是代理成本。

企业在融资过程中产生的主要融资成本包括：财务成本，也就是融资直接产生的费用和利息，财务成本受企业规模、所有制等因素的影响存在一定差别，即大企业、国有企业、发展前景好的新型企业融资成本低于小企业、民营企业、发展前景差的传统企业。风险成本和代理成本，即融资担保公司为企业增信所收取的费用，这部分成本受企业信用情况、担保机构性质的影响存在较大差别，信用状况差的企业支出的成本要高于信用状况好的企业，向民营担保机构支付的增信成本要高于向政府担保机构支付的增信成本。

自2014年11月以来，中国进行了6次降息，一年期基准贷款利率由5.6%降至4.35%，从2015年2月至今，央行连续6次下调存款准备金率，但企业依旧感到利息负担过重。究其原因，一方面是企业债务负担重，资产负债率普遍在70%以上，部分甚至超过90%；另一方面是地区性信用体系建设对融资成本的影响很大，地区信用环境总体上并不理想，这直接导致了两个不良后果：一是金融机构在贷款时对风险的管理力度较大，企业需要在正常利率基础上加上担保成本，担保成本依据担保机构不同而不同，政府担保机构增加的费率较低，约为2%—3%，其他担保机构增加的费率较高，达到3%、5%以上甚至更高，大大抵消了央行降息、降准带来的融资成本下降空间。二是企业间应收账款拖欠严重，极大地影响了资金的流动性和使用效率，推高了企业融资金额和财务费用，如我们调研的企业绝大部分存在高额应收账款，个别企业数额高达几十亿元，这成为企业正常运转的沉重负担，甚至使企业陷入困境。

企业成本上升加大了企业资金需求量。特别是处于技术和产品结构转型期的企业资金需求急剧膨胀。但与此同时，企业自有资金积累却在放缓，无力应对资金需求扩张。究其原因，主要是成本上升挤压利润空间。近年来特别是一些制造业企业的销售利润年甚至降至银行贷款利率。这种背景条件下，企业只能主要靠外部融资来满足资金需求。

税费成本本书不展开讨论。

第五章

中国经济中长期增长预测

未来 15 年是中国全面建成社会主义现代化强国关键期。此间，要全面深化改革构建高水平社会主义市场经济体制，要坚持创新驱动发展，全面塑造发展新优势，形成社会主义现代化经济体系。总之，未来 15 年中国仍将处于改革和发展并举以改革促发展、以发展扩大改革空间阶段。综合上述因素结合历史变动特征，我们对中国未来经济增长态势做了预测，目的在于揭示未来宏观经济治理的经济增长条件。

第一节 预测框架

经济增长预测是对未来宏观经济运行态势的度量。对预测值影响因素的认识和预测方法的选择取决于如何把控预测原则，因为预测原则直接决定预测目的实现方式选取。从可行性和研究需求两个角度出发，我们的预测遵循以下几个原则：一是预测分析关注处理好远期与近期关系；二是预测的方法选择和路径设计紧紧围绕把握经济发展基本方向；三是预测设计和分析依据突出改革主线；四是预测设计和分析充分考虑宏观政策的影响。

宏观经济预测常用方法包括时间序列分析、多元线性回归分析、结构向量自回归（SVAR）、联立方程组、神经网络分析等。在选择研究方法过程中，基于数据取得可行性和对经济状况的基本把握，经过多次试错后，我们确定采用两阶段预测（回归方程外推预测 + 固定增长速度预测）来预测宏观经济走势。

第一阶段进行中期预测，覆盖 2020—2025 年的 6 年时间，逐年进行预测。具体方法是首先依据经济发展指标之间的内在规律性建立起时间序列回归方程，在此基础上进行 6 年期的外推预测。

第二阶段进行长期预测，包括 2026—2040 年的 15 年时间，每 5 年作为一个整体阶段推算具体增长速度，据此逐年进行外推预测。

本书依据中国经济发展与改革节点分别确定了 4 个样本期间：

1978—2019 年样本期间，简称 1978 样本期间。选择依据是中国改革开放时间起始节点，从改革开放至今的期间的经济增长充分体现出了改革开放的基本特征和长远影响。该样本期间覆盖 42 年数据。

1985—2019 年样本期间，简称 1985 样本期间。选择依据是中国经济发展进入平稳增长阶段，此间经济增长良好态势体现出了改革开放的积极稳定效果。该样本期间覆盖 35 年数据。

1995—2019 年样本期间，简称 1995 样本期间。选择依据是中国财税改革带来的体制性变革，此间财政收支逐步步入平稳规范运行通道。该样本期间覆盖 25 年数据。

2011—2019 年样本期间，简称 2011 样本期间。选择依据是中国经济发展进入“新常态”，此间的改革、发展和财政体制转型对今后中长期的经济增长产生了深刻影响。新常态虽然于 2014 年明确提出，数据覆盖期间较短，但实际趋势出现要早一些。因此，我们从经济发展现实情况出发，在分析近年来发展趋势的基础上略作扩展。该样本期间覆盖 9 年数据。

本研究数据主要来源于《中国统计年鉴》、Wind 数据库和财政部官网。使用的统计软件是 Stata14. 0 和 Excel 表格。

第二节
2020—2040 年宏观经济发展预测

宏观经济发展预测涵盖的内容十分庞杂，可以通过不同的角度进行预测，例如，著名的科布道格拉斯函数，近年来兴起的 SVAR 方法等，本书主要基于三次产业结构进行预测，旨在一方面把握住宏观发展趋势；另一方面，也充分考虑到近年来中国经济改革不断强调的经济结构转型、产业结构调整等方面的政策影响。

一、宏观经济基本关系

运用 GDP（国内生产总值）作为宏观经济发展的基本指标，三次产业与宏观经济发展的基本关系如下：

GDP(现价) = 第一产业 *GDP*(现价) + 第二产业 *GDP*(现价) + 第三产业 *GDP*(现价)

GDP(不变价) = 第一产业 *GDP*(不变价) + 第二产业 *GDP*(不变价) + 第三产业 *GDP*(不变价)

国民经济增长主要采用 GDP 指数加以反映：

$$GDP\text{ 指数} = \frac{\text{报告期 } GDP \text{ 不变价}}{\text{基期 } GDP \text{ 不变价}} \times 100\%$$

GDP 指数也称“同比”，其中，不变价是剔除了通货膨胀（以下简称通胀）因素（通常使用居民消费价格指数 CPI）后的不同时期的可比价格。中国为了适应经济发展的需要，计算不变价国内生产总值需要每隔若干年调整一次基期。其中：1978 - 1980 按照 1970 年价格计算；1981 - 1990 按照 1980 年价格计算；1991—2000 按照 1990 年价格计算；2001—2005 按照 2000 年价格计算；2006—2010 按照 2005 年价格计算；2011—2015 年按照 2010 年价格计算；2016 年至今按照 2015 年价格计算。

本研究中，对于 20 年经济增长的预测，为了保持统计口径一致，计算结果客观可比，GDP 不变价采用了 2019 年不变价（即 2015 年价格标准），且20年预测期内不做调整。

由于中国经济增长呈现出明显的单调增长特征，三次产业结构也会在增长过程中不断进行动态调整，因此本研究运用一元一次回归方程分别刻画三次产业增长的清晰轨迹，以揭示出样本期间内三次产业发展的基本规律。三次产业指数（增长情况）采用以下方程进行模拟：

第一产业 GDP 指数 $= \alpha_1 + \beta_1 \times$ 年度 $+ \varepsilon$

第二产业 GDP 指数 $= \alpha_2 + \beta_2 \times$ 年度 $+ \varepsilon$

第三产业 GDP 指数 $= \alpha_3 + \beta_3 \times$ 年度 $+ \varepsilon$

之后，根据回归方程的参数进行6年的中期外推预测，确定三次产业的增长趋势，并在此基础上初步得到GDP的预测结果。

二、三次产业 GDP 中期预测（2020—2025 年）

1. 三次产业增长指数的确定

首先，分别依据4个样本期间估计回归方程的参数，结果见表5-1。

表5-1　三次产业 GDP 指数回归结果

Panel A　1978—2019 年样本期间			
变量	第一产业 GDP 指数	第二产业 GDP 指数	第三产业 GDP 指数
年份	-0.0492	-0.101*	-0.0861**
	-0.0301	-0.0545	-0.0392
截距	202.7***	312.1***	282.5***
	(60.13)	(108.9)	(78.37)
样本数	42	42	42
R-squared	0.063	0.079	0.107
Panel B　1985—2019 年样本期间			
年份	0.00745	-0.205***	-0.0978**
	-0.0197	-0.0648	-0.046
截距	88.94**	522.0***	306.0***
	(39.37)	(129.8)	(92.15)
样本数	35	35	35
R-squared	0.004	0.233	0.12

续表

Panel C　1995—2019 年样本期间			
年份	0.00415	-0.226***	-0.0953*
	-0.0276	-0.0624	-0.0528
截距	95.54*	563.7***	301.0***
	(55.46)	(125.2)	(105.9)
样本数	25	25	25
R - squared	0.001	0.364	0.124
Panel D　2011—2019 年样本期间			
年份	-0.130**	-0.553***	-0.177**
	-0.0378	-0.107	-0.0685
截距	365.8***	1222***	464.2**
	(76.26)	(216.1)	(138.0)
样本数	9	9	9
R - squared	0.628	0.792	0.487

注：(1) 括号内为标准误差。

(2) *** $p<0.01$，** $p<0.05$，* $p<0.1$。

从表 5 - 1 可见，在不同的样本期间内，三次产业指数呈现出明显的基本走势：第二、第三产业增长速度呈现出下降态势（统计结果在 1%、5% 的水平上显著），第一产业长期看没有明显趋势，基本平稳，但近 10 年（2011—2019 年）内也呈现出下降的态势（统计结果在 5% 的水平上显著）。这些结果一方面反映出中国经济增长速度整体转慢的规律性，另一方面也为下一步进行中期预测提供了依据。

2. 三次产业 GDP 不变价的预测结果

根据回归结果，我们在 2019 年数据的基础上进行外推预测，结果见表 5 - 2。

表 5-2　2020—2025 年三次产业 GDP 预测指数与不变价　单位:%，亿元

样本期间	指标	2019 年	2020 年	2022 年	2023 年	2024 年	2025 年
第一产业							
1978—2019	GDP 指数	103.10	103.31	103.21	103.16	103.11	103.06
	GDP 不变价	66161.10	68351.41	72847.73	75151.83	77491.81	79866.50
1985—2019	GDP 指数	103.10	103.99	104.01	104.02	104.02	104.03
	GDP 不变价	66161.10	68803.69	74425.74	77415.08	80530.25	83776.77
1995—2019	GDP 指数	103.10	103.93	103.93	103.94	103.94	103.95
	GDP 不变价	66161.10	68758.52	74272.19	77197.30	80240.83	83407.67
2011—2019	GDP 指数	103.10	103.17	102.91	102.78	102.65	102.52
	GDP 不变价	66161.10	68259.93	72385.02	74398.99	76372.27	78298.61
第二产业							
1978—2019	GDP 指数	105.70	108.48	108.28	108.18	108.08	107.98
	GDP 不变价	352992.50	382936.56	449405.18	486168.93	525450.13	567375.51
1985—2019	GDP 指数	105.70	107.11	106.70	106.50	106.29	106.08
	GDP 不变价	352992.50	378096.75	431296.29	459312.02	488204.24	517911.21
1995—2019	GDP 指数	105.70	106.75	106.30	106.07	105.85	105.62
	GDP 不变价	352992.50	376822.97	426692.62	452602.64	479062.06	505984.54
2011—2019	GDP 指数	105.70	104.30	103.19	102.64	102.09	101.53
	GDP 不变价	352992.50	368170.95	394162.02	404567.65	413009.37	419341.92
第三产业							
1978—2019	GDP 指数	106.90	108.63	108.46	108.37	108.29	108.20
	GDP 不变价	472492.50	513266.52	604235.29	654818.09	709071.81	767210.38
1985—2019	GDP 指数	106.90	108.42	108.22	108.13	108.03	107.93
	GDP 不变价	472492.50	512272.58	600533.38	649331.24	701459.14	757085.71
1995—2019	GDP 指数	106.90	108.53	108.33	108.24	108.14	108.05
	GDP 不变价	472492.50	512772.71	602337.41	651964.74	705059.56	761806.35
2011—2019	GDP 指数	106.90	107.36	107.01	106.83	106.65	106.48
	GDP 不变价	472492.50	507273.47	581821.43	621566.63	662928.80	705872.23

预测结果表明，依据 4 个不同的样本区间，三次产业在未来 6 年内的增长趋势基本相同，略有差异：

首先看发展速度，第一产业 GDP 指数在 102.52%—104.03% 的区间内，中低速发展态势非常稳定；第二产业 GDP 指数在 101.53%—108.48%

的区间内，波动范围较大，其中前 3 个样本区间预测结果较为一致，但 2011—2019 期间的预测结果表现出明显的下降走势，而且降幅较大，6 年间超过 4%；第三产业 GDP 指数在 106.48%—108.63% 的区间内，基本稳定，而且增长速度较高。

可见，未来 6 年内，第一、第三产业发展态势基本明朗，第一产业将会及继续呈现中低速稳定增长，第三产业将会高速稳定增长，第二产业的增长速度则并不明朗，如果延续近年来的趋势，第二产业发展速度将会大幅度下降，但具体分析，可以发现，近年来第二产业增长速度的大幅度调整，主要是受到了宏观“去产能”、“三去一降一补”、“产业结构升级转型”等政策的直接影响，处于动荡的转型期内。长期看这种趋势会扭转，但 6 年期内，这种转型趋势还会延续，直至升级转型最终完成，因此期内增速不会过高，基于此判断，第二产业增长区间大体应当在 102%—105% 范围内。

基于上述结果进行综合判断，我们认为，1995 年、2011 年两个样本期间的预测结果更为符合实际情况，而且依据就近判断原则，2011 样本的合理性更为明显。因此，未来 6 年内（2020—2025 年），三次产业的 GDP 不变价大概率会在以下范围内逐年增长：第一产业在 6.8 万亿—7.8 万亿元之间，第二产业在 36.8 万亿—41.9 万亿元之间，第三产业在 50 万亿—70.6 万亿元之间。

3. 三次产业 GDP 现价的预测结果

依据历史数据，我们预计未来通货膨胀率保持在 2%—3% 的区间内。基于此，计算三次产业 GDP 预测值现价（见表 5－3、表 5－4）。

表 5－3　2020—2025 年三次产业 GDP 预测值

（现价，年通货膨胀率 2%）　单位：%，亿元

样本期间	2020 年	2022 年	2023 年	2024 年	2025 年
第一产业					
1978—2019	69718.44	74304.68	76654.87	79041.65	81463.83
1985—2019	70179.76	75914.25	78963.38	82140.86	85452.31
1995—2019	70133.69	75757.63	78741.25	81845.65	85075.82
2011—2019	69625.13	73832.72	75886.97	77899.72	79864.58

续表

样本期间	2020 年	2022 年	2023 年	2024 年	2025 年
第二产业					
1978—2019	390595.29	458393.28	495892.31	535959.13	578723.02
1985—2019	385658.69	439922.22	468498.26	497968.32	528269.43
1995—2019	384359.43	435226.47	461654.69	488643.30	516104.23
2011—2019	375534.37	402045.26	412659.00	421269.56	427728.76
第三产业					
1978—2019	523531.85	616320.00	667914.45	723253.25	782554.59
1985—2019	522518.03	612544.05	662317.86	715488.32	772227.42
1995—2019	523028.16	614384.16	665004.03	719160.75	777042.48
2011—2019	517418.94	593457.86	633997.96	676187.38	719989.67

表 5-4　2020—2025 年三次产业 GDP 预测值

（现价，年通货膨胀率 3%）

单位:%，亿元

样本期间	2020 年	2022 年	2023 年	2024 年	2025 年
第一产业					
1978—2019	70401.95	75033.16	77406.38	79816.56	82262.50
1985—2019	70867.80	76658.51	79737.53	82946.16	86290.07
1995—2019	70821.28	76500.36	79513.22	82648.05	85909.90
2011—2019	70307.73	74556.57	76630.96	78663.44	80647.57
第二产业					
1978—2019	394424.66	462887.34	500754.00	541213.63	584396.78
1985—2019	389439.65	444235.18	473091.38	502850.37	533448.55
1995—2019	388127.66	439493.40	466180.72	493433.92	521164.08
2011—2019	379216.08	405986.88	416704.68	425399.65	431922.18
第三产业					
1978—2019	528664.52	622362.35	674462.63	730343.96	790226.69
1985—2019	527640.76	618549.38	668811.18	722502.91	779798.28
1995—2019	528155.89	620407.53	671523.68	726211.35	784660.54
2011—2019	522491.67	599276.07	640213.63	682816.66	727048.40

考虑 2% 的年通货膨胀因素，从 4 个样本区间的预测结果看，三次产业的 GDP 现价为：第一产业在 7 万亿—8 万亿元之间，第二产业在 37.6 万

亿—52.8万亿元之间，第三产业在51.7万亿—78.2万亿元之间。依据就近判断原则，2011样本的合理性更为明显。因此，未来6年内（2020—2025年），三次产业的GDP不变价大概率会在以下范围内逐年增长：第一产业在6.8万亿—7.8万亿元之间，第二产业在37.6万亿—42.8万亿元之间，第三产业在51.7万亿—72万亿元之间。

考虑3%的年通货膨胀因素，从4个样本区间的预测结果看，三次产业的GDP现价为：第一产业在7万亿—8.6万亿元之间，第二产业在37.9万亿—53.3万亿元之间，第三产业在52.2万亿—79万亿元之间。依据就近判断原则，2011样本的合理性更为明显。因此，未来6年内（2020—2025年），三次产业的GDP不变价大概率会在以下范围内逐年增长：第一产业在7万亿—8万亿元之间，第二产业在37.9万亿—43.2万亿元之间，第三产业在52.2万亿—72.7万亿元之间。

三、GDP不变价中期预测（2020—2025年）

1. 初步预测结果

依据三次产业GDP不变价的预测结果，我们进一步预测GDP不变价，得到初步预测结果如下（见表5-5）。

表5-5　2020—2025年GDP初步预测结果：GDP不变价和GDP指数

单位：亿元

指标	样本期间	2019年	2020年	2021年	2022年	2023年	2024年	2025年
GDP不变价	1978—2019	891646.10	964554.50	1042732.81	1126488.20	1216138.84	1312013.74	1414452.39
	1985—2019	891646.10	959173.03	1030667.56	1106255.41	1186058.33	1270193.63	1358773.69
	1995—2019	891646.10	958354.20	1028868.63	1103302.22	1181764.69	1264362.45	1351198.56
	2011—2019	891646.10	943704.35	996019.99	1048368.47	1100533.27	1152310.44	1203512.76
GDP指数（同比）	1978—2019	—	108.18	108.11	108.03	107.96	107.88	107.81
	1985—2019	—	107.57	107.45	107.33	107.21	107.09	106.97
	1995—2019	—	107.48	107.36	107.23	107.11	106.99	106.87
	2011—2019	—	105.84	105.54	105.26	104.98	104.70	104.44

注：GDP指数依据GDP不变价计算，同比是本期与上期GDP的比值，计算公式为：

GDP指数（同比）=本年度GDP不变价/上年GDP不变价×100%

依据就近判断原则和数据合理性，我们认为，2011样本期间的预测结果更为可靠。GDP初步预测结果表明，2020—2025年间的GDP不变价[①]大致在94万亿—120万亿元范围内逐年增长。在此基础上，进一步计算得到GDP指数（见表5-5），2020—2025年间的GDP指数在104.44—107.48之间，也就是GDP增速在4.44%至7.48%之间。

2. 一般性调整因素：GDP指数调整因子和CPI

(1) GDP指数调整因子的确定。根据初步预测结果，GDP增速最高能够达到7%，进一步分析发现，不同样本期间GDP指数的预测结果存在较大差异：1995样本期间的预测结果偏乐观，这主要是由于包含了1995—2010的高速增长期间；而2011样本期间的预测结果整体偏低，则主要受到几个因素的影响：一是中国经济体量不断增大导致的整体增速下降，出现经济"新常态"；二是近年来宏观政策诸如"三去一降一补"、控制金融风险、产业结构转型、经济增长方式转变等，使得微观经济主体处于力度较大的调整过程中，遇到困难较多，发展不稳定，出现下滑；三是国际环境出现较大变化，处于"百年未有之大变局"，诸如中美贸易摩擦等事件产生很大的不确定性，导致经济增速下降。

因此，在预测GDP指数过程中，需要对上述因素进行系统性考虑。本研究专门建立了GDP指数调整因子，对初步预测结果进行调整，调整因子的具体计算方法如下：

GDP指数调整因子=1995样本预测GDP指数×0.1+2011样本预测GDP指数×0.9

根据就近判断原则，1995样本涵盖在中国经济高速增长的大部分期间，包含了未来经济发展的基本条件和潜在支持因素，具有重要影响，但影响程度正在减弱，特别是经济出现"新常态"后，以前多年高速增长的态势不断趋缓，因此赋予权重10%，2011样本基本反映出经济"新常态"的发展特征，也综合体现出国内外各种因素的影响，是未来经济发展的主要参照，因此赋予权重90%。

运用GDP指数调整因子对预测结果进行调整后，我们得到2020—2025年度GDP指数（体现GDP增长速度）预测结果（见表5-7）：2020年为104、2021年为104.73、2022年为104.45、2023年为

① 本研究预测GDP不变价选择使用2019年不变价，即2015年价格基础，预测期内不做调整。

104.69、2024 年为 104.43、2025 年为 104.19[①]。

（2）CPI 影响。考虑到通货膨胀因素，GDP 现价需要在不变价基础上加入 CPI 影响。从历年 CPI 情况看（见表 5-6），中国自 1997 年开始通货膨胀水平基本在 100%—105% 范围内波动，2011 年以后，基本在 101—103 范围内，较为稳定，因此，我们测算 CPI 影响时，考虑了两档 CPI：分别为 2% 和 3%。依据 CPI 对 GDP 不变价进行调整后，得到 GDP 现价预测值（见表 5-7）。

表 5-6　1978—2019 年 CPI 一览表

年份	CPI（上年=100）	年份	CPI（上年=100）	年份	CPI（上年=100）
1978	100.70	1992	106.40	2006	101.50
1979	101.90	1993	114.70	2007	104.80
1980	107.50	1994	124.10	2008	105.90
1981	102.50	1995	117.10	2009	99.30
1982	102.00	1996	108.30	2010	103.30
1983	102.00	1997	102.80	2011	105.40
1984	102.70	1998	99.20	2012	102.60
1985	109.30	1999	98.60	2013	102.60
1986	106.50	2000	100.40	2014	102.00
1987	107.30	2001	100.70	2015	101.40
1988	118.80	2002	99.20	2016	102.00
1989	118.00	2003	101.20	2017	101.60
1990	103.10	2004	103.90	2018	102.10
1991	103.40	2005	101.80	2019	102.90

数据来源：Wind 数据库。

① 2020 年经济增长受到新冠肺炎疫情影响，增速下滑 2%，即由正常情况下的增长 6% 下滑至增长 4%，2021—2024 年受到疫情滞后影响以及近期存在的经济转型困难、中美贸易摩擦等因素的影响，各年分别下调 1%、1% 和 0.5%、0.5%、0.5%。具体分析请见后文。

表 5 - 7　**2020—2025 年调整后 GDP 指数及 GDP 预测值**　单位:%，亿元

指标	样本期间	2019 年	2020 年	2021 年	2022 年	2023 年	2024 年	2025 年
GDP 指数：调整因子调整前预测值	1995—2019	—	107.48	107.36	107.23	107.11	106.99	106.87
	2011—2019	—	105.84	105.54	105.26	104.98	104.70	104.44
GDP 指数：基于调整因子预测的正常值	—	—	106.00	105.73	105.45	105.19	104.93	104.69
GDP 指数：下调幅度	—	—	2.00	1.00	1.00	0.50	0.50	0.50
GDP 指数：调整后	—	—	104.00	104.73	104.45	104.69	104.43	104.19
GDP 总额：2015 不变价	—	891646.10	927336.41	971153.70	1014405.40	1061974.79	1109054.22	1155478.14
GDP 现价，考虑 CPI 为 2%	—	990865.00	1051137.33	1122820.38	1196283.30	1277429.29	1360741.45	1446054.75
GDP 现价，考虑 CPI 为 3%	—	990865.00	1061442.59	1144944.39	1231814.18	1328266.07	1428765.25	1533229.11

注：GDP 指数调整因子 = 1995 样本预测 GDP 指数 ×0.1 + 2011 样本预测 GDP 指数 ×0.9。

考虑通货膨胀因素后，在2020—2025年的6年内，当CPI为2%时，GDP现价分别为2020年105.1万亿元、2021年112.3万亿元、2022年119.6万亿元、2023年127.7万亿元、2024年136.1万亿元、2025年144.6万亿元；当CPI为3%时，GDP现价分别为2020年106.1万亿元、2021年114.5万亿元、2022年123.2万亿元、2023年132.8万亿元、2024年142.9万亿元、2025年153.3万亿元。

3. 重大偶发性调整因素：2020年新冠肺炎疫情的影响

在本研究进展期间，2020年新冠肺炎疫情正在不断加剧，对宏观经济的影响也日益加深。随着国际范围内疫情恶化，中国经济发展受到巨大冲击。对于其所产生影响的具体测算，我们综合参考了以下几个方面的观点：

一是正常情况下的经济增速，主要参考了中国社会科学院数量经济与技术经济研究所与经济日报社中国经济趋势研究院共同发布的《2020中国经济趋势报告》，该报告对2020年整体宏观形势的判断是，GDP增长率基本与2019年持平，保持平稳较快发展。2019年GDP增速为6.1%，因此我们判断2020年正常增速为6%。

二是新冠肺炎疫情对经济的影响，2020年4月初，中国人民银行观点认为，疫情造成的影响，目前还没有超过2008年国际金融危机；但国际货币基金组织认为，2020年全球经济可能会出现负增长，衰退程度可能超过2008年的国际金融危机；联合国经济与社会事务部4月1日发布报告，预计受新冠肺炎疫情疫情影响，2020年全球经济萎缩0.9%，而非此前预计的增长2.5%。综上所述，我们认为，各方的共识是新冠肺炎国际疫情对于全世界范围内经济的影响可能等于或超过2008年金融危机，影响幅度约为下调预期1/3。根据这一判断，2008年金融危机导致中国经济增速由2007年的14.2%降至2008年的9.7%，下降幅度约为1/3，而且2010年增速进一步降至只有9.4%，其后经济增速基本保持在10%的水平，影响是深远的。基于此，我们认为，比照2008年金融危机的影响，中国2020年经济增速在正常预期基础上下调1/3，即下降2%，与2008年金融危机影响基本相当。

三是进一步考虑到疫情的长远影响，以及当前中国存在经济转型升级困难，以及中美贸易摩擦等重要外部不确定因素，2021年及以后年份经济依旧会受到较大影响，因此，我们将 2021 年、2022 年增速较正常预测值下调 1%，2023—2025 年增速较正常预测值下调 0.5%（见表 5-7）。

具体看，2020 新冠肺炎疫情影响因素综合下调 GDP 增速 2%，即 GDP 指数由初始预测的 106 调整为 104 后，对 GDP 现价的整体影响为调减 2 万亿元（见表 5-8）。

表 5-8　2020 年新冠肺炎疫情影响宏观经济的因素调整——综合下调 2%

单位：%，亿元

2020 年度	GDP 指数	GDP 不变价 2015	GDP 现价（CPI 为 2%）	GDP 现价（CPI 为 3%）
调整前	106	945169.33	1071350.97	1081854.41
调整后	104	927336.41	1051137.33	1061442.59
下调幅度	2	17832.92	20213.65	20411.82

四、三次产业长期预测（2026—2040 年）

1. 基础性条件的设定

在预测 2026—2040 年三次产业 GDP 时，为了体现长期趋势，我们采用了分阶段预测的方法，具体做法是每 5 年作为一个大期，设定一个不变价增长速度，在 2020—2025 年预测的基础上具体确定 GDP 不变价。采用这一做法的依据：一是中国每五年编制五年计划，整体规划宏观经济发展战略，5 年期间的选择与政策规划同步；二是从长期看，基于 5 年进行外推预测能够对 5 年内的各个年份之间的差异进行平滑，更能够反映出基本趋势（见表 5-9）。

表 5-9　1978—2019 年 GDP 基本情况

单位：%，亿元

国家经济规划	年份	GDP：现价	GDP 指数（不变价，每 10 年为基准）	GDP：不变价：同比
党的十一届三中全会期间	1978	3678.70	111.70	11.70
	1979	4100.50	107.60	7.60
	1980	4587.60	107.80	7.80
	平均增速	111.67	107.70	

续表

国家经济规划	年份	GDP：现价	GDP 指数（不变价，每 10 年为基准）	GDP：不变价：同比
“六五”期间	1981	4935.80	105.10	5.10
	1982	5373.40	109.00	9.00
	1983	6020.90	110.80	10.80
	1984	7278.50	115.20	15.20
	1985	9098.90	113.40	13.40
	平均增速	114.68	110.64	
“七五”期间	1986	10376.20	108.90	8.90
	1987	12174.60	111.70	11.70
	1988	15180.40	111.20	11.20
	1989	17179.70	104.20	4.20
	1990	18872.90	103.90	3.90
	平均增速	115.71	107.93	
“八五”期间	1991	22005.60	109.30	9.30
	1992	27194.50	114.20	14.20
	1993	35673.20	113.90	13.90
	1994	48637.50	113.00	13.00
	1995	61339.90	111.00	11.00
	平均增速	126.58	112.26	
“九五”期间	1996	71813.60	109.90	9.90
	1997	79715.00	109.20	9.20
	1998	85195.50	107.80	7.80
	1999	90564.40	107.70	7.70
	2000	100280.10	108.50	8.50
	平均增速	110.33	108.62	
“十五”期间	2001	110863.10	108.30	8.30
	2002	121717.40	109.10	9.10
	2003	137422.00	110.00	10.00
	2004	161840.20	110.10	10.10
	2005	187318.90	111.40	11.40
	平均增速	113.31	109.78	

续表

国家经济规划	年份	GDP：现价	GDP 指数（不变价，每 10 年为基准）	GDP：不变价：同比
“十一五”期间	2006	219438.50	112.70	12.70
	2007	270092.30	114.20	14.20
	2008	319244.60	109.70	9.70
	2009	348517.70	109.40	9.40
	2010	412119.30	110.60	10.60
	平均增速	120.56	111.30	
“十二五”期间	2011	487940.20	109.60	9.60
	2012	538580.00	107.90	7.90
	2013	592963.20	107.80	7.80
	2014	643563.10	107.40	7.40
	2015	688858.20	107.00	7.00
	平均增速	110.82	107.94	
“十三五”期间	2016	746395.10	106.80	6.80
	2017	832035.90	106.90	6.90
	2018	919281.10	106.70	6.70
	2019	990865.00	106.10	6.10
	平均增速	109.51	106.62	

资料来源：Wind 数据库，平均增速为计算结果。

具体到不变价增长速度的设定，我们充分考虑了 GDP 不变价的增长趋势，具体分析 1978—2019 年间的各个五年计划期间的 GDP 指数，我们发现从党的十一届三中全会期间到“九五”期间，中国的 GDP 指数呈现出规律性变化：每 5 年一个上升区间，然后是 5 年的下降区间，各个区间的升降幅度在 3%—5%。但从“十五”期间开始，各个区间的变动趋势和升降幅度出现了新的变化，不仅升降趋势拉长，而且升降幅度收窄，特别是在“十一五”期间达到 111.3% 的增速顶点后，呈现出连续下降的趋势。结合对于经济“新常态”的判断，以及三次产业发展趋势的差异，我们具体设定了三次产业的不变价增长速度（见表 5-10），进一步考虑到未来发展的各种不确定性影响因素，又分别设定了低增速、中增速、高增速三种增长速度。确定每 5 年增速下降 0.3%—0.5% 的主要依据包括：一是依据历史数据推断；二是未来经济总量增加后，产生的整体增速下降；三是综合考虑各类风险因素的影响。

表 5－10　　2026—2040 年三次产业不变价增长速度预期值

	增长速度	2026—2030 年	2031—2035 年	2036—2040 年
第一产业		年均增速	年均增速（较上 5 年每年降低 0.5%）	年均增速（较上 5 年每年降低 0.3%）
	低增速	1.020	1.015	1.012
	中增速	1.030	1.025	1.022
	高增速	1.040	1.035	1.032
第二产业		年均增速	年均增速（较上 5 年每年降低 0.5%）	年均增速（较上 5 年每年降低 0.5%）
	低增速	1.020	1.015	1.010
	中增速	1.030	1.025	1.020
	高增速	1.040	1.035	1.030
第三产业		年均增速	年均增速（较上 5 年每年降低 0.5%）	年均增速（较上 5 年每年降低 0.5%）
	低增速	1.050	1.045	1.040
	中增速	1.060	1.055	1.050
	高增速	1.070	1.065	1.060

2. 三次产业 GDP 不变价预测结果

依据设定条件，得到预测结果如下（见表 5－11）：

表 5－11　　2026—2040 年三次产业 GDP 增长速度和 GDP 不变价预测结果

单位：亿元

第一产业	年均增速	2026 年	2027 年	2028 年	2029 年	2030 年
低增速	1.02	76677.03	78210.57	79774.78	81370.28	82997.68
中增速	1.03	77428.76	79751.63	82144.18	84608.50	87146.76
高增速	1.04	78180.50	81307.72	84560.03	87942.43	91460.13
	年均增速（每 5 年降低 0.5%）	2031 年	2032 年	2033 年	2034 年	2035 年
低增速	1.015	84242.65	85506.29	86788.88	88090.71	89412.08
中增速	1.025	89325.43	91558.56	93847.53	96193.71	98598.56
高增速	1.035	94661.23	97974.37	101403.48	104952.60	108625.94

续表

第一产业	年均增速	2026 年	2027 年	2028 年	2029 年	2030 年
	年均增速（每5年降低0.3%）	2036 年	2037 年	2038 年	2039 年	2040 年
低增速	1.012	90485.02	91570.84	92669.69	93781.73	94907.11
中增速	1.022	100767.72	102984.61	105250.28	107565.78	109932.23
高增速	1.032	112101.97	115689.23	119391.29	123211.81	127154.59
第二产业	年均增速	2026 年	2027 年	2028 年	2029 年	2030 年
低增速	1.020	410657.24	422976.96	435666.27	448736.25	462198.34
中增速	1.030	414683.29	431270.62	448521.45	466462.31	485120.80
高增速	1.040	418709.34	439644.81	461627.05	484708.40	508943.82
	年均增速（每5年降低0.5%）	2031 年	2032 年	2033 年	2034 年	2035 年
低增速	1.015	469131.32	480859.60	492881.09	505203.12	517833.19
中增速	1.025	497248.82	514652.53	532665.37	551308.65	570604.46
高增速	1.035	526756.86	550460.92	575231.66	601117.08	628167.35
	年均增速（每5年降低0.5%）	2036 年	2037 年	2038 年	2039 年	2040 年
低增速	1.010	523011.53	533471.76	544141.19	555024.02	566124.50
中增速	1.020	582016.54	599477.04	617461.35	635985.19	655064.75
高增速	1.030	647012.37	672892.87	699808.58	727800.92	756912.96
第三产业	年均增速	2026 年	2027 年	2028 年	2029 年	2030 年
低增速	1.05	711584.42	747163.64	784521.82	823747.91	864935.31
中增速	1.06	718361.41	761463.10	807150.88	855579.93	906914.73
高增速	1.07	725138.40	775898.09	830210.96	888325.73	950508.53
	年均增速（每5年降低0.5%）	2031 年	2032 年	2033 年	2034 年	2035 年
低增速	1.045	903857.39	944530.98	987034.87	1031451.44	1077866.75
中增速	1.055	956795.04	1009418.77	1064936.80	1123508.32	1185301.28
高增速	1.065	1012291.58	1078090.54	1148166.42	1222797.24	1302279.06
	年均增速（每5年降低0.5%）	2036 年	2037 年	2038 年	2039 年	2040 年
低增速	1.04	1120981.42	1165820.68	1212453.51	1260951.65	1311389.72
中增速	1.05	1244566.35	1306794.66	1372134.40	1440741.12	1512778.17
高增速	1.06	1380415.80	1463240.75	1551035.19	1644097.31	1742743.14

根据预测结果可见，在2026—2040年间，第一产业GDP不变价的波动范围在低增速情况下为7.1万亿—9.5万亿元，在中增速情况下为7.7万亿—11万亿元，在高增速情况下为7.8万亿—12.7万亿元；第二产业GDP不变价的波动范围在低增速情况下为41.1万亿—56.6万亿元，在中增速情况下为41.5万亿—65.5万亿元，在高增速情况下为41.9万亿—75.7万亿元；第三产业GDP不变价的波动范围在低增速情况下为71.2万亿—131.1万亿元，在中增速情况下为71.8万亿—15.3万亿元，在高增速情况下为72.5万亿—174.3万亿元。

五、GDP长期预测（2026—2040年）

1. GDP不变价预测结果

根据三次产业GDP不变价预测结果，得到如下GDP预测结果（表5-12）：

表5-12 2026—2040年GDP不变价预测结果 单位：亿元

经济增长	2026年	2027年	2028年	2029年	2030年
低增速	1198918.69	1248351.16	1299962.87	1353854.44	1410131.33
中增速	1210473.47	1272485.35	1337816.51	1406650.74	1479182.28
高增速	1222028.25	1296850.62	1376398.04	1460976.56	1550912.48
	2031年	2032年	2033年	2034年	2035年
低增速	1457231.36	1510896.86	1566704.84	1624745.27	1685112.02
中增速	1543369.28	1615629.86	1691449.69	1771010.69	1854504.29
高增速	1633709.67	1726525.83	1824801.55	1928866.92	2039072.35
	2036年	2037年	2038年	2039年	2040年
低增速	1734477.97	1790863.28	1849264.39	1909757.39	1972421.32
中增速	1927350.61	2009256.32	2094846.02	2184292.09	2277775.15
高增速	2139530.14	2251822.85	2370235.06	2495110.04	2626810.69

根据预测结果可见，2026—2040年间，GDP不变价的波动范围在低增速情况下为119.9万亿—197.2万亿元，在中增速情况下为121万亿—227.8万亿元，在高增速情况下为122.2万亿—262.7万亿元。

2. GDP现价预测结果

进一步考虑通货膨胀因素，得到如下GDP现价预测结果（见表5-13）：

表5-13　　2026—2040年GDP现价预测结果　　单位：亿元

		2026年	2027年	2028年	2029年	2030年
CPI为2%	低增速	1530460.92	1624995.65	1726022.89	1833528.86	1947939.70
	中增速	1545211.00	1656411.45	1776282.98	1905031.04	2043325.92
	高增速	1559961.07	1688128.06	1827509.53	1978604.65	2142413.22
		2031年	2032年	2033年	2034年	2035年
	低增速	2053817.66	2171456.39	2296696.71	2429416.17	2570073.74
	中增速	2175220.20	2321978.33	2479565.29	2648120.95	2828424.89
	高增速	2302545.68	2481357.68	2675051.24	2884157.02	3109921.61
		2036年	2037年	2038年	2039年	2040年
	低增速	2699000.86	2841708.87	2993066.25	3152794.72	3321370.73
	中增速	2999127.72	3188250.92	3390544.35	3606020.63	3835557.66
	高增速	3329297.80	3573151.02	3836266.25	4119146.12	4423300.47
CPI为3%		2026年	2027年	2028年	2029年	2030年
	低增速	1638190.34	1756906.41	1884430.08	2021428.01	2168618.17
	中增速	1653978.68	1790872.41	1939302.83	2100257.70	2274810.52
	高增速	1669767.01	1825163.65	1995230.74	2181371.10	2385123.22
		2031年	2032年	2033年	2034年	2035年
	低增速	2308284.12	2465090.11	2632827.41	2812274.51	3004266.34
	中增速	2444728.35	2635966.28	2842459.53	3065445.59	3306263.76
	高增速	2587829.36	2816897.60	3066555.63	3338679.22	3635317.02
		2036年	2037年	2038年	2039年	2040年
	低增速	3185045.70	3387244.41	3602635.59	3832099.29	4076575.27
	中增速	3539220.38	3800313.69	4081064.28	4382977.75	4707676.68
	高增速	3928848.55	4259104.79	4617562.12	5006661.81	5429058.90

根据预测结果，2026—2040年间，当每年通货膨胀率控制在2%水平时，GDP现价的波动范围在低增速情况下为153万亿—332.1万亿元，在中增速情况下为154.5万亿—383.6万亿元，在高增速情况下为156万亿

—442.3 万亿元。当年通货膨胀率控制在 3% 水平时，GDP 现价的波动范围在低增速情况下为 163.8 万亿—407.7 万亿元，在中增速情况下为 165.4 万亿—470.8 万亿元，在高增速情况下为 167 万亿—542.9 万亿元。

六、宏观经济发展预测结果的合理性判断

判断宏观经济发展预测结果的合理与否，主要应当考虑预测结果与经济增速、产业结构等方面的匹配情况和一致性。

1. 预测结果与经济增长的匹配性

依据前述预测结果计算 GDP 指数（不变价）如下（见表 5－14）：

表 5－14　　2020—2040 年 GDP 指数预测值

（以 2019 年不变价为基准）

增长速度	2020 年	2021 年	2022 年	2023 年	2024 年	2025 年
	104.00	105.73	105.45	105.19	104.93	104.69
	—	2026 年	2027 年	2028 年	2029 年	2030 年
低增速	—	1.0376	1.0412	1.0413	1.0415	1.0416
中增速	—	1.0476	1.0512	1.0513	1.0515	1.0516
高增速	—	1.0576	1.0612	1.0613	1.0614	1.0616
	—	2031 年	2032 年	2033 年	2034 年	2035 年
低增速	—	1.0334	1.0573	1.0577	1.0578	1.0579
中增速	—	1.0645	1.0675	1.0679	1.0680	1.0681
高增速	—	1.0576	1.0777	1.0781	1.0782	1.0783
	—	2036 年	2037 年	2038 年	2039 年	2040 年
低增速	—	1.0502	1.0529	1.0533	1.0534	1.0535
中增速	—	1.0604	1.0631	1.0634	1.0636	1.0637
高增速	—	1.0705	1.0732	1.0736	1.0737	1.0738

根据预测结果计算的 GDP 指数（不变价）可以看出，低增速情况下的宏观经济增长情况略低，与政府长期规划的“两个一百年”战略存在一定差距；中增速情况下的宏观经济增长情况有历史基础，也基本符合国家战略规划，是大概率事件；在通过宏观经济调控等政策手段不断影响的过程中，高增速情况下的宏观经济增长未来也将以一定概率成为现实。

2. 预测结果与三次产业结构动态变化趋势的匹配性

在中期预测过程中，依据就近判断原则，利用2011—2019样本期间预测结果计算三次产业结构如下（见表5-15）：

表5-15　2020—2025年三次产业结构动态变化情况　单位:%

	2020年	2021年	2022年	2023年	2024年	2025年
第一产业比重	7.23	7.06	6.90	6.76	6.63	6.51
第二产业比重	39.01	38.35	37.60	36.76	35.84	34.84
第三产业比重	53.75	54.59	55.50	56.48	57.53	58.65

从三次产业结构的动态变化看，经济结构变化基本延续了之前的发展趋势（见表5-16）：第一产业比重将进一步下降，从2020年的7.23%降至2025年的6.51%，第二产业比重也将进一步下降，从2020年的39.01%降至2025年的34.84%，第三产业比重将继续上升，从2020年的53.75%上升到2025年的58.65%。

表5-16　1995—2019年三次产业结构　单位:%

年份	GDP构成：第一产业	GDP构成：第二产业	GDP构成：第三产业
1995	19.60	46.75	33.65
1996	19.33	47.10	33.57
1997	17.90	47.10	35.01
1998	17.16	45.80	37.04
1999	16.06	45.36	38.58
2000	14.68	45.54	39.79
2001	13.98	44.79	41.22
2002	13.30	44.45	42.25
2003	12.35	45.62	42.03
2004	12.92	45.90	41.18
2005	11.64	47.02	41.34
2006	10.63	47.56	41.82
2007	10.25	46.88	42.87
2008	10.17	46.97	42.86
2009	9.64	45.96	44.41
2010	9.33	46.50	44.18
2011	9.18	46.53	44.29

续表

年份	GDP 构成：第一产业	GDP 构成：第二产业	GDP 构成：第三产业
2012	9.11	45.42	45.46
2013	8.94	44.18	46.88
2014	8.64	43.09	48.27
2015	8.39	40.84	50.77
2016	8.06	39.58	52.36
2017	7.46	39.85	52.68
2018	7.04	39.69	53.27
2019	7.11	38.97	53.92

数据来源：Wind 数据库。

3. 综合考虑增长速度的 GDP 综合预测值（点预测）

前文对 2026—2040 年的经济发展情况进行了分增长情况预测，考虑到后续一般公共预算收支预测的需要，单一预测值更便于分析和预测，本章进一步综合考虑了未来经济增长速度的各种情形，对增长速度发生概率进行估计，得到综合 GDP 预测值，具体计算方法如下：

GDP 综合预测值 = 低增速 GDP 预测值 ×0.3 + 中增速 GDP 预测值 ×0.4 + 高增速 GDP 预测值 ×0.3

其中，权重选择依据是前文对 GDP 增长速度结果的具体分析，分别设定低增速权重为 30%，中增速权重为 40%，高增速权重为 30%。

依据公式，具体计算结果如下（见表 5 - 17）：

表 5 - 17　　2020—2040 年综合 GDP 预测值　　单位：亿元

	2019 年	2020 年	2021 年	2022 年	2023 年	2024 年
GDP 预测值：不变价	891646.10	927336.41	971153.70	1014405.40	1061974.79	1109054.22
GDP 现价，考虑 CPI 为 2%	990865.00	1051137.33	1122820.38	1196283.30	1277429.29	1360741.45
GDP 现价，考虑 CPI 为 3%	990865.00	1061442.59	1144944.39	1231814.18	1328266.07	1428765.25
GDP 指数		104.00	104.73	104.45	104.69	104.43
	2025 年	2026 年	2027 年	2028 年	2029 年	2030 年
GDP 综合预测值（不变价）	1155478.14	1210473.47	1272554.67	1338034.87	1407109.60	1479986.06
GDP 现价，考虑 CPI 为 2%	1446054.75	1545211.00	1656501.69	1776572.92	1905652.47	2044436.25
GDP 现价，考虑 CPI 为 3%	1533229.11	1653978.68	1790969.98	1939619.38	2100942.81	2276046.62
GDP 指数	104.19	104.76	105.13	105.15	105.16	105.18

续表

	2031 年	2032 年	2033 年	2034 年	2035 年
GDP 综合预测值（不变价）	1544630. 02	1617478. 75	1694031. 79	1774487. 93	1859057. 03
GDP 现价，考虑 CPI 为 2%	2176997. 08	2324635. 55	2483350. 50	2653320. 34	2835368. 56
GDP 现价，考虑 CPI 为 3%	2446725. 38	2638982. 82	2846798. 72	3071464. 36	3314380. 51
GDP 指数	104. 37	104. 72	104. 73	104. 75	104. 77
	2036 年	2037 年	2038 年	2039 年	2040 年
GDP 综合预测值（不变价）	1933142. 68	2016508. 37	2103788. 25	2195177. 07	2290879. 66
GDP 现价，考虑 CPI 为 2%	3008140. 69	3199758. 33	3405017. 49	3623990. 50	3857624. 43
GDP 现价，考虑 CPI 为 3%	3549856. 42	3814030. 24	4098485. 03	4404819. 43	4734760. 92
GDP 指数	103. 99	104. 31	104. 33	104. 34	104. 36

注：2020—2025 年，为第一阶段预测值；2026—2040 年，为第二阶段综合预测值。

根据上述结果，在综合考虑各种增长速度的情况下，2020—2040 年，GDP 不变价预测值为 92. 7 万亿—229. 1 万亿元，在 CPI 为 2% 的情况下，GDP 现价预测值为 105. 1 万亿—385. 8 万亿元，在 CPI 为 3% 的情况下，GDP 现价预测值为 106. 1 万亿—473. 5 万亿元。GDP 年增长速度基本处于 4%—5. 2% 区间之内。

第三节 宏观经济预测基本结论

宏观经济预测（2020—2040 年）的基本结论有如下三点：

一、中期预测结果（2020—2025 年）

三次产业 GDP 不变价：2020—2025 年，三次产业的 GDP 不变价大概率会在以下范围内逐年增长：第一产业在 6. 8 万亿—7. 8 万亿元之间，第二产业在 36. 8 万亿—41. 9 万亿元之间，第三产业在 50 万亿—70. 6 万亿元之间。如果考虑 2% 的年通货膨胀因素，三次产业的 GDP 现价为：第一产业在 6. 8 万亿—7. 8 万亿元之间，第二产业在 37. 6 万亿—42. 8 万亿元之间，第三产业在 51. 7 万亿—72 万亿元之间。如果考虑 3% 的年通货膨胀因素，三次产业的 GDP 现价为：第一产业在 7 万亿—8 万亿元之间，第二产业在 37. 9 万亿—43. 2 万亿元之间，第三产业在 52. 2 万亿—72. 7 万亿元之间。

GDP 指数与 GDP 现价：2020—2025 年，运用 GDP 指数调整因子对预测结果进行调整后，GDP 指数预测结果分别为：2020 年为 104、2021 年为 104. 73、2022 年为 104. 45、2023 年为 104. 69、2024 年为 104. 43、2025 年为 104. 19。与此相一致，当 CPI 为 2% 时，GDP 现价分别为 2020 年 105. 1 万亿元、2021 年 112. 3 万亿元、2022 年 119. 6 万亿元、2023 年 127. 7 万亿元、2024 年 136. 1 万亿元、2025 年 144. 6 万亿元；当 CPI 为 3% 时，GDP 现价分别为 2020 年 106. 1 万亿元、2021 年 114. 5 万亿元、2022 年 123. 2 万亿元、2023 年 132. 8 万亿元、2024 年 142. 9 万亿元、2025 年 153. 3 万亿元。

二、长期预测结果（2026—2040 年）

三次产业 GDP 不变价：在 2026—2040 年间，第一产业 GDP 不变价的波动范围在低增速情况下为 7. 1 万亿—9. 5 万亿元，在中增速情况下为 7. 7 万亿—11 万亿元，在高增速情况下为 7. 8 万亿—12. 7 万亿元；第二产业 GDP 不变价的波动范围在低增速情况下为 41. 1 万亿—56. 6 万亿元，在中增速情况下为 41. 5 万亿—65. 5 万亿元，在高增速情况下为 41. 9 万亿—75. 7 万亿元；第三产业 GDP 不变价的波动范围在低增速情况下为 71. 2 万亿—131. 1 万亿元，在中增速情况下为 71. 8 万亿—15. 3 万亿元，在高增速情况下为 72. 5 万亿—174. 3 万亿元。

GDP 不变价：2026—2040 年间，GDP 不变价的波动范围在低增速情况下为 119. 9 万亿—197. 2 万亿元，在中增速情况下为 121 万亿—227. 8 万亿元，在高增速情况下为 122. 2 万亿—262. 7 万亿元。

GDP 现价：当每年通货膨胀率控制在 2% 水平时，GDP 现价的波动范围在低增速情况下为 153 万亿—332. 1 万亿元，在中增速情况下为 154. 5 万亿—383. 6 万亿元，在高增速情况下为 156 万亿—442. 3 万亿元。当年通货膨胀率控制在 3% 水平时，GDP 现价的波动范围在低增速情况下为 163. 8 万亿—407. 7 万亿元，在中增速情况下为 165. 4 万亿—470. 8 万亿元，在高增速情况下为 167 万亿—542. 9 万亿元。

我们认为，低增速情况下的宏观经济增长情况略低，与政府长期规划的“两个一百年”战略存在一定差距；中增速情况下的宏观经济增长情况有历史基础，也基本符合国家战略规划，是大概率事件；在通过宏观经济调控等政策手段不断影响的过程中，高增速情况下的宏观经济增长未来也将以一定概率成为现实。

三、GDP 综合预测结果（2020—2040 年）

在综合考虑各种增长速度的情况下，2020—2040 年，GDP 不变价预测值为 92.7 万亿—229.1 万亿元，在 CPI 为 2% 的情况下，GDP 现价预测值为 105.1 万亿—385.8 万亿元，在 CPI 为 3% 的情况下，GDP 现价预测值为 106.1 万亿—473.5 万亿元。GDP 年增长速度基本处于 4%—5.2% 区间之内。

第六章

科学实施宏观经济治理

当前中国经济运行的基本特征具有历史必然性，其中包含的一些问题也是其他国家处于同一阶段时遇到过的问题。总体上看，中国经济发展迅速，成绩斐然，尤为突出的是仅用了30年时间就完成了经济小国向经济大国的转变。日本和美国完成这一转变都用了100年时间。这充分表明中国特色社会主义制度对经济发展具有特殊推动功能。然而必须清醒地认识到，作为全球第二大经济体，中国未来的经济发展是在高基数和新的历史起点上的发展，既要解决普遍性问题，又要克服特殊困难。要看到，推动14亿人的国家经济发展是人类历史从未有过的情况。中国的特点是总量大、人均水平低，及至2020年人均GDP仍处于中等收入国家水平，还不及全球平均水平，仅为高收入国家的25%。经济运行中的一些深层次问题对经济发展的抑制效应正在悄然放大，不合理的收入差距和垄断仍在扩展，杠杆率上升势头不减。对此，我们必须高度重视，要立足全局和长远，通过实施宏观经济治理实现经济可持续平稳增长，增强综合国力，富国又富民。

宏观经济治理是指对宏观经济的制度环境、运行态势和内部结构实施综合性调整。宏观经济治理手段包括制度变革和调控政策。具体落实过程：一是要通过深化改革实现国家治理体系和治理能力现代化；二是要运用以财政政策和货币政策为主，区域政策、就业政策、投资政策等协同发力的政策体系来稳增长、调结构。结合前文所述内容，重点科学实施宏观经济治理似应发力解决稳增长、收入分配不公和高杠杆三大问题。

第一节 在理性认识财政收支走势基础上运用财政政策实施宏观经济治理

财政收支状况是运用财政政策实施宏观经济治理的操作空间。因此，运用财政政策实施宏观经济治理首先要分析财政收支形势。

一、财政收支形势基本格局分析

（一）改革后财政收入高增长现象分析

1978—2007 年中国的财政收入呈加速增长势态，“六五”时期年均增长 11.6%，“八五”和“九五”时期升至 16.3%、16.5%，“十五”时期达到 18.8%，2007 年达到 32.4%。此时的财政收入高增长呈现出三个统计特征：

第一，总量倍增周期缩短。2003 年以前，财政收入平均 7 年翻一倍。2003—2007 年，财政收入跨越了 3 万亿元、4 万亿元和 5 万亿元三个台阶，2007 年为 5.1 万亿元，这一期间财政收入增长 1.4 倍，这也就是说相比过去，财政收入倍增周期缩短了两年。

第二，增速加快。初步划分，2007 年前中国有三次财政收入增长高峰期，第一次是 1983—1986 年，当时年均增长率 15.2%，峰值为 22%；第二次是 1992—1995 年，年均增长率 18.7%，峰值为 24.8%；第三次是 2004—2007 年，年均增长率为 24.1%，峰值达 32.4%。四年年均数比前两次平均数高出近 8 个百分点。可见，增速呈加快势态。

第三，增长率结构明显转变。20 世纪 80 年代和 90 年代两次财政收入增长高峰主要是以流转税增长为支撑的。1992—1995 年这次高峰期间，国内“两税之和”年均增长率为 30.8%，其中 94 年增长率高达 62%，而同期企业所得税年均增长率仅为 9%。2007 年这次财政收入高增长是由多主体支撑的。2007 年各主要流转税增长率均低于总体税收增长率水平（32.4%），而内外资企业所得税增长 36.4%，其他一些小税种收入增长率也超过 32%，如印花税、城镇土地使用税、土地增值税、契税等。事实上近年来中国的税收结构明显加速转变，所得税和小税种收入占税收总额的比重不断提升，单就企业所得税来说，20 世纪 90 年代企业所得税收入增长率年均不足 6%，而 2003 年至 2007 年，年均增长率高达 25% 以上，企业所得税收入占税收总额的比重已超过 20%。从 2007 年的收入预算看，所得税占税收总额的比重已接近 30%。从整体上看，增值税、消费税、营业税三大流转税占税收总额的比重已降至 70% 左右。必须指出，当时由于进出口贸易规模扩张较快，进口产品增值税和消费税增长较快（2007 年已超 5630 亿元），因而国内流转税占税收总额比重下降较快。显然，如果考虑这一因素，就国内税收而言，流转税比重下降更快。企业所得税收入已成为中国第二大税种，个人所得税收入已超过消费税。显然，恰恰是增长率结构的变化支持了税收的持续高增长。

就总体趋势而言，一个国家的财政收入基本上是不断增加的。就个别年份而言，第二次世界大战之后有的国家的财政收入峰值接近我国，比如英国，1974 和 1975 两年财政收入增长率分别为 26.4%、27%。改革开放后，截至 2007 年，中国的年财政收入增长率最高点为 32.4%（2007 年），但其后我国未出现过连续三年财政收入增长率超过 20% 的情况。显然，财政收入逐步增长和个别年份的超高增长不足为奇。然而真正令人惊奇的是 20 世纪 70 年代之后没有任何一个国家有中国这么快的速度。从 1994 年实行分税制到 2007 年的 14 年时间里，中国的财政收入增长了 8.8 倍，2003—2007 年五年的时间里，财政收入就增长 1.4 倍，1978—2007 年 29 年的时间财政收入增长 43 倍。通观世界发达国家，美国 1970—2005 年 35 年的时间财政收入仅增长了 12 倍，1994—2005 年增长了 0.74 倍，英国 1994—2006 年财政收入增长了 1.1 倍，同期瑞典增长了 0.6 倍、德国增长了 0.25 倍。显然，现在关键的问题是如何解释这一现象的原因？

从理论角度看，财政收入增长取决于制度安排和经济运行两大类因素。税制设计倾向是税收增长的基本约束因素，而税制设计倾向的根本决定因素是政府政策。如果一个国家的税制设计倾向就是要适应政府政策重点所带来的增加财政收入要求，那么，税收增长不可避免，即使经济增长率为零增长。西方国家 20 世纪 70 年代以后在经济缓慢增长的条件下宏观税负提高到30%以上，其中有的国家在40%以上，如瑞典50.7%、法国45%、意大利42.2%，根本原因就在于构建福利国家的政策取向迫使全体人民同意选择了高税负的税制。在税制稳定的条件下，经济增长与税收增长呈正相关关系，相关程度多大，取决于税制特征、税收政策、税收征管、产业结构、物价变动等多方面因素。近年来中国的税收增长主要取决于经济运行，因为此间中国税制相对稳定，而且又采取了减税性税制改革（如取消农业税、提高个人所得税工薪所得课税项目费用扣除额）。

综合经济运行特征和税制特征两者的交互作用，初步分析，当时财政收入高增长的原因主要有如下几点：

1. 产出规模急剧扩张

从GDP价值额角度看，当时中国位居世界第四，但从产出量角度看，中国实际上已成为世界上第一产出大国，主要工业品和农产品的产量中国均在前两名（见表6-1）。

表6-1 主要工业品和农产品产量在世界上位次表（2005年）

产品 位次	钢	煤	原油	发电量	水泥	棉布	谷物	肉类	籽棉	花生	油菜籽	茶叶	水果
位次	1	1	5	2	1	1	1	1	1	1	1	1	1

2003年后，中国出现了新一轮产出急剧扩张（见表6-2）。

表6-2 主要工业品产量增长率（2003—2006年） 单位：%

年份 产品	2003	2004	2005	2006
化学纤维	19.17	43.9	-0.20	21.67
布	9.65	36.38	0.05	13.54
卷烟	3.38	23.21	3.49	4.28
家用电冰箱	41.05	34.11	0.68	18.2
彩电	26.89	13.61	11.46	1.11
房间空调	53.78	32.55	5.86	1.25
汽车	36.70	14.56	12.06	27.59
原煤	18.35	15.68	10.44	8.03

续表

产品 \ 年份	2003	2004	2005	2006
发电量	15.51	15.32	13.48	13.36
钢材	25.22	32.64	18.12	25.33
水泥	18.91	12.15	10.55	15.54
乙烯	12.67	2.96	19.94	24.29
电解铝	28.37	20.61	16.40	20.07
微型电子计算机	119.80	85.75	35.31	15.48
复印机械	27.39	22.86	24.34	15.90
传真机	151.13	114.01	25.47	10.74
集成电路	54.00	58.80	14.65	24.37
移动电话	50.10	30.28	27.80	58.18

表6－2数字说明了四个结论：一是2003和2004两年中国工业品产量陡然剧增，比如2003年家用电冰箱、房间空调、汽车、微型计算机分别增长41%、53.78%、36.7%、119.8%，再比如2004年卷烟、化学纤维分别增长423.21%、43.9%。二是20世纪中国相对薄弱产业此间增长最快，比如汽车、计算机、集成电路、移动电话。三是2003年产出剧增爆发后势头延续下来了。四是下游产业产出增长率高于上游产业产出增长率。

中国是流转税为主的国家。流转税收入是产品销量、价格、税率三者的乘积，无论后两者是否变动，销量增加，流转税收入都会同比增加。从所得税角度看，只要成本上升控制在一定幅度内，产量增加都会连带所得税收入增长。特别是当产出增长以技术进步为依托时，劳动生产率的提高和用工数量相对稳定，产量增加促成的所得税收入增长额会更多，事实上假设产量增加与单位工资同步上升时，前者会带动个人所得税收入同向增加。这就是为什么西方国家所得税收入成为税收主体的一个重要原因。当然，其前提是产出单位不大幅度偷漏税或政府不大范围减免税。所以，当2003年产出开始剧增并保持趋势不变时，中国的财政收入保持了高增长势态。完全可以佐证这一结论的统计现象是当财政收入2006年比2002年增长了1.04倍时，主要工业品产量低的增长1倍左右，高的增长3倍以上，前者如家用电冰箱、彩电、空调、汽车等，后者如卷烟、轿车、计算机、集成电路等。从世界各国经验看，20世纪70年代之后，一个国家财政收入五年内翻一倍几乎没有，但从基础产业到中间产业再至最终产品几十种产品同时产量翻一倍的情况更是找不到。此外，2002—2006 年中国房屋销售面积也增长了 1.26 倍。房屋销售量的剧增是房地产业税收增长的基础原因。

2. 消费急剧扩张

中国是世界上最大的产出国，同样也是世界上最大的消费国。中国消费扩张的基础是世界第一的人口存量（14 亿人）。从理论角度看，生产最终取决于消费，消费扩张是吸纳产出扩张的最终因素。因此，流通环节税收增长是支撑生产环节税收增长的根本性因素之一。2003 年后新一轮的产出增长很大程度上已被新一轮消费扩张直接或间接所吸纳。

新一轮消费扩张的前提条件之一是城乡居民收入的增长。2003—2006 年职工工资总额增长了 57.8%，职工年均货币工资增长了 45.9%。值得注意的是，2001—2006 年职工平均实际工资年均增长率达到了 13%，为改革后的高峰期，1993—1995 年名义货币工资增长率年均高达 26%，但平均实际工资增长年均仅为 6.2%，比 2001—2006 年的年均值低一倍。2003—2006 年，城镇居民家庭人均可支配收入增长了 38.8%，农村居民家庭人均纯收入增长了 36.8%。回顾过去，可以说这四年是城乡居民人均收入增长最快时期，1992—1995 年年均经济增长率最高，当时达到 13.05%，但城镇家庭人均可支配收入年均增长 8.15%，农村居民家庭人均收入年均增长 4.8%，分别比 2003—2006 年的同类指标低 1 个百分点和 2.3 个百分点。可以说，2003—2006 年中国收入增长也进入了高峰期，而且是在物价相对稳定、城乡人均收入增长率差距缩小的条件下形成的。

城乡居民收入的普遍增长为消费扩张奠定了基础。从 2003 年开始，消费同样出现了新一轮剧增。2003—2006 年城镇居民家庭和农村居民家庭人均消费性支出分别增长了 33.5%、45.5%，应该承认，这一数值低于 1992—1995 年的 111%、98.7%，但必须看到 1992—1995 年居民消费价格（定比）增长了 66.3%，而 2003—2006 年居民消费价格（定比）仅增长了 7.3%。

收入增长与中国特有的人口优势结合起来引致出了近年来消费的急剧膨胀，使得中国成为内需主导的高速经济增长国家。必须清醒地看到的是，消费扩张是促成中国高持续经济增长的基础性因素，尽管 GDP 结构中消费率降到了 50%，但 2003—2006 年最终消费对 GDP 增长的拉动作用仍然维持在 4 个百分点左右水平，特别是 2006 年达到 4.2 个百分点，仅比资本形成总额少 0.1 个百分点。由此先可以得出一个初步判断：如果说税收增长与经济增长存有同向关联性的话，那么，在消费和资本形成总额对经济增长的贡献率几乎相等的情况下，两者的税收增长贡献率不会相差太多。当然，资本形成领域税负相比消费领域高一些，但同样应该看到，商业环节增值税增长率并不比第二产业增值税增长率慢多少，比如 2006 年上半年国内增值税工业增值税增长 20.1%、商业增值税同比增长 17.7%。此外，2007 年上半年国内消费税收入增长率比国内增值税收入仅低 2 个百分点，同时营业税收入增长率比国内增值税收入增长率高出 6.5 个百分点（营业税收入主要来自房产转让、房产建筑、劳务消费等行业）。再进一步分析，如果考虑资本形成中相当大比重是为消费扩张而投入的因素的话，消费的税收增长贡献就更大些。比如 2006 年的固定资产投资有 40% 左右直接与消费相关（含房产消费）。

中国人口规模支撑的巨量消费突出表现在农产品和最终消费类工业品世界各国根本无法比拟的消耗量上，前者由于需求弹性相对稳定形成了消耗量相对稳定格局，但后者则依随居民收入增长呈现出不断增长格局（见表 6－3、表 6－4）。

表 6－3　　中国主要食品消费量　　单位：亿公斤

年份 类别	2002 年		2003 年		2004 年		2005 年		2006 年	
	城镇	农村	城镇	农村	城镇	农村	城镇	农村	城镇	农村
粮食	453	1744	459	1640	451	1610	444	1540	438	1516
鲜菜	672	816	683	792	706	786	684	754	679	741
食油	49	55	53	46	54	39	54	44	54	43
牛羊及猪肉	134	107	137	110	132	109	138	126	137	125
家禽	53	21	53	24	37	23	52	27	48	26
鲜蛋	61	35	65	35	60	34	60	35	60	37
水产品	76	32	77	35	72	33	73	36	75	37
酒	53	55	54	57	51	58	51	71	53	74

表 6-4　　城乡居民每户耐用消费品拥有量　　单位：台（部）

品名＼年份	2002		2003		2004		2005		2006	
	城市	农村	城市	农村	城市	农村	城市	农村	城市	农村
彩电	1.26	0.6	1.3	1.33	0.75	0.75	1.34	0.84	1.37	0.89
电冰箱	0.87	0.14	0.88	0.9	0.17	0.17	0.9	0.20	0.91	0.22
摩托车	0.22	0.28	0.24	0.24	0.36	0.36	0.25	0.4	0.25	0.44
洗衣机	0.92	0.31	0.94	0.95	0.37	0.37	0.95	0.4	0.96	0.43
空调机	0.51	0.02	0.61	0.69	0.04	0.04	0.8	0.06	0.87	0.07
电话机	0.93	0.4	0.95	0.96	0.54	0.54	0.94	0.58	0.93	0.64
移动电话	0.62	0.13	0.9	1.11	0.34	0.34	1.37	0.5	1.52	0.6
家用计算机	0.2	0.01	0.27	0.33	0.019	0.019	0.41	0.021	0.47	0.027
家用汽车	0.09	0.01	0.014	0.022			0.03		0.04	

从主要食品消费量表可以看出，当时13亿人造成了世界各国无法比拟的食品消费量，就2006年数据来看，中国人消耗了1954亿公斤粮食、1420亿公斤鲜菜、97亿公斤食油、262亿公斤肉、112亿公斤水产品、127亿公斤酒，世界上人均消费能力最强的美国如果要达到中国的水平，每人每天要消耗1.78公斤粮食、1.29公斤蔬菜、0.08公斤食油、0.23公斤肉、0.1公斤水产品、0.11公斤酒，显然，这是不可能的，完全超出了生理限制，比如美国的儿童每天不可能吃1.78公斤粮食、1.29公斤菜，更不可能喝0.11公斤酒。

城乡居民耐用消费品拥有量反映出了两个基本事实：一是中国的工业消费品消耗总量同样是世界各国无法比拟的。根据国家统计局资料，假设农村户数为2.52亿，城镇为1.2亿户，那么，2006年中国居民的彩电拥有量为3.86亿台、电冰箱为1.64亿台、洗衣机为2.2亿台、空调机为1.2亿台、电话机为2.71亿部、移动电话为3.32亿部。如果美国达到这个水平，那就意味着每人拥有1.2台彩电、0.54台电冰箱、0.73台洗衣机、0.4台空调机、0.9部固定电话、1.1部移动电话。显然，这是不可能的。美国人消费再高，也不会包括儿童在内一人一台彩电、半台冰箱、0.7台洗衣机、一部手机，这完全超出正常规律。再举一个极端的例子，中国2006年生产了20218亿支香烟，假设本国居民消费了1.5万亿支（事实上出口量很少），如果美国消费量达到这个水平，那就意味着每人每天要吸13支香烟。显然，这根本不可能。二是近年来居民工业消费品拥有量增长比较快，总体趋势是城市传统消费品如彩电、冰箱等增长放缓，新兴工业消费品增长较快如轿车、移动电话、家用计算机每户拥有量2006年比2002年分别增长了3.4倍、1.45倍、1.3倍，而农村工业消费品拥有量同期增长率则明显快于城市，比如传统工业消费品彩电、冰箱、洗衣机、空调机分别增长了48%、57%、38%、250%，新兴工业消费品同时也呈现出高速增长势态，如移动电话和家用计算机分别增长了3.6倍、1.7倍，显然，在这一轮消费扩张中，农村消费的扩张起到了更强的支撑作用，因为农村户数比城市多一倍，但部分工业消费品的户均拥有量城市并非比农村多一倍。综上所述，可以说消费扩张是近年来中国财政收入高增长的基本决定因素。巨额农产品消费量的相对平稳增长，带来了农副产品加工业和流通业税收的稳步增长，而工业消费品量的高速增长（特别是农村）则带来了相关制造业和流通业税收的高增长，尤其是有些行业如卷烟、轿车又是高税负行业。值得指出的是工业消费品的税收增长又是在此类商品价格总趋势下调的背景下形成的（如轿车、移动电话、家电），这更说明了消费量扩张的支撑作用。

3. 物价上涨

物价与税收有着直接联动关系。物价上涨势必带动税收增长，流转税和财产税与物价上涨的比例关系最为明显，在成本上升维持一定比例时，所得税收入依随物价上涨而增加。如果一个国家的税制结构以流转税为主，那么，物价上涨的税收增长带动效应就会异常强烈。从结构角度看，假如价格上涨结构与流转税税负产业结构相对应，那么，物价上涨的税收增长带动效应就更为强烈。

改革后，中国的税收增长与物价上涨显示出了强烈的连带关系，2000年以前，中国出现过两轮物价上涨高峰，即：1985—1989年和1992—1995年。这两轮物价上涨高峰期间年均CPI都超过10%，后一轮高过前一轮。此间，财政收入增长率都比较高，1985年达到22%，为78年以来最高点，1993年达到24.8%（当年有分税制即将推出因素），为目前为止最高点。在第二轮期间，财政收入四年间从3483亿元增至6242亿元，一年上一个台阶。从2003年开始，中国物价呈爬升势态。2006年居民消费价格上涨率达到1.5%，2007年升至4.8%。这次物价波动性上涨有三个特点：一是价格结构调整型物价波动。当前这轮价格波动具有明显的结构调整色彩。其表现是并非所有物价和劳务价格都上涨，能源、原材料、食品价格上涨较快，比如石油、燃气、有色金属、肉类、糖料上涨率达到两位数，但很多耐用消费品价格呈下降趋势，如家电、轿车、体育娱乐用品、通信用品、电子音像制品、交通运输器械等。这也就是说在居民消费支出额中占比较大的商品的价格并未抬升，从而加大了居民对生活日常用品如食品、能源等价格上涨的承受力。换句话说，当时的物价上涨并未抑制居民消费支出结构转型。二是国际传导效应明显。当时物价上涨发端于能源价格和有色金属价格，而这两类商品价格上涨都是国际市场同类商品价格暴涨牵动的，近期钢材价格、玉米价格、棉花价格的上涨同样由国际市场价格上涨引起。当然，中国产出规模快速扩张自然也会拉动这些商品价格上涨，但国际市场价格上涨的助推效应之大是以前没有过的。三是房地产价格快速上涨。相比前两轮物价上涨，当时物价上涨的突出点是房地产价格上涨较快。2003—2006 年住宅价格平均上涨 7.4%、土地交易价格年均上涨 8%、高档住宅用地价格年均上涨 10%。2007 年上半年尽管国家一再调控，涨势依然不减。这说明当市场经济体制建立起来之后，市场化改变了居民支出重点，从而消费类物品涨价结构也发生了变化。换句话说，本轮物价上涨 CPI 上涨率低于前两轮，主要原因之一是房地产价格上涨转移了 CPI 上涨的动能。

从上述价格上涨结构特点出发，结合中国现行税制结构特点，可以得出一个基本结论：单纯从 CPI 角度推断物价变动对税收增长的影响是不够的。经过近 30 年的市场化改革，中国的价格结构已基本和西方国家接轨，形成了能源价格、原材料价格和房地产价格变动为先导的整体价格变动传导链条，这些行业往往又是一个国家税收稳定的来源。基于此，可以得出下述四个观点：

第一，目前消费物价上涨主要由食品价格和居住价格上涨推动。这两类商品的基本特点是单位价值和适用税率都比较低，比如粮食加工、农产品销售、食用油、供暖、供气等的增值税税率在出厂环节和流通环节均为 13%。但这两类商品价格上涨对税收增长的作用是不容忽视的，从 2007 年情况看，商业环节税收增长率与制造业税收增长率的差距在缩小。此外，一个基本的事实是从税收的产业分布情况看，批发和零售业税收额基本上位居第二，比如 2005 年，批发和零售业税收为 4043.98 亿元，仅次于制造业，比金融业多 2 倍，房地产业多 1.3 倍。这其中主要的原因是中国 13 亿多人口造成了世界各国无法比拟的长期稳定的食品消费量和居住物料消耗量，这两类商品物价上涨时，自然形成价量配合型的税收增长，尽管税率相对低，但数量优势和物价上涨完全可以填补税率低的缺口。此外，还应当看到这样一个基本事实：中国的公用事业价格并没有完全放开，如果允许公用事业价格依随投入品价格上涨任意加价，那么，公用事业的税收会增长更快。

第二，本轮物价上涨涉及一些高税负行业，如石油、石化、有色金融、设备制造等。这些行业单位产品价值量本来就高，物价上涨引致的单位产品税收增长额自然高过其他行业。中国本身是一个第二产业比重高的国家，而这些行业在第二产业内的比重又高，因此在物价抬升的条件下，第二产业显现出了高过其他产业的税收增长率势态。

第三，过去两轮物价上涨，集中在食品和生产资料两大领域，一些家电产品随之上涨。这次物价上涨有了房地产业这一新的渲泄点。房地产价格上涨源于以制度变迁（房地产商品化）为基础的需求拉动。房地产类商品属于单位价值高的商品，涉及房屋建设和房产销售两大环节。中国的房地产从土地开发到房屋销售完毕涉及 6 个税种，而且房屋销售营业税税率为 5%（属高税率）。因此，房价上涨带动的单位商品税收增长率要高于其他领域。

第四，值得注意的一个现象是，在本轮物价上涨过程中，职工工资总额增长率和职工平均货币工资增长率低于前两次物价上涨期间的水平。比如拿 2003—2006 年的数字与 1992—1995 年的情况对比，职工工资总额年均增长率前者为 15%，后者为 25%，职工平均货币工资年增长率前者为 14%，后者为 21%。这实际上说明了一个问题：本轮物价上涨过程中劳动力成本上升并没有过多挤占企业利润增长空间，从而促成了企业所得税收入的大幅增加。调一个角度看，物价上涨也确实推动了工资增长，特别是垄断行业的工资收入增长较快，但这反过来又增加了个人所得税收入的增长。调高工薪所得课税费用扣除额之后，个人所得税收入增长率没有大幅下滑，主要原因就是物价上涨增加了企业收入，进而推动了工资上涨，此点在实行工效挂钩的国有大型企业方面体现的最为突出。进一步说，物价上涨在所得税方面是由企业所得税和个人所得税两个容器在抽取收益，“跑得了和尚跑不了庙”。

4. 固定资产投资膨胀

改革之后，中国经济始终处于货币供给扩张—固定资产投资膨胀—产能扩张—消费增长的循环之中，而且速度很快。从理论和国际经验角度看，中国从未真正实现过紧缩，货币供应量增长率半年两位数，高峰期甚至达到30%以上（1992—1994年），用紧缩来描述确实太勉强。货币供应量的快速增长主要来源于高速经济增长策略和市场化范围的逐步扩大（生活消费品、生产资料、房地产分步市场化）。超前供应货币，拉开了需求与供给的缺口，而填补缺口的恰恰又是固定资产投资膨胀。回顾过去，不难发现，固定资产投资膨胀之后，就会出现新一轮产出高峰。"八五"（1991—1995年）时期中国固定资产投资增长率年均达到36.9%，随后产出急剧膨胀，很多最终产品产量以10%以上的增速扩张，比如1997年相比1995年糖增长18.75%、冰箱增长13.7%、彩电增长31.7%、空调增长42.8%、轿车增长44.2%、发电量增长12.7%、计算机增长148%、复印机增长409%、程控交换机增长33.2%、客运量增长13%、烤烟增长88.4%。产量增加与消费增加对接之后，价格随之下行，进而形成了新的需求。所以1998—2002年显然价格稳定，但消费扩张就并未止步。

从2003年开始中国出现了新一轮固定资产投资膨胀，年均增速接近26%。当然，这一时段的膨胀率低于20世纪80年代和90年代的固定资产投资膨胀期时的水平，但必须看到，这一轮固定资产投资膨胀是高基数基础上的膨胀，2003—2006年四年固定资产投资总额从5万多亿元突破到近11万亿元，所以这段时间固定资本形成总额占GDP的比重反而超过1992—1995年7个百分点。必须指出，当时的固定资产投资膨胀有两个因素在起着决定性作用：一是货币供应量急剧增加造成了存、贷规模急剧扩张。2006年M2已达到34.56万亿元，存款余额达33.54万亿元。如此巨额存款必须要释放投资领域。否则，要么银行破产，要么直接释放到消费领域引起物价狂涨。显然，释放为投资，从而增加产能，平抑了物价倒是好事。二是1998—2002年实行积极的财政政策，政府加大并带动了基础设施投资，为当前制造业和房地产投资的急剧扩张创造了良好基础。

固定资产投资膨胀直接带动了建筑业、设备制造业、原材料工业等的扩张，从而极大地助推了税收增长。按10%的税负来推算，可以说2006年固定资产投资直接带来的税收就可达1.1万亿元，2007年5.1万亿元财政收入中有四分之一来自固定资产投资。如果拓宽分析面，把固定资产投资的就业效应考虑进来，那么，固定资产投资膨胀的间接税收至少不会低于 2000 亿元。回顾中国税收增长的轨迹，可以说无论是在经济低潮期，还是在高潮期，税收增长对固定资产投资的依赖度都比较高。1998—2002 年尽管经济增长放缓，但财政收入平均增长率仍然维持在 17% 的水平，比“六五”、“七五”、“八五”、“九五”各个时期的平均财政收入增长率还高。究其原因就在于积极财政政策的实施使全社会固定资产投资增长率卡在了两位数的水平。

5. 推进城镇化

推进城镇化既是市场经济发展的结果，也是中国政府的社会发展战略重点。20 世纪 80 年代城镇人口不足 3 亿人，2000 年达到了 4.59 亿人，2002 年突破了 5 亿人，2003 年达到 5.23 亿人，2006 年增至 5.77 亿人，2007 年突破 6 亿人。从统计现象看，城镇人口的膨胀与财政收入的高增长周期时点是对应的。从理论角度看，推进城镇化势必带动税收增长。因为城镇化必然带动城市建设投资膨胀，居民消费扩张和经济企业化程度提高。从实践角度看，城镇化的税收增长效应也恰恰是体现在这几个方面。2006 年城镇公共交通固定资产投资增长 61.1%、房地产业增长 25.4%、燃气生产与供应增长 20%。目前房地产业固定资产投资占城镇固定资产投资的比重在 23% 左右、公共设施管理业占 6.5% 左右。这种投资结构说明城镇化已成为推动固定资产投资膨胀的一个重要因素。同时，对城市财政收入结构的转变也起到了推动作用，近年来营业税占城市财政收入的比不断抬升，主要原因就是城市建设投资膨胀（特别是房地产业）。2002 年以来，城市人口年均增长 2000 万人左右，至 2007 年已增加 1 亿多人。这实际上意味着最终消费的急剧扩张。目前中国城镇年人均消费支出大体是农村人口的 3 倍。这也就是说城镇人口的增加提升了整体消费能力，从消费全局看，农村与城市的消费差距正在因城镇人口的增加而缩小。商业结构的变化与之是相对应的，在社会消费品零售总额区域构成中，市级所占比重从 2002 年的 65.95% 增至 67.5%。就税收而言，城市商业的税收增长效应远大于农村，因为乡村市场高度分散、企业化程度极低，但城市商业企业化程度高，税收征管效率高。

可见，当时的财政收入高增长有其特定生成条件，是转轨国家和人口大国特征的表现。然而必须看到，无论是何种类型国家，处于何种经济发展阶段，财政收入都不可能长期高增长，我国也不可能例外。回头看，实际上在2007年时经济运行和制度变迁两方面都已显示财政收入高增长的能量已释放充分，今后必然要下调。具体成因有如下几点：

第一，抽紧银根的货币政策。2006年后中国就不断采取措施抽紧银根，多次上调存贷款利率和存款准备金率。抽紧银根的直接目的是抑制流动性过剩。当时的存款准备金率在世界上已属较高水平，锁定了4万亿元货币，此外，贷款利率已升至7.8%（五年期）左右，水平也不低，与2005年比已累计上升了近60%。这在较大程度上主动抑制了贷款需求。另一方面，当时企业所得税收入连年高增长，反过来说明企业自有资金（三分之二的利润留归企业支配）高速增长。这实际上又减少了贷款需求。所以，银行业处于两面夹击之中，既要揽储，又要争夺向政府项目和效益好的企业贷款的机会。

要看到，在中国，国有银行和财政是政府的左右两个钱袋子，各级政府的支出都是在用银行和财政两个体系拼盘子。当时抽紧银根，是要从闸口上压缩投资高增长的空间，这势必降低固定资产投资的税收增长率。同时，中国银行业的主要收入来自存贷款利差，银行业税收增长主要得益于贷款增长，特别是银行企业所得税收入的增长。抽紧银根，既加大了银行业成本，又抑制了贷款增长，难免削弱银行业企业所得税收入的增长。企业所得税收入在银行业税收结构中的地位远比其他行业高，比如2006年的纳税排行榜显示，企业所得税收入百强排位第一的是中国工商银行、第二的是中国银行。这也就是说，抽紧银根会影响银行业企业所得税收入，实际上是影响了银行业的税收增长支柱。

第二，固定资产投资增长率回落。固定资产投资增长具有周期性。2003—2007年，固定资产投资已高速增长了五年，20世纪80年代和90年代均有一轮投资高峰，而且为期也是五年。在这五年，固定资产投资增长率是小幅下行趋势，从27.7%降至24.8%。对于一个GDP规模已达3万亿美元的国家来说，保持了五年的高投资增长率可说是非常难得的，再持续下去应该说非常难，因为前期的高投资形成的产能急剧扩张拉大了供求缺口，需要消费环节去消化，但从紧的货币政策与之又是不对称的。2007年后，固定资产投资增长率保持了五年20%的水平。其后，降至不足10%。

此外，当时政府已开始压缩公共部门投资，比如控制高校贷款搞基建、控制修建楼堂馆所、压缩部分基础设施建设项目等。同时，降低能源类产品的进口关税、降低高能耗产品的出口退税率，实际上也是在变相压缩固定资产投资，强令关闭一些高污染企业也在于此。需要指出的是这一轮投资明显带有公共投资拉动型，2006 年城市公共交通投资增长 61.1%、环境管理业增长 33%、航空运输投资增长 53%。因此，政府主动收缩投资，势必连带整体投资下滑。

第三，减税效应。2000 年开始，其调整就是减税。2007 年前推出了取消农业税、提高个人所得税中工薪所得税的费用扣除额、增值税转型试点、降低利息所得课税税率（从 20% 降至 5%）、内外资企业所得税并轨等减税改革。减税性改革实际上是在基本制度层面压缩了税收增长的制度空间。当时减税对税收没有显出强性冲击效应，主要原因是经济运行中的增税因素冲淡了税制改革的减税效应。但 2007 年后内外资企业所得税并轨引发的减收是逐步放大。比如工资据实扣除大大减少了税基，因为劳动力成本在社会保障制度改革、企业技术进步、产品结构转型等因素的影响下会大幅度攀升。此外，公众强烈的减税意识又催逼政府再度推出减税措施，最起码是抵制增税措施。

（二）2020—2040 年全国一般公共预算收支预测

财政政策使用空间大小主要取决于一般公共预算收支基本趋势。因此，本书重点预测未来 20 年一般公共预算收支潜在变动趋势。

1. 基本条件与参数设定

（1）回归方法应用。在理论与实践中，全国一般公共预算收支与 *GDP* 现值之间存在强相关关系。因此，通过建立二者之间的一元一次回归方程能够揭示出二者之间的定量关系，从而进行外推预测。

在全国一般公共预算收支与 *GDP* 现值之间可建立以下方程：

全国财政收入 $= \gamma_0 + \gamma_1 \times GDP$ 现值 $+ \varepsilon$

全国财政支出 $= \lambda_0 + \lambda_1 \times GDP$ 现值 $+ \varepsilon$

4 个样本期间方程回归结果表明全国一般公共预算收支与 *GDP* 现值之间存在近似函数关系（R^2接近于 1）。由此可说运用上述两个方程的参数回归结果，基于已经取得的 *GDP* 现值预测值对全国一般公共预算收支进行预测是科学合理的选择。

（2）GDP 现价的选择：宏观经济增长六分类预测。根据前文 GDP 预测结果，我们首先确定了宏观经济增长六分类指标作为预测一般公共预算收支的基础性数据：

第一类：经济增长低速，通货膨胀率 2%，记为“低增速，CPI 为 2%”。在这种情况下，经济增长指标数最小，预测的一般公共预算收入水平最低。这种情况反映出宏观经济发展困难较大，整体不顺畅。

第二类：经济增长低速，通货膨胀率 3%，记为“低增速，CPI 为 3%”。在这种情况下，经济增长指标数依然较低，预测的一般公共预算收入水平也依然较低。由于通货膨胀率较高，这种情况反映出宏观经济发展情况也存在一些问题。

第三类：经济增长中速，通货膨胀率 2%，记为“中增速，CPI 为 2%”。在这种情况下，经济增长指标数中等，预测的一般公共预算收入水平中等。这种情况反映出宏观经济发展情况整体平稳。

第四类：经济增长中速，通货膨胀率 3%，记为“中增速，CPI 为 3%”。在这种情况下，经济增长指标数高一些，预测的一般公共预算收入水平也略高。由于通货膨胀率较高，这种情况反映出宏观经济发展情况也存在一些问题。

第五类：经济增长高速，通货膨胀率 2%，记为“高增速，CPI 为 2%”。在这种情况下，经济增长指标数值较为理想，预测的一般公共预算收入水平也较好。这种情况反映出宏观经济发展整体较好。

第六类：经济增长高速，通货膨胀率 3%，记为“高增速，CPI 为 3%”。在这种情况下，经济增长指标数最高，预测的一般公共预算收入水平也最高。由于通货膨胀率较高，这种情况反映出宏观经济运行中存在较大的通货膨胀风险。

宏观经济增长六分类预测的方法有助于判断未来全国一般公共预算收支运行的大致区间。

2. 全国一般公共预算收入预测

（1）基于样本期间的基础预测。我们运用 4 个样本区间和宏观经济增长六分类指标分别对全国一般公共预算收入进行预测，由于 2011—2019 年样本期间的预测结果较为符合实际情况，因此列出 2011—2019 年样本期间预测结果如下（后文同，见表 6－5）。

表 6－5　2011—2019 期间样本全国一般公共预算收入及其占 GDP 比重预测值
（按照 GDP 增长六分类计算）

单位：%，亿元

年份	全国一般公共预算收入						全国一般公共预算收入占 GDP 比重%					
	低增速，CPI2%	低增速，CPI3%	中增速，CPI2%	中增速，CPI3%	高增速，CPI2%	高增速，CPI3%	低增速，CPI2%	低增速，CPI3%	中增速，CPI2%	中增速，CPI3%	高增速，CPI2%	高增速，CPI3%
2019	190382	190382	190382	190382	190382	190382	—	—	—	—	—	—
2020	202049	203759	202049	203759	202049	203759	19.79	19.77	19.71	19.69	19.71	19.69
2021	211278	214898	211278	214898	211278	214898	19.66	19.61	19.55	19.50	19.55	19.50
2022	221424	227182	221424	227182	221424	227182	19.52	19.45	19.40	19.33	19.40	19.33
2023	232597	240757	232597	240757	232597	240757	19.39	19.30	19.25	19.17	19.25	19.17
2024	244923	255789	244923	255789	244923	255789	19.26	19.16	19.12	19.02	19.12	19.02
2025	258551	272476	258551	272476	258551	272476	19.13	19.02	19.00	18.89	19.00	18.89
2026	272034	289243	274390	291765	276746	294287	19.02	18.89	18.88	18.76	18.86	18.74
2027	286281	307283	291291	312699	296349	318168	18.91	18.78	18.76	18.64	18.73	18.61
2028	301487	326627	309481	335354	317628	344249	18.81	18.67	18.65	18.52	18.61	18.48
2029	317645	347373	328984	359874	340652	372738	18.72	18.57	18.55	18.42	18.50	18.37
2030	334818	369626	349900	386417	365569	403861	18.63	18.47	18.46	18.40	18.40	18.26
2031	351592	391739	370783	413308	390912	435931	18.55	18.39	18.38	18.23	18.30	18.17
2032	369165	415358	392892	442294	418019	470818	18.47	18.31	18.30	18.15	18.22	18.09
2033	387859	440589	416606	473544	447341	508777	18.40	18.23	18.22	18.08	18.14	18.01
2034	407650	467549	441938	507241	478950	550085	18.33	18.16	18.16	18.01	18.07	17.94
2035	428605	496359	469004	543582	513029	595045	18.27	18.10	18.09	17.95	18.00	17.87
2036	448911	524789	495850	580181	547497	641129	18.21	18.04	18.03	17.89	17.94	17.81
2037	470088	555042	524152	619485	584212	691074	18.16	17.99	17.98	17.84	17.88	17.76
2038	492542	587240	554403	661700	623787	745215	18.11	17.93	17.93	17.79	17.83	17.71
2039	516225	621514	586599	707050	666290	803911	18.06	17.89	17.88	17.74	17.78	17.66
2040	541209	658001	620868	755772	711943	867556	18.01	17.84	17.83	17.70	17.74	17.62

注：2020—2025 年中增速、高增速数据相同。

2011 年样本期间的预测结果表明（见表 6－5）：2020—2040 年，在宏观经济增长指标为“低增速，CPI 为 2%”的情况下，全国一般公共预算收入将从 20.2 万亿元增长到 54.1 万亿元；在宏观经济增长指标为“低增速，CPI 为 3%”的情况下，全国一般公共预算收入将从 20.4 万亿元增长到 65.8 万亿元；在宏观经济增长指标为“中增速，CPI 为 2%”的情况下，全国一般公共预算收入将从 20.2 万亿元增长到 62.1 万亿元；在宏观经济增长指标为“中增速，CPI 为 3%”的情况下，全国一般公共预算收入将从 20.4 万亿元增长到 75.6 万亿元；在宏观经济增长指标为“高增速，CPI 为 2%”的情况下，全国一般公共预算收入将从 20.2 万亿元增长到 71.2 万亿元；在宏观经济增长指标为“高增速，CPI 为 3%”的情况下，全国一般公共预算收入将从 20.4 万亿元增长到 86.8 万亿元。

全国一般公共预算收入占 GDP 比重 2020—2040 年将处于 19.79%—17.62% 之间，呈略有下降趋势。

（2）全国一般公共预算收入预测结果的合理性分析与调整。从前文基于样本期间的预测结果可以看出，选择不同的预测期间，预测结果差异很大。对这些结果进行分析、取舍，探求与中国财政发展趋势相适应的全国一般公共预算收入预测结果，对准确把握未来财政政策决策的依据十分重要。

从不同样本期间预测结果看，时间跨度越长，预测结果数值越高。这主要是因为中国在改革开放后的 40 多年里经历了长期快速发展，改革初期以及随后的很长一段时间内发展速度更高，财政收入超常增长，使得整体预测结果偏乐观。近些年，特别是经济“新常态”背景下，受经济转型以及财政“减税降费”等因素影响，一般公共预算收入增长速度大幅度下降，预测结果也低于其他样本期间，可见，提高预测结果可靠性的关键是应当基于近期财政现状做出判断。依据就近原则，我们认为，2011—2019 样本期间的预测结果最能够反映中长期一般公共预算收支发展趋势。因此，我们在这一样本期间预测的基础上，对一般公共预算收入进行调整，将模型预测的结果与现实情况密切结合，以期为之后预测结果的准确性打好基础。

自 2011 年后，全国一般公共预算收入增速出现明显下降趋势，2019 年降至 1988 年以来的最低点，仅为 3.8%，从平均速度看，近 8 年平均增速为 7.43%，近 5 年平均增速降至 5.54%（见表 6-6）。

表 6－6　　2012—2019 年全国一般公共预算收支增长情况　　单位：亿元,%

年份	全国一般公共预算收入	全国一般公共预算收入增长	全国一般公共预算支出	全国一般公共预算支出增长
2011	103874.43	25.00	109247.79	21.60
2012	117253.52	12.90	125952.97	15.30
2013	129209.64	10.20	140212.10	11.30
2014	140370.03	8.60	151785.56	8.30
2015	152269.23	5.80	175877.77	13.20
2016	159604.97	4.50	187755.21	6.30
2017	172592.77	7.40	203085.49	7.60
2018	183359.84	6.20	220904.13	8.70
2019	190382.00	3.80	238874.00	8.10
8 年平均增速%		7.43		8.78
近 5 年平均增速%		5.54		9.85

前文我们已经分析了 2020 年新冠肺炎疫情、中国经济结构转型困难、中美贸易摩擦等因素相互交织对经济发展的深远影响。全国一般公共预算收入状况同样受这些因素约束。此外，国家大力“减税降费”等财政政策措施的实施也对一般公共预算收入产生直接影响。结合近年一般公共预算收入实际增速，我们推测，未来全国一般公共预算收入增幅应当维持在较低水平，大体处于 4%—6% 范围内。具体讲 2020 年受新冠肺炎疫情冲击，全国一般公共预算收入增速下滑，2021—2025 年，受新冠肺炎疫情后续效应及多重经济因素带来的经济增长放缓影响，全国一般公共预算收入仍将处于低速增长阶段，2021 年下调 6%，2022 年下调 3%，2023 年下调 2%，2024 年、2025 年经济增长逐步回暖，下调 1.5%。2026—2030 年考虑到经济增长稳定，通货膨胀因素的影响逐渐加大，会向下微调 1%，2031—2035 年则略向下微调 0.5%。在此基础上，我们估计了全国一般公共预算收入预测结果（见表 6－7）。根据这一结果，2020—2040 年间，在 CPI 为 2% 时，全国一般公共预算收入在经济低增速情况下预计将从 17.9 万亿元增长到 44 万亿元，经济中增速情况下将从 17.9 万亿元增长到 50.5 万亿元，经济高增速情况下将从 17.9 万亿元增长到 57.9 万亿元。在 CPI 为 3% 时，全国一般公共预算收入在经济低增速情况下预计将从 18.1 万亿元增长到 53.6 万亿元，经济中增速情况下将从 18.1 万亿元增长到 61.6 万亿元，

经济高增速情况下将从 18.1 万亿元增长到 70.7 万亿元（见表 6－7）。

表 6－7 基于模型预测结果对全国一般公共预算收入进行综合调整

（2011 样本期间，按照 GDP 增长六分类计算） 单位:%，亿元

年份	增速下调幅度	调整后增速						调整后全国一般公共预算收入					
		低增速，CPI2%	低增速，CPI3%	中增速，CPI2%	中增速，CPI3%	高增速，CPI2%	高增速，CPI3%	低增速，CPI2%	低增速，CPI3%	中增速，CPI2%	中增速，CPI3%	高增速，CPI2%	高增速，CPI3%
2019								190382	190382	190382	190382	190382	190382
2020	12.00	-5.87	-4.97	-5.87	-4.97	-5.87	-4.97	179203	180913	179203	180913	179203	180913
2021	6.00	-1.43	-0.53	-1.43	-0.53	-1.43	-0.53	199155	202673	199155	202673	199155	202673
2022	3.00	1.80	2.72	1.80	2.72	1.80	2.72	202745	208178	202745	208178	202745	208178
2023	2.00	3.05	3.98	3.05	3.98	3.05	3.98	208920	216453	208920	216453	208920	216453
2024	1.50	3.80	4.74	3.80	4.74	3.80	4.74	216858	226721	216858	226721	216858	226721
2025	1.50	4.06	5.02	4.06	5.02	4.06	5.02	225671	238111	225671	238111	225671	238111
2026	1.00	4.21	5.15	5.13	6.08	6.04	7.00	235183	250382	237239	252586	239296	254790
2027	1.00	4.24	5.24	5.16	6.18	6.08	7.12	245148	263494	249479	268184	253852	272918
2028	1.00	4.31	5.30	5.24	6.24	6.18	7.20	255718	277447	262563	284931	269542	292561
2029	1.00	4.36	5.35	5.30	6.31	6.25	7.28	266866	292295	276484	302915	286385	313846
2030	1.00	4.41	5.41	5.36	6.38	6.31	7.35	278624	308097	291297	322228	304468	336913
2031	0.50	4.51	5.48	5.47	6.46	6.43	7.44	291190	324988	307226	343040	324053	361982
2032	0.50	4.50	5.53	5.46	6.51	6.43	7.50	304288	342957	324010	365383	344903	389142
2033	0.50	4.56	5.57	5.54	6.57	6.51	7.56	318175	362076	341946	389373	367372	418570
2034	0.50	4.60	5.62	5.58	6.62	6.57	7.62	332819	382421	361028	415133	391494	450462
2035	0.50	4.64	5.66	5.62	6.66	6.62	7.67	348264	404073	381334	442799	417393	485027
2036	0.00	4.74	5.73	5.72	6.73	6.72	7.74	364763	427217	403162	472613	445435	522590
2037	0.00	4.72	5.76	5.71	6.77	6.71	7.79	381971	451846	426173	504630	475306	563301
2038	0.00	4.78	5.80	5.77	6.81	6.77	7.83	400216	478058	450770	539018	507504	607431
2039	0.00	4.81	5.84	5.81	6.85	6.81	7.88	419460	505959	476947	575959	542084	655275
2040	0.00	4.84	5.87	5.84	6.89	6.85	7.92	439760	535662	504810	615649	579226	707152

我们运用 4 个样本区间和宏观经济增长六分类指标分别对全国一般公共预算支出进行预测，现列出 2011—2019 年样本期间预测结果如表 6－8 所示。

表 6－8　2011—2019 期间样本的全国一般公共预算支出及其占 GDP 比重预测值（按照 GDP 增长六分类计算）

单位:%，亿元

年份	全国一般公共预算支出						全国一般公共预算支出占 GDP 比重%					
	低增速，CPI2%	低增速，CPI3%	中增速，CPI2%	中增速，CPI3%	高增速，CPI2%	高增速，CPI3%	低增速，CPI2%	低增速，CPI3%	中增速，CPI2%	中增速，CPI3%	高增速，CPI2%	高增速，CPI3%
2019	238874	238874	238874	238874	238874	238874						
2020	250480	253032	250480	253032	250480	253032	24. 54	24. 55	24. 54	24. 55	24. 54	24. 55
2021	264252	269654	264252	269654	264252	269654	24. 59	24. 60	24. 59	24. 60	24. 59	24. 60
2022	279392	287984	279392	287984	279392	287984	24. 63	24. 66	24. 63	24. 66	24. 63	24. 66
2023	296064	308240	296064	308240	296064	308240	24. 68	24. 71	24. 68	24. 71	24. 68	24. 71
2024	314458	330672	314458	330672	314458	330672	24. 73	24. 77	24. 73	24. 77	24. 73	24. 77
2025	334793	355572	334793	355572	334793	355572	24. 77	24. 82	24. 77	24. 82	24. 77	24. 82
2026	354912	380591	358428	384354	361944	388118	24. 81	24. 86	24. 82	24. 87	24. 83	24. 87
2027	376172	407511	383648	415594	391195	423754	24. 85	24. 90	24. 87	24. 91	24. 88	24. 92
2028	398863	436376	410790	449399	422948	462672	24. 89	24. 94	24. 91	24. 96	24. 92	24. 97
2029	422974	467334	439894	485987	457305	505183	24. 92	24. 98	24. 95	25. 00	24. 97	25. 02
2030	448599	500540	471104	525595	494485	551625	24. 96	25. 01	24. 98	25. 03	25. 01	25. 06
2031	473629	533537	502266	565722	532302	599480	24. 98	25. 04	25. 01	25. 07	25. 04	25. 09
2032	499851	568781	535257	608975	572752	651539	25. 01	25. 07	25. 04	25. 10	25. 07	25. 12
2033	527746	606432	570643	655607	616506	708182	25. 04	25. 10	25. 07	25. 13	25. 10	25. 15
2034	557279	646661	608444	705890	663673	769822	25. 06	25. 12	25. 10	25. 15	25. 13	25. 18
2035	588549	689651	648832	760118	714527	836911	25. 08	25. 15	25. 12	25. 18	25. 16	25. 21
2036	618849	732074	688892	814731	765960	905677	25. 10	25. 17	25. 15	25. 20	25. 18	25. 23
2037	650450	777218	731124	873381	820746	980207	25. 12	25. 19	25. 17	25. 22	25. 20	25. 25
2038	683956	825265	776266	936375	879800	1060996	25. 14	25. 20	25. 19	25. 24	25. 22	25. 27
2039	719296	876408	824308	1004045	943223	1148582	25. 16	25. 22	25. 20	25. 26	25. 24	25. 29
2040	756577	930854	875444	1076749	1011347	1243553	25. 18	25. 24	25. 22	25. 27	25. 26	25. 30

注：2020—2025 年中增速、高增速数据相同。

2011 样本期间的预测结果表明（见表 6－5）：2020—2040 年，在宏观经济增长指标为“低增速，CPI 为 2%”的情况下，全国一般公共预算支出将从 25 万亿元增长到 75. 7 万亿元；在宏观经济增长指标为“低增速，CPI 为 3%”的情况下，全国一般公共预算支出将从 25. 3 万亿元增长到 93. 1 万亿元；在宏观经济增长指标为“中增速，CPI 为 2%”的情况下，全国一般公共预算支出将从25万亿元增长到87.5万亿元；在宏观经济增长指标为“中增速，CPI为3%”的情况下，全国一般公共预算支出将从25.3万亿元增长到107.6万亿元；在宏观经济增长指标为“高增速，CPI为2%”的情况下，全国一般公共预算支出将从25万亿元增长到101.1万亿元；在宏观经济增长指标为“高增速，CPI为3%”的情况下，全国一般公共预算支出将从25.3万亿元增长到124.4万亿元。

从全国一般公共预算支出占GDP比重看，2020—2040年，这一指标处于24.54%—25.3%。

（3）对全国一般公共预算支出预测结果的合理性分析与调整。与全国一般公共预算收入的预测类似，在四个样本区间中，我们认为2011—2019样本区间的结果最为客观地反映了全国一般公共预算支出特征，预测力最强，与实际情况符合程度最高。需要说明的是，前文我们对全国一般公共预算收入进行了调整，即在模型预测结果的基础上，根据实际情况合理降低了全国一般公共预算收入增长速度，并重新预测了一般公共预算收入。在全国一般公共预算收入下降的同时，全国一般公共预算支出增速也在下降，但下降幅度相对较小，而且近几年基本上稳定在8%左右，与模型预测结果基本一致。

基于2011样本结果，我们计算了全国一般公共预算支出增速，预计2020—2040年内，增速处于6.28%—9.2%的范围内，较为稳定（见表6-9）。其中，2020年增速最高，这主要是模型预测受前期数据影响偏乐观所致，需要进行调整。进一步考虑到新冠肺炎疫情对于经济、财政的巨大冲击，在全国一般公共预算收入大幅度下降的情况下，财政支出也必然面临紧缩压力，形成长期“过紧日子”的格局，我们对一般公共预算支出的模型预测结果进行综合调整。考虑到在2020年新冠肺炎疫情、经济转型、贸易摩擦等因素影响下，积极财政政策力度不断加大，支出应当在较长时期内进行一定程度紧缩，并考虑与收入变化的匹配关系，将2020—2024年全国一般公共预算支出增幅下调2%，2025—2027年下调1.5%，2028—2030年财政紧缩仍然保持常态化，每年向下调整1%，2031—2035年每年向下调整0.5%。在此基础上，我们重新估计了全国一般公共预算收入预测结果（见表6-9）。根据这一结果，2020—2040年间，在CPI为2%时，全国一般公共预算支出在经济低增速情况下预计将从24.6万亿元增长到62.5万亿元，经济中增速情况下将从24.6万亿元增长到72.4万亿元，经济高增速情况下将从 24.6 万亿元增长到 83.7 万亿元；在 CPI 为 3% 时，全国一般公共预算支出在经济低增速情况下预计将从 24.8 万亿元增长到 77.1 万亿元，经济中增速情况下将从 24.8 万亿元增长到 89.2 万亿元，经济高增速情况下将从 24.8 万亿元增长到 103.1 万亿元。

与前面的模型估计值比较，调整后的预测结果具有较强可靠性和现实性。

表 6－9　基于模型预测结果对全国一般公共预算支出进行调整

（2011 样本期间，按照 GDP 增长六分类计算）　单位:%，亿元

年份		调整后增速						调整后全国一般公共预算收入					
	增速下调幅度%	低增速，CPI2%	低增速，CPI3%	中增速，CPI2%	中增速，CPI3%	高增速，CPI2%	高增速，CPI3%	低增速，CPI2%	低增速，CPI3%	中增速，CPI2%	中增速，CPI3%	高增速，CPI2%	高增速，CPI3%
2019								238874	238874	238874	238874	238874	238874
2020	2.00	2.86	3.93	2.86	3.93	2.86	3.93	245702	248255	245702	248255	245702	248255
2021	2.00	3.50	4.57	3.50	4.57	3.50	4.57	254298	259597	254298	259597	254298	259597
2022	2.00	3.73	4.80	3.73	4.80	3.73	4.80	263782	272052	263782	272052	263782	272052
2023	2.00	3.97	5.03	3.97	5.03	3.97	5.03	274246	285746	274246	285746	274246	285746
2024	2.00	4.21	5.28	4.21	5.28	4.21	5.28	285800	300827	285800	300827	285800	300827
2025	1.50	4.97	6.03	4.97	6.03	4.97	6.03	299995	318967	299995	318967	299995	318967
2026	1.50	4.51	5.54	5.56	6.59	6.61	7.65	313523	336626	316673	340002	319824	343377
2027	1.50	4.49	5.57	5.54	6.63	6.58	7.68	327600	355386	334205	362536	340873	369755
2028	1.00	5.03	6.08	6.07	7.13	7.12	8.18	344085	377006	354507	388400	365133	400016
2029	1.00	5.05	6.09	6.08	7.14	7.12	8.19	361444	399981	376078	416138	391142	432770
2030	1.00	5.06	6.11	6.10	7.15	7.13	8.19	379727	424402	399000	445892	419032	468228
2031	0.50	5.08	6.09	6.11	7.13	7.15	8.18	399016	450257	423397	477704	448983	506506
2032	0.50	5.04	6.11	6.07	7.15	7.10	8.18	419112	477749	449092	511839	480856	547959
2033	0.50	5.08	6.12	6.11	7.16	7.14	8.19	440406	506985	476535	548474	515186	592857
2034	0.50	5.10	6.13	6.12	7.17	7.15	8.20	462849	538082	505720	587797	552026	641495
2035	0.50	5.11	6.15	6.14	7.18	7.16	8.21	486506	571164	536760	630014	591564	694193
2036	0.00	5.15	6.15	6.17	7.18	7.20	8.22	511552	606298	569901	675280	634146	751233
2037	0.00	5.11	6.17	6.13	7.20	7.15	8.23	537675	643687	604839	723891	679504	813053
2038	0.00	5.15	6.18	6.17	7.21	7.20	8.24	565371	683478	642182	776103	728396	880065
2039	0.00	5.17	6.20	6.19	7.23	7.21	8.26	594584	725834	681926	832190	780905	952715
2040	0.00	5.18	6.21	6.20	7.24	7.22	8.27	625401	770926	724230	892451	837305	1031491

基于多种因素对全国财政收支基础预测结果进行调整后，我们认为，2011 样本期间的调整后预测值更为合理，也充分反映出经济“新常态”背景下财政面临的严峻形势。今后随着产业升级转型过程的完成、经济逐步由高速度转向高质量增长，宏观经济的良性增长格局形成，加之财政、货币政策的积极作用能够一定程度上对冲各类风险，一般公共预算收支差额应当可以控制在较为稳定的区间内。

关于一般公共预算收支缺口的说明。前文我们对全国一般公共预算收支预测值进行了综合性向下调整。我们认为，这一调整符合当前实际情况和未来发展趋势，更为科学合理。运用 2011—2019 样本期间的预测值计算 2020—2040 年全国一般公共预算收支缺口预测值，得到以下结果（见表 6－10）。

表 6－10 2020—2040 年全国一般公共预算收支缺口预测值（调整后）

（2011 样本期间，按照 GDP 增长六分类计算） 单位:%，亿元

年份	一般公共预算收支缺口						一般公共预算收支缺口占 GDP 比重%					
	低增速，CPI2%	低增速，CPI3%	中增速，CPI2%	中增速，CPI3%	高增速，CPI2%	高增速，CPI3%	低增速，CPI2%	低增速，CPI3%	中增速，CPI2%	中增速，CPI3%	高增速，CPI2%	高增速，CPI3%
2019	－48492	－48492	－48492	－48492	－48492	－48492						
2020	－66499	－67341	－66499	－67341	－66499	－67341	6. 51	6. 53	6. 51	6. 53	6. 51	6. 53
2021	－55143	－56925	－55143	－56925	－55143	－56925	5. 13	5. 19	5. 13	5. 19	5. 13	5. 19
2022	－61037	－63875	－61037	－63875	－61037	－63875	5. 38	5. 47	5. 38	5. 47	5. 38	5. 47
2023	－65327	－69293	－65327	－69293	－65327	－69293	5. 45	5. 56	5. 45	5. 56	5. 45	5. 56
2024	－68942	－74105	－68942	－74105	－68942	－74105	5. 42	5. 55	5. 42	5. 55	5. 42	5. 55
2025	－74324	－80856	－74324	－80856	－74324	－80856	5. 50	5. 64	5. 50	5. 64	5. 50	5. 64
2026	－78340	－86244	－79434	－87416	－80528	－88588	5. 48	5. 63	5. 50	5. 66	5. 52	5. 68
2027	－82453	－91892	－84726	－94352	－87021	－96837	5. 45	5. 62	5. 49	5. 66	5. 53	5. 70
2028	－88368	－99559	－91944	－103469	－95591	－107456	5. 51	5. 69	5. 57	5. 75	5. 63	5. 80
2029	－94579	－107686	－99594	－113223	－104757	－118924	5. 57	5. 76	5. 65	5. 82	5. 72	5. 89
2030	－101103	－116305	－107703	－123664	－114564	－131314	5. 62	5. 81	5. 71	5. 89	5. 79	5. 96
2031	－107826	－125269	－116171	－134663	－124931	－144524	5. 69	5. 88	5. 79	5. 97	5. 88	6. 05
2032	－114825	－134792	－125082	－146456	－135953	－158817	5. 75	5. 94	5. 85	6. 04	5. 95	6. 12
2033	－122231	－144909	－134590	－159101	－147814	－174287	5. 80	6. 00	5. 91	6. 10	6. 02	6. 19
2034	－130030	－155661	－144691	－172664	－160532	－191034	5. 85	6. 05	5. 97	6. 15	6. 08	6. 25

续表

年份	一般公共预算收支缺口						一般公共预算收支缺口占 GDP 比重%					
	低增速，CPI2%	低增速，CPI3%	中增速，CPI2%	中增速，CPI3%	高增速，CPI2%	高增速，CPI3%	低增速，CPI2%	低增速，CPI3%	中增速，CPI2%	中增速，CPI3%	高增速，CPI2%	高增速，CPI3%
2035	-138242	-167090	-155426	-187215	-174171	-209167	5.89	6.09	6.02	6.20	6.13	6.30
2036	-146789	-179081	-166739	-202667	-188711	-228643	5.95	6.16	6.09	6.27	6.20	6.37
2037	-155704	-191841	-178665	-219261	-204198	-249752	6.01	6.22	6.15	6.33	6.27	6.43
2038	-165155	-205421	-191413	-237085	-220892	-272633	6.07	6.27	6.21	6.39	6.33	6.49
2039	-175124	-219876	-204979	-256231	-238821	-297440	6.13	6.33	6.27	6.45	6.39	6.55
2040	-185641	-235264	-219420	-276802	-258079	-324338	6.18	6.38	6.32	6.50	6.45	6.60

基于2011样本期间的计算，2020—2040年，一般公共预算收支缺口预测值处于6.6万亿—32.4万亿元范围内，占GDP比重在5.13%—6.6%范围内，存在一般公共预算收支缺口压力。但从变化趋势看，由于GDP增长，在财政紧缩政策持续施行的条件下，一般公共预算收支缺口压力基本稳定，财政风险总体可控。

二、财政参与宏观经济治理的基本思路

1. 2020年积极的财政政策效应评析

2009年后实施的积极财政政策经历了加力提效和提质增效两个阶段，彰显出了对冲经济下行压力和推动社会发展保障民生的特定功效。2020年是极不平凡的一年，面临空前严峻的挑战，党中央审时度势，果断采取行动，要求财政政策更加积极有为统筹经济社会发展和疫情防控。在此背景下，积极的财政政策实现了力度和结构的全方位升级，有效化解了多种重大困难。

（1）力度升级拉抬经济增长。高强度减税增支是本轮积极的财政政策的显著特征之一。减税增支规模扩张实质是政府主动扩大总需求反推供给扩张进而拉抬经济增长。其中减税是增加市场和个人可支配货币收入进而拓展投资和消费扩张空间，增支则是直接扩大当期投资和消费。减税增支并举属于高强度扩张性财政政策，目的在于对冲经济增长下行压力。2009年之后减税增支力度与经济增长率同向波动。2019年经济增长率换挡至

6.1%，减税增支规模扩大至6.41万亿元，其中减税额1.5万亿元，赤字额2.76万亿元，专项债规模2.15万亿元，占GDP比重已分别升至1.5%、2.8%、2.2%，三项合计占GDP比重高达6.5%，而且三者增长率均远超经济增长率，绝对额之和相当于GDP增量的80%。这说明减税增支对经济增长具有强劲边际拉动效应。

然而要看到，在减税增支规模如此急剧扩张的条件，经济增长率还是从6.8%降至6.1%，这说明经济下行压力异常强劲。究其原因主要有三点：一是国际上反全球化势力扩大，单边主义势力渐强，同时各国市场竞争同步激化。二是内需结构突前转换，供给结构适应性改革滞后。三是资源环境经济发展承载力与经济增长方式间矛盾加深。这些因素递延至2020年，对经济增长构成了强大周期性抑制。2020年年初突如其来的新冠肺炎疫情在全球范围内愈演愈烈，极大地冲击了国内外经济运行乃至社会发展格局的变动趋势，对中国经济增长形成了多重抑制：一是防控疫情扩散要求阶段性停工停产或减工减产；二是市场主体收入阶段性骤减；三是要素流动大幅减弱；四是扰动收入预期从而减弱居民耐用消费品和不动产购买意愿；五是强烈冲击投资者和消费者预期进而拉低跨周期投资和消费。概言之，周期性下行压力和巨大外生性下行压力交织在一起阻抑经济增长。截至目前全球疫情仍在扩散，特别是占全球GDP比重高达60%的发达经济体单日患者人数已突破50万人。显然，这是市场自身难以抵御的冲击，没有政策和制度力量予以缓释，投资和消费加速疲软叠加势必把经济推入快速滑落轨道，最终导致失业率大幅攀升和产出锐减。

因此，政府出重拳实施力度空前的宏观政策对冲强度空前的持久性经济下行压力成为必然选择。然而，要看到，出重拳绝不意味着急躁冒进，力度空前也要讲求成本效益比率合理。也就是说，宏观政策选择要考虑各类政策工具的优化组合和各类政策工具空间的可拓展度。

近年来，中国采用了稳健的货币政策与积极的财政政策相互搭配的模式，实践表明这是科学理智的选择。从截至2019年的情况看，财政政策的扩张空间仍然大于货币政策。其突出表现是M2占GDP比重已达200%，而政府债务余额占GDP比重依然不到40%，而且政府总预算收入（四本预算之和）剔除各类预算之间的调入调出后占GDP比重只近40%。这说明应对当期经济下行压力减税降费和扩大政府债务规模还有较大空间，信用扩张空间则相对狭小且后续治理成本大，直接增发货币更是风险高度不确定。正是在这种背景条件下，2020 年赤字率抬升至 3.76 万亿元，增发 1 万亿元抗疫特别国债，专项债规模扩张至 3.75 万亿元。同时减税降费总额突破 2.2 万亿元。从相对额角度看，2020 年减税增支强力度空前。减税降费占 GDP 比重突破 2.5%，赤字额为 2010 年的 3.7 倍，增长率达 36.2%。其中中央增长率高达 52%，赤字率升至 3.6% 以上。同时，地方专项债增长率高达 74%，专项债占 GDP 比重突破 3.7%。综合算账，减税增支总额占 GDP 比重将达 11%，超出 2019 年近 5 个百分点。

超常扩张的财政政策历时一年起到了强力拉抬经济增长作用。首先，减税增支规模极大地稳定了市场主体和消费者预期，增强了全社会投资和消费信心。其次，减税降费相应直接增加了市场主体和个人相应规模的可支配货币收入。对市场主体来讲，停工停产、减工减产和复工复产阶段恰好是现金流至为紧张时期，减税降费无疑是雪中送炭，增加了现金流。再次，8.51 万亿元的支出扩张量大部分属于投资性支出，占全社会固定资产投资总额比重预计将超过 14%。其中支出扩张增量高达 3.6 万亿元，占比即可达 5%。同时，这些资金大部分流向基础设施建设领域，而基础设计建设相比其他固定资产投资具有连锁反应链长特点。不仅如此，政府投资项目会直接带动一部分社会投资扩张，如把这些因素全部考虑进来，财政支出扩张对社会固定资产投资增长的支撑力不低于 20%。

（2）质量升级发力更精准。经济周期性下行压力、新冠肺炎疫情冲击和经济社会发展深层次结构性矛盾三者叠加在一起形成的多重重大困难构成了海量财政政策需求。直白说，减税增支需求是一个无底洞。积极的财政政策力度升级绝不意味着政府有能力通过搞大水漫灌式宏观调控来填补这个无底洞。因为税收是公共产品供给的主要资金来源，减税须有度。减税背景下增支主要依靠有偿筹资，如无度势必形成无法消化的成本，最终造成恶性通胀。所以，在力度升级的同时，积极的财政政策必须更加讲求提质增效，精准发力，实现质量升级。

首先，讲求时效。财政政策具有相机抉择性。所谓相机抉择是指根据当期形势特征出台特定政策措施，解决当期迫切需要解决的问题。相机抉择的合理性是财政政策质量高低的重要标志。2020 年年初新冠肺炎疫情突如其来，对经济社会发展形成了强烈的始料不及的冲击，带来了资金链、供应链、产业链短期断裂压力，要求政府及时出手救助。当此关头，积极的财政政策彰显出了科学的相机抉择，在 2020 年第一季度就出台多项财税政策，其后又根据实际情况陆续出台多项政策。这些政策重在解燃眉之急。比如免征生活服务业增值税、企业养老保险缴费等政策重在企业缓解当期现金流紧张问题。支出政策方面注重及时保障抗疫工作，并减轻患者负担，如及时出台相关政府采购政策、社保补贴政策、医护人员绩效工资政策等。总体看，疫情期间国家财政及时追踪问题相应出台政策，快速响应，关键时刻放大了政策效应。

其次，精准发力。2020 年积极的财政政策肩负解决各类短期和中长期、总量和结构、国内外等多方面问题的艰巨任务，尤其突出的是短期问题长期化倾向，如新冠肺炎疫情带来的公共卫生支出需求增长。这需要国家财政既要保持战略定力，打好三大攻坚战，又要明察社情民情打好民生保卫战。但是，找准发力才能真正解决问题。所谓找准发力点，就是把有限的财政收支量能用在克服重大困难上，重大困难既包括短期突发危机如新冠肺炎疫情引起的连锁系列问题，也包括经济社会发展过程中存在的顽疾如贫困、环境污染、失业等。一年来的实践表明，积极的财政政策之所以功效显著，关键就在于能够精准发力。其具体表现在三个方面：一是政策顶层设计充分体现出了统筹经济社会发展和疫情防控。减税降费延续稳增长、调结构、促消费三大战略安排，同时出台专项政策对冲疫情损失。支出扩张在继续保持向三大攻坚战倾斜的同时特设抗疫特别国债应对疫情冲击。二是减税降费向小微企业倾斜起到了扶持市场主体中的弱势群体和稳定就业吸容力最强的市场主体的基本运营作用，从而实现了稳就业和稳预期并举。三是支出扩张向老少边穷地区、医疗卫生、低收入群体和生态环境保护以及基础设施短板领域倾斜，重在推动基本公共服务均等化以保障民生形成社会长治久安、经济稳中求进格局。

最后，深化改革。制度是政策设计和政策实施的行为规则界定。制度状况决定政策质量和实行效果。深化改革既可优化决策，又可放大政策效应。2020 年减税增支规模扩张，财政总体收支规模相应扩张，四本预算收支总额占 GDP 比重均已突破 40%，其中支出已达 45% 水平。这一数值已接近西欧国家水平，但中国人均 GDP 仅为 1 万美元，比西欧国家如德国、法国、英国少 3 万美元，比美国少 5 万美元。显然，中国是在经济发展水平不高的条件下就进入了公共福利体系再构造并强化政府宏观经济调控职能的国家，这要求我们必须深化财政预算管理改革，以改革确保财政政策高效落地并实现效应持续放大。2020 年支出扩张率较大幅度提升，支出增量如何使用成为首先要解决好的重大问题。从政府间事权划分格局和支出责任关系匹配出发，2020 年中央财政在收入负增长的条件下仍继续扩大转移支付规模，总额达 8.3 万亿元，比 2019 年增长 12.8%。财力继续向基层倾斜，新增一万亿元抗疫特别国债资金也给到基层。为确保这一政策取得能够及时落地，中国深化转移支付资金管理制度改革，建立了资金直达基层机制，涉及资金包括抗疫特别国债、新增 1 万亿元赤字等。这破解了长期困扰地方政府的难题，以往的突出矛盾就是转移支付规模虽然不断放大但资金落到市县时间长、落到项目上时间更长，从而造成了转移支付资金结转率过高时效弱。实践表明，资金直达基层制度提高了资金使用效率，放大了财政政策效应，起到了以制度优化实现“六保”作用。

（4）启示。受新冠肺炎疫情持续扩散等因素影响，2020 年全球主要经济体大都陷入经济负增长境地，但中国在第三季度经济已实现正增长。这其中积极的财政政策起到了重要支撑作用。同时，2020 年中国社会发展有序推进，民心稳定，这也与高强度减税增支密切相关，因为减税降费减轻了个人税收负担，稳定了就业，增支则增加了低收入群体收入并提升了社会公共服务保障水平。这表明中国运用财政政策应对复杂局面的能力不断提升。回看 2020 年积极的财政政策实施情况，应可得出如下三点启示：一是财政制度特定优势是财政政策效应充分显现的基本保障。中国的财政制度体系植根于中国特色社会主义制度，具有统一领导、分级管理及与时俱进、动态完善和保障全体人民根本利益三大特定优势。这些优势拓展了财政政策功能发挥空间，也为实施财政政策提供了强大组织保障，同时也为财政政策发力解决特定问题提供了规则通道。二是实施积极的财政政策要立足全局和长远，政策发力点选择要兼顾经济增长和社会发展，政策措施选择要注重短期效应和中长期效应相互融合。三是中央和地方必须统一联动，充分发挥两个积极性，中央与地方之间的财力分配权、决策权限配置和政策执行权限划分三者要贯通同一逻辑形成协调联动格局。唯此财政政策效应滞后期才能缩至最短，政策落点才能符合初衷。

“十四五”开局之年和进入新发展阶段的起始年是 2021 年的历史方位。这一特定方位决定了 2021 年的特定历史任务，即以新发展理念为引领，巩固“十三五”发展成果，启动构建新发展格局，掀起全面建成社会主义现代化强国新高潮。政府预算是落实党和国家大政方针，推动各项事业发展，完成特定历史任务的资金配置规划。特定历史方位和特定历史任务使 2021 年的政府预算成为在新的起点上承前启后保持政策和改革连续性、稳定性的预算。

①新的理财起点。理财起点是政府预算的基本约束条件，包括政府预算赖以形成的财力基础、制度基础和能力基础等内容。财力基础决定收支预算规模变动可能性边界大小。制度基础决定收支运行效率和资金使用效率以及资金流向结构。能力基础决定预算政策质量和预算管理质量。

2021 年是转折之年，政府预算保持政策和改革连续性、稳定性的理财起点发生了根本性变化。

从财力基础角度看，财源空间快速膨胀。2010 年后中国 GDP 稳居全球第二，2020 年已达 101.5 万亿元，约为美国的 2/3，相当于日、德两国总和的 1.4 倍。市场主体达 1.3 亿户，全年固定资产投资总额为 51.8 万亿元，规模以上工业企业资产总计超过 120 万亿元，营业收入超过 105 万亿元。同时，2020 年全国就业人员突破 7.8 亿，城镇就业人员平均货币工资已超过 9 万元，全国居民人均可支配收入为 32189 元，2020 年住户存款达 92 万亿元。这表明政府的流量性和存量性财源都在膨胀。因此，“十三五”期间，在高强度减税降费主动压缩政府收入增长的背景下，一般公共预算收入总量仍达到 88.6 万亿元，2020 年的主体税种收入相当于 21 世纪初年度一般公共预算收入总额，比如企业所得税收入是 2005 年一般公共预算收入总额的 1.15 倍，增值税收入超过 2009 年一般公共预算收入总额。同时，政府性基金预算收入和社会保险基金预算收入也大幅增长，2020 年分别为 77834 亿元、52417 亿元（不含财政补贴），分别比 2015 年增长 84%、61%，超出同期一般公共预算收入增长率 60 个和 40 个百分点。2020 年下半年起中国经济就步入恢复性增长轨道。因此，全国一般公共预算收入在减税降费 2.7 万亿元的条件下仅下降 3.9%，其中税收下降 2.3%。这说明 2021 年政府收入预算具有了经济平稳增长和企业与个人收入快速增长背景下财源多点膨胀的财力基础。可见，2021 年的预算是基于政府预算总收入 30 万亿元以上财源基础的预算。也就是说，政府可调度管理用于办大事、办实事的预算资源有了根本性变化，使我们有条件再度提升民生保障水平、实施逆周期调节、推动创新驱动型经济发展。

从制度基础角度看，现代财政制度框架已形成。按照党的十八届三中全会要求，历经多年艰苦努力，截至 2020 年中国已搭建起现代财政制度。也就是说，2021 年的政府预算是与现代财政制度相对接的预算，这是一个重大突破。因为现代财政制度是全面规范透明、法治化的财政制度。具体讲，“十二五”和“十三五”的全面深化财政改革，形成了有利于社会公平、维护市场竞争、负担分布相对合理、法治化程度较高的政府收入体系。此间，实施新预算法，依法推进细化预算公开，全面实施预算绩效管理，加快建设支出标准体系。由此形成了更为规范透明的预算管理体系。财政体制方面推动建立了新的财政事权与支出责任划分体系，并构建了包括财政共同事权转移支付在内的新型转移支付制度体系，同时根据税制改革进展情况调整了央地收入划分（国内增值税收入与央地五五分成）制度。这些改革可以说是历史性突破，再造了政府预算的形成准则和运行规则，要求收支预算规范、完整，要求收支政策取向科学、稳妥，要求各类收支核定适度可行。

从能力基础角度看，财政宏观调控经验更为丰富。“十三五”时期经济社会发展形势异常复杂，不仅经济增长换挡、市场供求关系发生多层裂变，同时全球正处于百年未有之大变局，经济长时间低位徘徊目逆全球化浪潮迭起，美国对中国发动贸易战。2020 年新冠肺炎疫情又突然而至并席卷全球，与经济周期性下行压力叠加在一起，冲击挤压经济增长，加剧了一些深层次经济矛盾。面对这种复杂局面，党中央审时度势更加重视灵活运用财政政策实施宏观调控，扩大赤字率浮动区间并相应调整地方政府债务规模伸缩度，深度调整支出结构，打好三大攻坚战，维护国家经济安全，推动经济高质量发展。同时实施大规模减税降费并相机调整关税税率。这些举措不仅化解了当期风险，使形势转危为安，而且优化了制度环境、强化了经济可持续协调发展长期趋势。这说明中国积累了新的运用财政政策对冲经济下行压力、化解社会矛盾、解决突发公共事件、应对国际社会压力的宏观调控经验。这使我们在编制预算确定收支政策时，更具统筹兼顾能力，更具平衡国内外两方面利益要求的能力，更具协调当期和未来发展间关系的能力。

②保持政策和改革的连续性、稳定性。新的理财起点使 2021 年的政府预算具备了新的基础条件，同时也意味着 2021 年的政府预算要发挥承前启后作用。所谓承前启后就是指在运用政府预算手段破解多层次难题时，要保持政策和改革的连续性、稳定性，要保持财政政策取向不变，要按照原定方针加快深化财税改革。进一步讲，就是要立足当前、着眼长远为进入新发展阶段起好步、起稳步提供资金保障，在统筹考虑需要与可能的基础

上充分运用财政政策，精准解决经济社会发展不平衡问题，进而增强人民群众的经济增长获得感和社会发展安全感。同时，要运用财税手段助力构建新发展格局，促使经济循环畅通无阻，深化供给侧结构性改革，加快培育完整市场体系，塑造中国参与国际合作和竞争新优势。在过去投入规模已经持续扩张、投入标准已经连续上调的基础上加大对重大战略任务、民生保障、经济高质量发展等方面的投入。显然这是高标准严要求的预算。

保持政策的连续性、稳定性就是要继续实行积极的财政政策，并保持一定的总量强度，同时，支出结构性政策延续“十三五”时期的发力点和着力点。总量保持一定强度的突出表现有三点：一是全国一般公共预算支出预计将超过 25 万亿元，比 2020 年增长 1.8%。按 6% 的经济增长率推算，2021 年一般公共预算支出占 GDP 比重将达 23% 左右。二是安排赤字 3.57 万亿元，赤字率 3.2% 左右，从赤字率与经济增长率比例关系角度看，2021 年的赤字强度甚至可说超过 2020 年，因为 2020 年经济增长率 2.3% 的情况下赤字率是 3.7%，而 2021 年的经济增长率预计将达 6%，最起码会超过 2020 年，但赤字率仅比 2020 年低 0.5 个百分点。这意味着 2021 年 1 个百分点的赤字率对应 2 个百分点 GDP，而 2020 年仅对应 0.7 个百分点。同时，新增专项债券 3.65 万亿元仅比上年少 1000 亿元，负增长 2.6%，但超出 2019 年专项债券规模近 1 万亿元。三是保持制度性减税降费强度不减。2021 年仍将推出新的减税降费举措，如提高小规模纳税人增值税起征点、取消港口建设费等。

支出结构性政策的发力点和着力点保持连续性、稳定性体现在如下几个方面：一是推动创新发展和产供升级。2021 年仍将聚焦国家战略需求优化支出结构。资金配置方面加大基础研究投入，中央本级基础研究支出增长 10.6%，支持国家重点实验室体系重组，通过后补助方式支持更多企业承担国家科研任务，启动支持中小企业“专精特新”发展奖补政策，中央预算内投资安排 6100 亿元（增加 100 亿元）继续支持促进区域协调发展重大工程并推进“两新一重”等重大工程建设。二是促进区域、城乡、人与自然三个方面协调发展。在区域协调发展方面，2021 年中央对地方转移支付仍保持增长态势，特别是对革命老区、民族地区、边境地区转移支付将安排 466 亿元，增长 10.1%。同时，加快出台长江经济带发展、黄河流域生态保护和高质量发展财政政策，继续支持西部大开发、东北振兴和资源枯竭型城市转型，加大新型城镇化投入保障农业转移人口基本公共服务需求。在城乡协调发展方面，着力支持全面实施乡村振兴战略，具体措施包括稳定种粮农民补贴、加大农机购置补贴力度，把中央财政乡村振兴补助资金增至1561亿元等。在人与自然协调发展方面，中央财政大气污染防治资金增长10%、水污染防治资金增长10.2%，重点生态功能区转移支付增长11%。三是践行以人民为中心的发展思想。党的十八大以来在“以人民为中心”的发展理念引领下，财政支出结构不断优化，着力点是加大基本民生保障投入。2021年投入强度仍将提高。具体措施包括城乡义务教育补助经费增至1770亿元、学生资助补助经费增至660亿元、困难群众救助补助资金安排11473亿元，居民医保人均财政补助标准增至年580元，基本公共卫生服务经费人均财政补助标准增至年79元等。

保持改革的连续性、稳定性就是要在已形成的现代财政制度框架内继续深化财政改革。在政府收入制度方面，稳妥推进后移部分品目消费税征收环节，落实税收法定原则，推进印花税等税收立法；适当扩大省级税收管理权限。在预算管理方面，加强预算管理各项制度的系统集成、协同高效；加强中期财政规划管理；加强民生支出财政承受能力评估，推动建立民生支出清单管理制度；加强县级“三保”运行监控。在财政体制改革方面，扩大财政资金直达实施范围，加大财力下沉力度，健全地方税体系。

保持政策的连续性、稳定性有其特定成因。首先，经济恢复性增长的基础还不稳固，压低经济增长的深层次因素的扩散效应依然较强，其中至为突出的是部分商品和劳务需求阶段性饱和与资源环境经济增长承受力逐步减弱并存、技术创新能力与经济发展需求不相适应、收入分配结构与经济增长能量释放相脱节等问题长期固化且有强化可能。其次，社会发展步入新阶段要求再度提升基本公共服务保障水平。同时，人口规模仍处扩张状态且人口老龄化加速。最后，前期政策引起的投资扩张客观要求后续投入接连不断。这些因素使我们必须继续减税降费并扩张支出。只有如此，才能对冲经济下行压力，扩大市场主体和消费主体的投资与消费空间，用阶段性的资金成本提升换取经济和社会发展的可持续、换取人与自然关系协调性的增强。

保持改革的连续性、稳定性同样具有特定成因。其中至为关键的是改革似开弓之箭不能回头，不进则前功尽弃。比如减税降费，如果不继续减轻税费负担、不适度延长税费优惠政策期限就会扰动市场主体预期，从而压低投资增长率。又如预算制度改革，如果不扩大绩效管理覆盖面就会形成不同类预算资金管理不平衡，就不可能推进预算全面规范管理。再如财政体制改革，如果不扩大直达资金范围，财力下沉就会失去全面提升效率的基础条件，而这直接事关基层“三保”能否及时足额完成。

政策的连续性、稳定性和改革的连续性、稳定性具有相辅相成关系。前者是为后者拓展空间，后者则是为前者创造落地条件并放大前者效应。具体讲，积极的财政政策保持一定强度发挥稳增长、调结构、惠民生作用可以增强改革信心并减少改革成本。税制改革则可再度优化营商环境进而扩大投资。预算改革则可提高资金使用效率从而增强政策实施力度。

2. 关于财政参与宏观经济治理的政策建议

2021 年是“十四五”开局之年，前期的改革发展为顺利实施“十四五”规划打下了良好基础，但国际形势依然复杂严峻，国内经济社会发展仍有诸多深层次问题需要解决。为此，未来一段时间内中国还要继续采行积极的财政政策，而且力度不搞急刹车，保持对经济恢复的必要支持水平。结合前文所述财政收支预测和积极的财政政策实施启示，总体上看，财政参与宏观经济治理要以加快建立现代财政制度深化改革为基本支撑，打好三大攻坚战，增强国家重大战略任务财力保障，在调节收入分配方面主动作为。

（1）以自动稳定经济为导向深化税制改革。

①扩大资源税征收范围。结合相关资源特点、资源税费性质，逐步将资源税扩展到占用水流、森林、草原、滩涂等自然生态空间构成元素。通过资源税征收，充分发挥资源税与初级产品价格联动的杠杆调节功能，使价格及其形成机制更好地反映资源稀缺程度，充分反映市场资源供求关系和应有的完全成本，促进资源节约利用，同时为地方税体系建设提供支撑。

②完善消费税制度。调整消费税征税范围。把部分新兴高档消费品和高消费行为纳入消费税征收范围。把部分已成为居民广泛使用的普通消费品的应税消费品，剔出消费税征收范围，例如，黄酒、啤酒、化妆品等。优化消费税税率结构。降低既具有中间投入性质、又具有最终消费品性质的应税消费品，如汽车轮胎、成品油等的税率。多层次高档税率，例如，烟草、酒、污染物等，体现消费税引导消费、促进资源节约利用和环境保护的宗旨。

③适时推进房地产税改革，逐步强化财产税的再分配作用。在加快房地产税立法的基础上适时推进房地产税改革以提高直接税比重，优化收入和财产的再分配机制，抑制收入差距扩大。一是合并现行房产税和城镇土地使用税，对包括个人住房在内的各类房地产统一开征房地产税，同时适当降低房地产建设和交易环节的税费负担，如增值税、契税。二是坚持住房保有环节税收只调节高端，基本住房层面不涉税的原则，按评估价值确定计税依据，通盘设计相关的税基、税率、减免税优惠政策。三是推动土地出让金制度、房地产税相关数据库制度建设、房地产税评估准则制定等一系列配套改革。

（2）完善支出政策。

①进一步加大创新投入推动科技体制改革和机制创新。增加财政创新投入必须与科技体制改革有机结合起来，通过投入推动科技体制改革和机制创新。财政科技投入的重点领域应主要集中在两个方面：一是支持企业自主创新。企业创新的目的是实现科技创新成果的产业化。因此，加大财政对科技创新的支持力度，尤其要支持对战略性新兴产业具有重要意义的科技创新项目，帮助企业在关键技术与共性技术上实现重点突破。要在政府主导与协调下，实现企业科技资源的优化配置，集聚资金与人才，提高重点领域的科技创新能力。二是积极培育市场，加大推广应用力度。要尽快研究出台鼓励消费使用新兴产品的采购补贴、价格补助等政策，积极培育消费需求，为企业创新提供源头动力加快发展。

②灵活运用财政支持方式，完善支持企业创新激励制度。坚决贯彻落实中央关于优化科研环境、加强智力要素激励等指导方针，以实质性地深化教育改革、科研改革，形成符合人才成长规律培养创新型人才，遵循科研规律持续激励科研创新活动的制度环境和社会氛围。正确处理人文关怀、物质鼓励和经费使用与学术规范制约之间关系。

鼓励科技创新，优化财富积累模式。中国财富积累和聚集的领域多集中在房地产业和金融业，主要是依靠虚拟经济积累起来的，对实体经济产生的积极影响和对经济发展产生的带动作用有限。政府应当继续鼓励技术进步和科技创新，设立创业投资引导基金、产业发展基金，积极发挥 PPP 模式等科学、合理、有效的方法来推动科技创新，优化财富积累模式。发挥财政资金在企业技术创新中的引导支持作用，从对研发活动的直接补助为主，改为拓展后补助、“天使投资”、购买服务等灵活多样的支持方式为主，并加强直接投入与税收、金融、政府采购等政策的衔接配合，实现促进技术供给与带动市场需求相结合。对符合改革发展方向的事情，要致力于花钱买机制，提高科技财政绩效水平。

③维护人力资本再投入的公平。从以生产为起点的经济循环来看，消费（消耗）是终点。但若把消费作为经济循环的起点来考察，消费并不是消耗，而是实现了资本化，即通过消费实现人力资本的积累，构成新一轮经济循环的初始条件。人的身体素质、文化素质、技能素质等人力资本要素都决定于消费。在后工业社会，或者说在知识经济时代，人力资本的作用已经超越物质资本，人力资本的价值日益凸显。消费的资本化，无论对社会个体，还是对社会整体，都具有越来越重要的意义。对社会个体或人群来说，消费决定了其在经济循环中的分配地位，并通过以下逻辑关联来实现：消费差距—能力差距（人力资本差距）—收入、财产差距。就此来看，贫富差距往往会通过经济循环把自身复制出来，并朝着不同的方向演进：贫富差距可能扩大、可能缩小、可能不变。

在人口老龄化背景下，劳动力供应开始下降，工资开始上涨，劳动者权益在一定程度上得到了更大保护。但是，居民积累的人力资本价值仍然偏低，尤其是农民工，这将从根本上制约居民收入的增长。居民部门人力资本积累实现快速增长，离不开政府的公共消费。因此，政府要在人力资本投入上加大支持力度：一是进一步加大对企业在职培训的支持力度，允许企业把员工在职培训经费纳入税前列支或享受研发经费投入同等优惠政策。二是进一步发展职业技术教育，鼓励社会力量参与技能培训，多渠道扩大职业教育规模。同时，完善职业技术专业设置，提高职业技术教育毕业生的学历层次，努力培养一支高质量的现代产业大军。三是加大对农民就业技能培训的投入，实现农民培训的完全免费，不但要对外出务工的农民实施培训，也要对从事农业种植以及与农业有关第三产业的农民实施培训，缓解农民就业不平等状态。同时，加强公共教育体系建设，为农村青少年、进城务工人员子女提供与城镇青少年逐渐趋同的教育资源，帮助他们掌握更多知识，获得更好就业机会，实现知识改变命运，增加人力资本累积，不断提高收入水平，形成低收入阶层向中高收入阶层的顺畅转化机制。

（3）强化转移支付资金绩效管理。1994 年实行分税制之后，财力逐步向基层政府下沉。近年来财力下沉再度加力加速，2020 年新增 1 万亿元赤字所筹资金全部直达基层，意味着一般公共预算支出增量绝大部分交给基层使用。目前一般公共预算支出基层占比已近70%。

财力下沉进程大致可分为两个阶段。2002—2011年间财政收入处于高速增长期，年均增速高达20%。当时收入增量大部分下沉给地方基层。2012年之后，财政收入增速降至一位数。2019年为3.8%。此时，财力下沉力度反而加大，市县两级支出占比持续抬升。2020年全国一般公共收入预算收入负增长，但基层支出却大幅增加。财力下沉资金来源有两个渠道：一是省以下收入划分；二是中央对地方转移支付。总体看，近年来财力下沉规模放大主要原因是中央对地方转移支付规模膨胀、结构优化。2012—2020年，中央对地方转移支付增长了一倍，2020年达到8.39万亿元，相当于2010年全国一般公共预算收入。从区域分布角度看，这些资金80%多流向中西部地区，中部省份一般公共预算支出50%—70%来自转移支付，西部省份一般公共预算支出60%—80%来自转移支付。东部经济发达省份中山东对中央转移支付的依赖度最高，不含青岛占比30%多。从制度特征看，转移支付取向明显是要向基层政府倾斜，突出表现是一般性转移支付比重逐步上升，及至2020年已占80%多，而一般性转移支付中的一些项目就是为市、县两级政府所设计。如县级基本财力保障机制奖补资金、老少边穷地区转移支付、产粮大县奖励基金、资源枯竭型城市转移支付等。同时，共同财政事权转移支付中的大部分资金也是要落在基层政府，如城乡义务教育补助经费、学生资助补助经费、就业补助资金、基本养老金转移支付、城乡居民基本医疗保险补助、农业生产发展资金等。此外，阶段性安排也是力保基层，比如2020年6050亿元的特殊转移支付资金全部直达基层。

财力向基层政府下沉是财力与事权相匹配的客观要求。具体讲，是因为大部分事关人民群众基本生活和发展的公共产品要由基层政府来提供，如义务教育、医疗卫生、社会保障、公共安全、城乡社区事务、保障房建设等，做好“三保”工作，就是稳住了大局，就是稳住了公共产品供应链，就是稳住了全社会民生预期。然而要看到，财力下沉幅度越高同时也就意味着基层财政的预算绩效管理任务越重，意味着预算绩效管理最终质量状况对基层财政的依赖度越高。但现实情况是预算绩效管理呈纵向高度不平衡状态，无论是组织保障能力，还是制度设计和实践操作，都是上强下弱。基层政府直接使用的财力占大头，但绩效管理主观能动性和实际执行力却相对薄弱。这种财力流向和绩效管理两相背反格局最终放大了财政资金绩效流失可能性，实践中也确实出现了中央转移支付资金绩效管理在基层成为“烂尾楼”案例。显然，解决财力下沉与绩效管理下沉同步问题可说迫在眉睫。

需要指出，推动财力下沉与绩效管理下沉同步早已被确定为深化预算绩效管理改革的重点之一。2018 年中共中央、国务院关于全面实施预算绩效管理的意见中再次强调要力争用 3—5 年时间基本建成全方位、全过程、全覆盖的预算绩效管理体系，把各级政府收支预算全面纳入绩效管理。现在必须尽快抓落实、找准难题并全面分析，基于此提出可行的化解之策。

从现实和远期发展两方面需求相结合角度看，实现财力下沉与绩效管理下沉同步似应尽快破解如下几个难题：

第一，厘清各类资金绩效边界。下沉到基层的财力可说类别复杂。从筹措方式角度分为有偿和无偿两大类，前者如专项债、一般债和抗疫特别国债资金，后者如中央对地方转移支付资金。从资金归属角度，可分为中央和地方两大类，前者如中央对地方转移支付。从资金使用方式角度，可分为项目支出和财力补助两大类。不同的划分视角，可分别反映出各类资金绩效特征。目前下沉到中西部很多县级单位的上述各类资金总额都在十亿元以上、地市级单位超过百亿元。但现在的问题是这些资金的使用方向交叉度比较高，比如有偿性资金都是用在建设上，区别在于一般债项目是无收益项目，专项债项目是有收益项目。无偿性资金则都是用于基本公共服务供给，其中很多类资金都既可用于基本支出，又可用于项目支出。比如一般性转移支付，这类资金的基本属性是补财力，其中一部分为综合性补助，一部分为专项性补助，但两类资金往往投向重合。比如县级基本财力保障奖补资金、均衡性转移、城乡义务教育补助经费三类资金都可用于中小学基本支出。这种格局事实上造成了各类资金绩效目标特殊性不明确，容易出现重复投入浪费资金情况。当前至为令人担忧的是全年新增 5.73 万亿元有偿资金在找寻投资项目。在前期 PPP 项目数已上万、实行十年的积极财政政策地方债项目数也已上万背景下，各类新增有偿资金自然会遇到资金等项目问题。因此，现在如果不从制度上寻求治本之策，今后财力下沉容易变成财力“淤堵”。从顶层设计角度看，治本之策首先是要进一步划清各类资金绩效边界，特别是明确各类资金绩效目标的特殊性。具体讲，有偿资金项目的绩效管理要从融资绩效和公益绩效两个维度展开。融资绩效管理要把一般债项目投资与一般公共预算收入挂钩、专项债项目投资与政府性基金预算收入挂钩。这样做可以切实把一般债项目和专项债项目区分开来，并由此出发确定公益绩效目标。无偿性资金绩效管理特别是中央对地方转移资金绩效管理要以进一步完善转移支付分类为前提，其中至为关键的是共同财政事权转移支付应从一般性转移支付中分离开来。这样中央对地方的综合财力补助和专项基本公共服务供给财力补助就可明确分开。从而也就划清了财力补助类转移支付的绩效边界。依上所述划清各类资金绩效边界，不仅可以具体细化各类下沉资金的绩效目标，而且可以完整实施全过程绩效管理，优化资金预算管理。

第二，强化基层财政和预算单位的预算绩效管理职责。下沉到基层的财力的绩效管理链条具有上级定绩效目标下级管落实特征。如何落实，不同类别资金又有不同流程。其中有偿性资金基层从资金运行起点就开始参与绩效管理，因为项目库建设制度要求基层负责筛选上报项目并提出项目预算绩效目标。无偿性资金则要求基层财政和预算单位在预算执行环节把资金绩效目标的要求依序及时落实到公共产品供给各个环节中去。强化基层财政和预算单位下沉财力预算绩效管理职责，关键是把绩效管理融入预算管理各环节、各领域。有偿性资金在项目立项时，申报单位就要客观设立绩效目标，财政部门要承担起综合管理职责，既要组织绩效目标评价，又要分类评测本级各类预算收入与相应债务类别项目资金需求的比例关系。同时，财政部门和预算单位都应管控项目资金的使用。前者重在管控资金流向，后者重在管控资金时效、无偿性资金绩效管理方面财政部门内设相关机构要把绩效管理全面融入预算管理中去。其中至为关键的是把转移支付资金绩效评价纳入到所管理的预算单位的整体绩效。比如教科文预算编制管理机构要把管控相关预算单位的教育转移支付资金绩效状况并列为本机构职责范围和机构业绩考评对象。同时，中央和省两级财政可把转移支付资金绩效监控结果和绩效评价结果与基层转移支付资金预算核定挂钩。此外，对各类下沉财力都应建立预算绩效管理主体责任制，各基层财政部门及其下设机构主要负责人和各预算单位主要负责人都要对预算绩效管理负主体责任。

第三，进一步优化各类下沉力绩效目标。财力绩效管理有待深化，主要原因之一是有些下沉资金的绩效目标不清晰、不科学。目前对下沉到基层的财力强调要设定绩效目标，但侧重点还是放在了项目支出上，比如地方债项目。然而即便是这类资金，也没有明确界定好专项债项目与一般债项目绩效方面的主要差异。中央对地方的转移支付资金如何设定绩效目标可说还有较大探讨空间。2015 年出台的专项转移支付资金管理办法要求各个专项资金都要制定管理办法。一般性转移支付中的各类资金也有相应的管理办法。但深入分析，可见转移支付资金有两个层次的绩效目标尚未说清：一是总体绩效目标。转移支付究竟要产出什么、要取得哪方面多大程度的社会效益目前可说还没有完整的指标体系；二是各类转移支付的产出指标体系和社会效益指标体系也没有完整建立。比如均衡性转移支付，定性是补标准收支差，但究竟产出什么并没有具体指标来体现。这使基层无从实施可量化的转移支付资金绩效管理。显然，现在必须抓紧优化下沉财力的绩效目标指标体系，有偿性资金方面，今后向各地下达地方债限额指标应同时明示绩效目标如项目总体进展指标值、就业效应值、收入分配调节值、投资带动率、风险警示值等。在无偿性资金方面，今后中央对地方转移支付中的综合财力补助如均衡性转移支付向各地下达时，应明确列示绩效目标指标值，如就业稳定贡献率、基本公共服务均等化贡献率、区域财力差距缩小额等。共同财政事权转移支付绩效目标指标则侧重反映专项基本公共服务供给保障效益，如专项基本公共服务均等化率、收入分配调节效应、受益对象满意度等。上述绩效目标指标数值应依随资金指标和资金同步下达。上级财政部门据此考核基层预算绩效管理，基层本级财政据此落实预算绩效管理。由此形成下沉财力绩效管理可量化、可考评、可监测格局。

第二节 优化收入分配格局的基本政策取向

在大体量经济平稳增长情况下，增量引起的收入分配空间不断扩大。但是，增量空间扩大与存量空间扩大并存也会加大收入分配政策的制定和调整的难度。因此，今后有必要在清晰界定三大部门关系基础上，着眼于收入分配制度创新和体制变革，充分发挥市场和政府各自应有的积极作用，兼顾劳动报酬流量和财产性存量分配调整，注重收入分配机制的长效性优化。具体实施过程中似应坚持如下几项基本原则：

1. 注重分配制度改革系统性

收入分配制度改革涉及的“三大部门”、“两大机制”各有其预期目标和运行特点，同时又相互补充、相互交叉、相互渗透，关系错综复杂，力量此消彼长。因此，实施收入分配制度改革，要注重理顺收入分配机制的核心关系、明确改革目标，通过顶层设计实现系统性优化方案，避免局部性措施相互对冲效应。

2. 厘清市场作用与政府作用边界

作为收入分配的“两大机制”，市场机制和政府调节机制各有侧重，二者协调的前提是厘清各自功能的特殊性。就一般性而言，市场调节机制会促进收入增长并拉大收入差距，体现的是效率提升和对初次分配的约束。政府所起作用是促成收入分配起点公平、过程公平、机会公平，在尊重市场作用的前提下建立公平、有序竞争的按要素分配收入的制度。在国民收入再分配阶段，政府通过公共服务支出弥合市场机制运行导致的财富积累差距的扩大。

3. 收入流量分配与财富存量调整并重

居民收入本身是一个自循环过程，年度流量收入的积累形成存量收入，存量收入又可以创造新的流量收入。因此，仅考虑某一期间内居民收入流量的分配，不能从根本上完善收入分配机制的流量，更难以保证收入分配结果的公平。改革收入分配制度必须从流量和存量两方面入手，推动提升收入分配机制的运行效率和公平度。

4. 提高收入分配透明度

有效、公平的收入分配机制的建立和顺畅运行需要尽可能理顺方方面面关系。在市场层面，企业要建立明确的收入分配运行规范，保障市场机制有效发挥资源配置作用，使得收入分配在制度相对透明的基础上完成。在政府层面，要建立透明的政策和制度动态调整机制，以使政府的调节行为有章可循、基础可靠、公众可监督。也只能如此，才能避免出现“灰色收入”。

坚持上述原则意在实现全面提升效率与公平，推动经济增长和民生改善这一收入分配制度改革总目标。由此出发，可考虑从以下几个方面入手优化收入分配格局：

1. 充分发挥市场的收入分配作用

从国民收入初次分配过程看，当年收入流量分配在要素市场上完成，存量财富创造的流量收入分配也依托于市场实现。由此可见，建立竞争充分、公开透明、有序运行、独立发挥作用的市场，是决定收入分配能否公平进行的关键。确保要素市场合理发挥分配作用，必须建立合理的市场准入标准和公平用工制度，鼓励按要素分配形成合理的收入差距，提高资源配置效率。同时，促进企业实现有效资本积累，提高劳动生产率。

发挥市场机制的作用，必须厘清政府和市场作用的界限，减少政府部门对市场配置资源的干预和寻租机会。政府应当在尊重市场运行规律的前提下，规划建立统一的、规则清晰的要素收入分配监管体系并消除体制性壁垒，降低企业收入分配成本，保障分配公平、有序运行，实现公众对收入流量和存量财产价值增长的合理预期。同时，政府应当积极鼓励和引导企业尊重劳动者权益，形成公平的劳资关系。

2. 科学界定政府收入分配职能范围

在国民收入初次分配过程中，政府的基本职能是在尊重市场运行规律的前提下，建立市场运行规范并实施合理监管。在国民收入再分配过程中，政府的基本职能是有效修正市场配置资源带来的不公平收入分配结果，为人力资本积累和劳动力素质的提高提供基础性条件，确立低收入人群收入底线，缩小收入差距，实现机会公平。政府在调节劳资分配关系时，应当把握好收入分配调节的中性角色，既不偏向劳动，也不偏向资本，明确目标，找准着力点，通过清晰、严格的制度规范劳资分配关系，促进形成劳资双方收入协调增长局面。

3. 重视发挥公共消费在优化国民收入分配格局中的作用

政府公共消费包括用于公共事务的消费和用于居民部门的消费两部分

内容。前者是政府部门为了正常履行职能发生的运转支出，后者是政府部门在完成公共服务目标过程中针对居民部门发生的支出。我们测算，政府部门对居民部门的消费支出占到每年政府部门总消费支出比重的50%—60%，政府消费支出占GDP比重在16%左右。因此，需要规划好这部分财政资金的使用方向：一是实施教育投入改革，提高政府资金投入效率。加强职业教育和职业技术培训，为人力资本积累奠定基础，实现劳动力质量提升，化解劳动力结构性短缺矛盾，为经济持续发展和顺利转型提供必要的劳动力保障，逐步缩小城乡差距。二是进一步深化医疗体制改革，全面提升医疗服务水平。三是进一步深化社会保障体系改革，实现全民社会保障机会均等和保障程度基本公平。

4. 分类实施

收入构成中不同要素收入之间、不同主体收入之间、城乡之间、地区之间、行业之间、所有制之间存在显著的收入差异。因此，政府构建合理的收入分配机制应当充分考虑各种影响因素，既把握原则性，又体现出适应性和灵活性，总体上做到分类施策。

首先，对勤劳致富、靠个人禀赋与才能致富应从制度方面给予支持和保障。

其次，对要素占有和机遇不同而形成的收入差异，制度上应当适当调节，但不宜做抹平处理，以避免开放条件下的要素外流和抑制首创、冒险精神。

最后，对违法乱纪的“黑色收入”，必须坚决取缔、惩处、罚没并注重从源头上加强制度建设，消除非法所得的滋生土壤与条件。

基于以上对中国国民收入分配格局现存问题的分析，围绕优化国民收入分配格局总体目标和改革方向，今后似可采行如下收入分配调节政策：

1. 发挥政策合力，全面促进农民增收

一是坚持把农业农村作为各级财政支出的优先保障领域，建立健全支农投入稳定增长机制。改革完善农业补贴制度，不断提高补贴政策效能。二是支持农业适度规模经营，深入推进财政支持农民合作社创新试点，推动支农项目与新型农业经营主体对接，支持家庭农场和种粮大户发展。推进农业生产全程社会化服务体系示范试点。三是拉长农业生产链条，促进发展特色农业、品牌农业、生态循环农业，促进农业产业化经营，提高农业附加值。四是发挥财政扶贫资金的带动作用，引导金融资本、社会资本支持农村扶贫开发，加强财政扶贫资金管理，提高扶贫资金效益。

2. 稳步推进城市农业转移人口市民化

制定公开透明的各类城市农业转移人口落户政策。探索建立政府、企业、个人共同参与的市民化成本分担机制，把有稳定劳动关系、在城镇居住一定年限并按规定参加社会保险的农业转移人口逐步转为城镇居民。全面落实政府间转移支付与农业转移人口市民化挂钩机制，健全以居住证为载体的基本公共服务提供机制，保障农业转移人口享有城镇基本公共服务。

3. 促进城乡公共资源均衡配置，实现生产要素自由流动

城乡二元体制的突出表现是城市公共资源的建设水平远远领先于农村。缩小城乡之间的发展差距，实质上就是要分步实现城乡基本公共服务项目均等和公共服务设施建设力度均等。具体措施包括：一是促进农村教育、卫生事业发展，健全农村社会保障体系，推进村级公益事业建设，公共资源分配进一步向农村倾斜；二是加快培育和发展更具开放性和流动性的劳动力市场，逐步消除直接阻碍城乡劳动力流动的制度壁垒；三是在促进城乡劳动力自由流动的同时加强对劳动者的保护，从政策上支持维护劳动者获取报酬的权益。

4. 推进农村土地制度改革，扩大农村土地的增值空间

建立兼顾国家、集体和个人的土地增值收益分配机制，合理提高个人收益，依法保障农民合法权益。要按照依法自愿有偿原则，允许农民以多种形式流转土地承包经营权，确保农民分享流转收益。同时，通过改革征地制度，提高农民在土地增值收益中的分配比例，土地出让金必须足额安排支付征地补偿安置费用、拆迁补偿费用，补助被征地农民社会保障所需资金的不足，结余资金应逐步提高用于农村土地开发和农村基础设施建设的比重，以及完善国有土地使用功能的配套设施建设。

5. 适度推行“提低、限高”政策，逐步缩小收入绝对差距

完善最低工资制度。综合考虑经济发展、物价变动、劳动生产率提升和企业承受能力等因素，建立最低工资标准调整机制。适时将最低工资标准由月最低工资标准改为小时最低工资，防止企业通过延长工时的办法规避管制。

建立以工资集体协商制度为核心的企业工资决定机制。建立具有中国特色的工资集体协商制度，由劳资双方通过工资集体民主协商来决定本企业工资分配的形式和分配水平等。着力推行区域性、行业性职代会制度，完善私营企业三方利益协调机制和工资集体谈判机制。集体协商制度体系中，首先要进一步完善工会制度，从制度上解决劳资的对话和劳工的利益表达机制。其次要建立健全平等协商机制、履约责任制度、监督检查制度、职工群众参与和评价制度。

加强国有企业高管薪酬管理。建立与企业领导人分类管理相适应、选任方式相匹配的企业高管人员差异化薪酬分配制度。根据企业经营管理绩效、风险和责任确定薪酬，对行政任命的国有企业高管薪酬水平实行限高，推广薪酬延期支付和追索扣回制度。对非国有金融企业和上市公司高管薪酬，通过完善公司治理结构，充分发挥董事会、薪酬委员会和股东大会对畸高薪酬的抑制作用。

健全农民工工资支付保障机制。将拖欠工资问题突出的领域和容易发生拖欠的行业纳入重点监控范围，完善与企业信用等级挂钩的差别化工资保证金缴纳办法。进一步落实清偿欠薪的工程总承包企业负责制、行政司法联动打击恶意欠薪制度、保障工资支付属地政府负责制等制度。

6. 促进体制内收入合理分配

深化事业单位收入分配制度改革。结合推进事业单位分类改革，实现对事业单位工资分配制度分级分类管理，健全与岗位职责、知识技能、工作绩效挂钩的分配激励制度。全面落实和不断完善事业单位绩效工资制度，按照“限高、稳中、托低”的思路合理确定事业单位绩效工资总量。

深化国有企业工资制度改革。改革国有企业工资总额管理办法，限制国有企业尤其是垄断行业国有企业员工工资过快增长，使其与国有企业之外的社会劳动者保持合适的比例关系。对垄断行业的工资总额和工资水平实行双重调控，逐步缩小行业工资收入差距。

7. 建立健全国有资本收益分享机制，逐步弱化垄断性收入

加大国有资本经营收益收缴力度，促进垄断行业改革。加大国有资本经营收益的上缴力度可以降低垄断行业收入水平，减少过高的垄断利润和特许权收入对市场秩序的干扰。提高收入收缴力度首先可在中央本级国有资本经营预算层面执行。一是在促进垄断行业、部门深化改革的过程中，对现行征收比例做出调整。二是扩大征收范围，应当逐步向金融类以及部门所属的国有企业扩展。对地方层面，应鼓励支持建立国有资本经营预算制度，加强对国有资本收益的管理。

统筹国有资本经营预算支出。对国有资本经营预算支出，要坚持“资产全民所有，收益全民所用”的大原则。统筹国有资本收益将之用于民生改善，并与其他预算，尤其是社会保障预算、一般公共财政预算相互连通。扩大国有资本经营预算的支出范围，将国有资本经营收益更大比例划转一般公共预算和社保基金预算，强化其社会性支出职能。同时，要通过强化国有资本经营预算公开制度，强化问责和绩效管理，增强国有企业红利使用的透明度。

8. 深化养老保险制度改革

完善社会养老保险体系。坚持覆盖全民、保障适度、权责清晰、运行高效，稳步提高社会养老保障统筹层次和水平，建立健全更加公平、更可持续的社会养老保障制度。要以共享发展为导向，强化制度设计的公平性和普惠性，建立健全更加公平、更可持续的社会养老保障制度。扩大个人账户规模，构架以个人账户为主体的职工基本养老保险制度。实行名义个人账户制度，逐步提高个人账户养老金计发月数，完善个人账户记账利率政策，改革个人账户余额继承制度。在个人账户为主体的制度建立后，实行基本养老保险支付全国统筹。健全城乡居民养老保险参保激励约束机制，提高居民参保积极性。在实行企业年金和职业年金个人所得税递延纳税政策的基础上，适时开展个人税收递延型商业养老保险试点，鼓励职工参加个人储蓄性养老保险，推动建立多层次的养老保险制度。研究建立基本养老保险精算制度，定期开展精算分析并适时向社会公布。

9. 深化社会救助制度改革

健全社会救助体系，加强社会救助制度与其他社会保障制度、专项救助与低保救助等的统筹衔接。进一步优化、整合相关社会救助政策与资源，按困难类型划分社会救助政策，将社会救助明确为中央与地方共同财政事权，根据救助项目内容、特点以及区域间财力差异，确定中央负担的救助项目水平。逐步建立全国统一规范、数据共享的社会救助管理信息平台。以政府购买服务形式鼓励社会力量参与社会救助。

10. 深化社会福利和优抚安置制度改革

通过公建民营、民办公助、购买服务等形式，引导社会资本积极参与养老服务体系建设。开展建立长期护理保险制度试点，逐步建立更加稳定可靠的长期护理筹资机制。逐步健全困境儿童分类保障制度，积极推动残疾儿童的早期治疗，重点建立残疾儿童康复救助制度。推进残疾人按比例就业和稳定发展集中就业。加快城乡无障碍环境建设。

第三节
降杠杆的基本政策思路

目前中国的经济增长正处功能转型期，消费的贡献率不断攀升已达50%以上。从居民杠杆率水平与消费对经济增长贡献率对比关系上看，居民杠杆率水平应该不高。从经济增长安全性角度目的地，主要是企业高杠杆问题令人担忧。同时，政府杠杆率也有上升过快隐忧。因此，降杠杆的着力点应是重点降低企业和政府的杠杆率。

一、关于降低企业杠杆率

前文所述表明企业杠杆率抬升关键因素是成本持续上升。降低企业杠杆率必须抓这一主要矛盾。换言之，如能把不合理的成本大幅降下来，那么，企业融资需求增量自然会收缩，杠杆率相应下降。

在全球经济增速放缓，市场需求减弱的大背景下，成本高企成为制约中国企业实现正常经营和运转的重要影响因素。目的是缓解企业的困难，帮助企业渡过难关。作为国家层面的政策，“降成本”的含义应当并不仅仅局限于简单意义上的成本减少，而是从根本上建立起较为科学的成本形成机制，促进企业在合理成本负担的框架下实现可持续发展，因此，降成本的“降”是一个相对概念，是一个实现成本合理化的过程。而要真正理解降成本的内涵，还应当从企业会计等式“收入 - 成本 = 利润”入手进行分析，该等式表明，成本是影响企业利润的一个重要方面，但不是唯一因素，另外一个重要因素是收入，二者相互作用，共同影响企业经营成果，也就是说，“降成本”和“增收入”是一个问题的两个方面，其目的是一个，即激发企业的造血能力，实现企业经营活动的良性循环。

因此，降成本政策的内涵应当包括相互关联的两个方面——“降成本”和“增收入”，一方面要减少企业的成本负担；另一方面要积极拓宽企业收入渠道，通过打组合拳的方式恢复企业活力，扭转当前困局。抓住“降成本”政策的真正内涵，找准问题厘清原因，才能有效实施降成本策略。

降成本不是孤立的政策，“降成本”和“去杠杆”、“去产能”、“去库存”、“补短板”之间密切相关。“去杠杆”意味着降低融资成本，“去产能”意味着减少固定资产折旧和相关人力成本的支出，“去库存”意味着降低产品储存成本，实现现金回流，“补短板”意味着提升管理水平和核心竞争力，实现“增收入”。因此，要真正实现“降成本”的政策目标，必须做好与其他四项任务之间的配合，只有这样，才能真正做到“降成本”和“增收入”，激发企业活力和创造力。

基于降成本的内涵，可说降成本任务对应的是一个多元化体系，是基于增强企业活力而形成的一个需要多方参与，通过多种途径实现的复合性架构，在这个框架下，应当注意处理好以下五方面的关系：

1. 处理好手段与目标的关系

从我们调研的情况看，政府和企业对降成本的政策发力点的看法存在不一致的情况，政府普遍认为从政策层面降成本的空间已经不大，现有可行政策已经基本到位，而企业则认为降成本是政策可以发力的有效手段，政策力度应当进一步加大。之所以出现这种差异，就在于对降成本的认识还不充分，无论从政府角度看，还是从企业角度看，降成本都是手段而不是目标。我们调研发现，很多企业都根据自身的需要和面临的困难从多个角度提出了政策优化建议，总体上，可以归结为两大类：一是“多予”，二是“少取”。“多予”就是政府对企业多一些关注，多一些实实在在的投入，从资金支持、政策优惠方面等方面向企业提供切实的支持，“少取”就是政府在税费方面给予更多减让空间，降低企业实际负担。

企业提出的建议是不是合理呢？我们认为，对于企业这些具体要求，无论是政府还是企业，都应当从手段和目标的角度进行客观评价，明确区分这些建议对增强企业活力目标的实际作用，对于有助于增强企业活力，使企业“活下去”的建议，可以合理采纳，对于无助于增强企业活力，也无助于从实质上扭转企业困局，仅仅是使企业“多活几天”的暂时性缓解困难的建议，则应当不予采纳。

2. 处理好短期与长远的关系

从降成本角度看，企业经营是一个持续的过程，各种降成本措施需要一定的时间才能发挥作用，而要构建科学合理的成本形成机制则需要一个相当长的时期，其间需要理顺多种机制，处理好多方面关系。基于企业现在面临的困难，降成本是当务之急，政策措施的出台和落实，直接关系到一些企业的生存。因此，应当分析企业具体困难的轻重缓急，合理评价政策实施对企业的影响，既着眼于眼前，又考虑长远，把握短期政策与长期政策的方向、重点，运用组合方式提出解决措施，才有可能从根本上解决问题。

3. 处理好内部与外部的关系

企业作为自负盈亏的市场经营主体，无论是降成本还是增收入，都应当以企业自身的经营为主，即所谓“内因是根据，外因是条件”，企业应当注重练好内功，从战略、管理、提升核心竞争力等方面增加经营活力和创造力，这才是企业走出困境的终极方法。政策措施层面的扶持虽然能够在短期内发挥一些作用，但长期看，应当更多地致力于优化企业外部环境，直接的干预越少越好。政策直接干预越少，企业外部环境越公平，越有利于激发企业活力，使真正的好企业脱颖而出，实现市场机制下的“优胜劣汰”，保障经济健康发展。

4. 处理好策略与战略的关系

降成本是一系列政策、措施的统称，具体到每一个企业，实施重点和实现途径都各不相同。无论是对于政府而言，还是对于企业而言，清晰地认识局部与整体的关系，是关系到降成本措施实施途径和实施效果的重要问题。特别是从企业角度看，从战略层面重视成本管理问题，将其纳入企业整体发展框架，从规划、策略到执行、评价，进行全过程全方位的策略组合，是降成本的有效途径。

从各地降成本情况看，当前政府已经在降低社保基金缴费比例、减免地区政府行政性收费、助力企业向金融机构融资、企业用电政策性资金补贴等方面出台了一系列政策，取得了一定效果。但综合分析，这些政策更关注短期、细节，是属于策略层面的政策，而涉及地区战略地位、完善市场体系、激发企业自身造血功能等方面的战略层面的系统性政策，总体上还较为缺乏。

5. 处理好成本减与增的关系

如前所述，降成本不能按照字面的意思理解，不是简单地减少成本，而是合理界定成本，因此，降成本是一个相对概念，与较高的收入相匹配，成本可以高一些，与下降的收入相对应，成本就需要严格控制在低位。企业在发展过程中，受到内外部各种因素的影响，成本不可能只降不升，特别是对于必要的人工成本和研发成本，单纯的降低不仅不利于企业走出困境，反而会侵蚀企业的技术积累，损害企业竞争力，严重阻碍以后的发展。因此，降成本应当是降低不合理成本，对于合理成本和必要成本，可以根据需要适当增加。

中国国有企业多，存在不同程度的缺乏创新激励机制问题，特别是在当前企业困难的情况下，如何合理增加成本，实现创新就成为一个制约因素：一方面现有订单少，产能过剩，现金回流困难；另一方面企业资金少，研发投入跟不上，人员留不住，产品更新换代、企业转型难，这就造成企业经营出现“恶性循环”。因此，如何做好“增”的工作，是一个现实的难题，也是降成本、转困局的一个突破口。

在处理好上述五大关系基础上，降成本似可从如下几个方面入手：

1. 进一步优化体制机制降成本

企业降成本是一个长期过程，而体制机制创新是降成本的根本方向。在我国向市场经济转型的“新常态”过程中，一方面，企业需要不断激发自身活力，强化承担和消化合理成本的能力；另一方面，政府需要通过体制机制创新，针对市场进行市场化、法治化建设，为企业打造公平、有序、诚信的外部环境。

从政府角度看，制度创新体现为政府对自身定位的基本把握，政府应当减少甚至避免直接介入企业的市场化运作过程，其中就包括减少或合理化政府对企业的补助。政府补助的实质是用全社会的税收资源为企业的经营行为买单，在当前经济新常态、中美贸易摩擦大背景下，对于承担部分溢出市场风险的企业进行政府补偿具有理论和实践意义上的合理性，但长期持续下去，政府补助会破坏市场运行的公正性，损害产业链合理关系的形成，损害部分企业的利益，损坏市场公平竞争功能的发挥。

当前应通过深入研究宏观产业链结构，理顺产业链上的企业关系，完善制度建设，实现企业间关系的市场化、法治化。在减税降费空间已经十分有限情况下，政府需要转变职能，推动制度创新、体制创新，把大数据、互联网、人工智能等新技术运用到政府管理过程中，积极探索改进政府管理方式的途径，积极寻找政府和市场的合理衔接方式，提升市场的有效性。政府应当着重发力于建立全社会的信用体系，依托法治化体系重构商业信用，补上制度短板，激发企业活力，增强企业对成本的消化吸收能力。

高质量发展意味着高成本，从这个意义上讲，成本上升是长期趋势，在这种趋势下，政府要从长远着眼进行战略性规划，政府创造良好的外部环境，完善金融市场、物流市场、人才市场、能源市场、土地市场建设，企业通过技术、产品、材料、经营管理等全方位创新对冲成本上升，二者共同发力，提升企业消化成本的能力。

2. 继续推进改善营商环境的各项措施

进一步优化营商环境，为宏观产业链外围搭建起高效、有序、法治化的市场环境，是实现改革性降成本的重要内容。改善营商环境的关键在于正确界定政府与市场的关系，明确建立服务型政府的目标，具体包括：提供完善的软硬件基础性条件，包括水电供应、道路、法律援助等方面；设计促进营商环境改善的制度，及时提供政策解读服务；打造政务信息互联互通、有效共享的线上平台，提高运行效率；搭建企业与政府间顺畅的沟通渠道，实现政策的及时传导与反馈，形成亲清新型政商关系；进一步扩大开放，通过营造竞争中性的营商环境，形成全面扩大开放与提升营商环境的良性循环；重视解决营商环境改善过程中的监管问题，实现全过程安全管理。

3. 制定符合社保缴费政策的合理化实施细则

当前的社保缴费改革，凸显了中国经济现状与现代化、透明化管理之间的矛盾。与实施社会保险制度较早的西方国家比，中国社保缴费政策实施年限短，未来人口老龄化压力大，因此费率较高。本次降低社保缴费改革，需要处理好企业经济成本与政府社会成本之间的关系，深入调研政府和企业各方的实际情况，通盘考虑各项相关政策的合力效应，制定出均衡各方利益的实施细则，实现政府社会成本保持基本稳定，企业经济成本适当降低的良性分担机制。经济成本与社会成本之间存在“此消彼长”的关系，良性分担机制是一种安全保障，一方面，保证政府在宏观调控社保缴款方面拥有的必要财力，避免出现未来养老金缺口加大时的财政压力和社会动荡；另一方面，稳定企业预期和社保成本压力，避免出现“上有政策，下有对策”，通过组织结构分拆、注册个体商户等方式规避缴纳社保费用的扭曲现象，使企业保持稳定的创新、发展能力。

4. 注重人力资源的科学培养和合理配置

当前，在国家进行经济结构调整、产业结构升级，企业实现层级跃迁的过程中，劳动力的问题成为根本问题，特别是对于劳动密集型企业和技术先进性企业，人力资本是重要成本项目，解决好人的问题是企业增加创新动力，积极寻求发展的必要途径。人力资本成本有自身的发展变化规律，降成本的提法在人力资本方面并不合理，违背了人力资本形成的规律性和基本条件。长远看，人力资本成本具有逐步上升的趋势，企业要发展，就必须不断提高人员专业素质，提高技术人员的比重，投入更多的成本。政府在降成本体制机制建设过程中，必须为企业进行人才培养和储备，同时建立人才合理配置机制，一方面，把握和适应社会经济发展的正确方向，制定国家层面的教育战略，制订各层次人才培养计划，实现全社会范围内的人才培养和储备；另一方面，建立完善的人才应用配套机制，解决人才流动过程中的子女教育、户口、医疗、养老等具体问题，实现人才资源的合理配置，为企业发展提供持续性、根本性支持。

二、关于降低政府杠杆率

前文所述表明，政府杠杆高企的要表现是赤字规模不断扩大。因此，管控赤字相应成为降低政府杠杆率必须认真研究的重大问题。管控赤字涉及认识和操作两大层面的多方面问题。在认识层面有以下两个问题需要讨论解决：

首先，如何看待赤字的性质。改革过程中中国学术界曾开展过赤字有害还是有益的讨论。实践中赤字常态化的客观存在使人们不再担心赤字会发生多大破坏作用，特别是当前经济下行压力增强，增加赤字反周期更是成为主流观点。事实上从赤字的形成过程看，赤字本质上就是政府收入筹措的有偿化，赤字越多，国家财政支出的债务化程度越高。可见，使用赤字解决支出问题理应慎重，其关键原因是有偿化筹措政府收入人为加大了公共产品供给成本，实际上是加大了当代人和后代人的负担。所以，不要把赤字看作是“良药”，赤字只能说是困难时期的高成本解困手段。事实上，即便说赤字是良药，是药三分毒，最好不用药。既然如此，采用赤字手段时，就要权衡利弊和承受力时间分布，寻求成本收益最大化之策。

其次，不要夸大赤字的作用。凯恩斯主义强调可运用赤字手段刺激经济。这一观点确实丰富了宏观经济学，但对经济理论和决策理念的影响也已显现出过度化倾向，仿佛财政赤字可以力挽狂澜快速拉动经济增长，好像财政赤字就是为拉动经济增长而生。其实真是不然。一个国家或一级财政赤字规模都不可能过大。从经济增长拉动角度看，财政赤字形成的财政支出占总需求比重各国实践上说至多不会超过10%，大部分情况是在5%以内。由此可说财政赤字只能说是小幅助推经济增长。如果从结构角度分析问题，假如财政赤字派生的财政支出大部分是流向消费而不是投资，那么，经济增长拉动力就更低。发达经济体经济增长率从20世纪末至现在普遍低于3%。在赤字高峰期时赤字率普遍超过3%，同期年均经济增长率反而低于2%。究其原因，主要是赤字规模持续扩张源于公共福利支出需求特别是社会保障支出需求扩张所致。中国的统计数据也表明赤字增长率高的时期经济增长率反而低。比如2009—2020年赤字率波动性增长抬升至3%以上，但经济增长率反而缓步下调。其中主要原因也是赤字形成的支出大头流向消费。可见，凯恩斯主义提出的政策主张有效性同各个经济流派的政策主张一样，都是有限的。我们不能陷入凯恩斯主义不能自拔，否则，就会误入长期运用财政赤字拉动经济增长背负巨额债务难以回头的歧途。就像头痛靠吃止痛药治病不治本一样。换言之，我们一定要从财政的基本职能出发去认识财政赤字的功能，要看到财政归根结底是公共产品供给的资金配置过程。财政赤字导源于公共产品供给需要，调节经济增长是派生作用，不可能成为主导作用。凯恩斯主义的政策主张是在公共福利制度改革尚未推进条件下提出的，只能说是应对工业化条件下的经济波动的短期措施，没有理由被奉为可长期坚持的金科玉律。

从操作层面看，似可从如下三个方面入手管控赤字：

第一，优化一般公共预算和政府性基金预算的宏观经济调控功能定位。中国的预算体系包括四本功能各异的预算。《中华人民共和国预算法》（以下简称《预算法》）明确规定一般公共预算是对以税收为主体的财政收入安排用于保障和改善民生、推动经济社会发展维护国家安全、维持国家机构正常运转等方面的预算且可以列赤字。关于政府性基金预算，预算法则规定是对依照法律、行政法规的规定在一定期限内向特定对象征收、收取或者以其他方式筹集的资金，专项用于特定公共事业发展的收支预算且该项预算须以收定支。这种功能定位实质上是要求一般公共预算以保障基本公共服务供给为首任兼顾反周期，或说反周期可以体现在基本公共服务供给支出规模变动上。同时也要求政府性基金预算资金只能用于投资性支出。因此，一般公共支出预算赤字规模的变动首先依基本公共服务供给制度安排的需求而定。当经济处于低迷状态时，可以通过扩大基本公共服务供给、抬升供给标准来反周期。此时的赤字扩张本质上属于公共福利改善，具有反推经济增长作用。但任何一项公共福利水平一旦抬升都会居高不下。可见，如果把赤字扩张当作反周期的主要政策工具，最后势必把财政支出推向无度扩张轨道。所以，在宏观经济调控方面，一般公共预算应定位在适度协同上。相比较而言，政府性基金预算可以更多发挥反周期作用。首先，政府性基金预算支出的投资性支出具有需求扩张拉动率高特征。因为投资前可通过购进原材料带动上游产业发展后可通过增加就业带动消费扩张。其次，政府性基金预算支出规模变动弹性大。因为特定公共事业发展时间弹性强。在经济低迷时，可通过举债融资超前发展拉动经济增长。当前大幅扩大专项债规模发展相关事业充分体现了这点。最后，政府性基金预算以收支定实际上比一般公共预算支出更具内敛性、风险更低。比如当前扩大专项债规模搞项目，专项债要市场化发行，如果发不出去就不能搞且指标不结转下年，这实际上就是一种风险控制机制，体现出了政府性基金支出的内敛性。鉴此，今后反周期，似应坚持主要依靠扩张政府性基金支出来拉动经济增长，一般公共预算适度扩张刺激消费反推供给扩张的原则来定调财政政策。

第二，在预算编制环节明确列示赤字资金流向。目前，中国的赤字管理可以说相当粗放。突出表现是预算管理的顶层法规就没有明确规定赤字使用方向。《预算法》第三十四条规定中央一般公共预算中必需的部分资金可以通过举借国内外债务等方式筹措，其暗含的意思是可以列赤字，但未界定什么是必需的资金，具体到地方各级预算也只是说部分建设性资金可举债融资，含义是可列赤字。但《预算法》通篇没有解释什么是财政赤字，更没有说什么情况下可以列赤字。与之相对应，预算法实施条例也就无从谈起如何管理赤字。这种制度安排实际上表明赤字增长没有明确的约束机制。必须看到，这不符合现代财政制度所强调的预算管理规范，理应改革。现在应该明确一个原则，即：列赤字不违法但要说明理由列示资金流向。否则就等于承认列赤字可随性。为此，今后列赤字似应区分不同情况说明赤字成因。对支出不减但收入下降引起的赤字要具体说明收入下降程度和减收的理由。对支出增长收入下降或增量不够引起的赤字，应具体说明支出增长的依据和结构。具体讲，就是要说明支出增长究竟是发生在部门预算还是在政府预算上（如转移支付增长）。这些增长究竟有哪些政策和制度变革依据。这实际上就是要通过讲清资金流向来说明赤字的必要性和合理性。

第三，加强支出宏观预测。《预算法》明确规定收支预测是各级预算编制的依据之一，但现状是各级政府编制预算时往往重视收入预测轻视支出预测。因此，支出预算总是走不出基数加增长的怪圈。这使得赤字额度的确定失去了具体支出核算基础，因而也就无法向公众解释清楚赤字的成因和资金流向。长此以往，公共财政的公信力难免受影响。显然，必须加强财政支出预测，做到这点似应从支出总体格局变动分析。具体讲，就是要先从客观因素约束出发对各类支出需求做出合理判断。其后以此为依据，对支出总额和支出结构做出推断。在这方面，中央财政应率先探索。因为中央财政是总体支出政策的制定者和评价者。目前中国即将进入“十四五”时期，总体看支出结构有必要做出战略性调整。但这首先要以科学预测支出为依据，政策取向则是第二位的依据。为此，中央财政应站位全局和长期采用因素法对各项民生支出需求进行预测分析。比如教育，可选取适龄人口数、适龄人口区域分布、劳动力成本、教学设施维护价格等因素进行支出预测。再如医疗卫生，可选取人口总量、人口结构、各类疾病发生率、医疗费用价格、疾病发生区域分布等因素进行支出预测。其他类支出如养老保障、环境保护、交通运输、农林水事务等可依此模式开展支出预测。当这些类别支出预测做完后，就可找出支出总额变动底线，而这一底线恰好也是推测赤字变动的基本依据之一。总之，我们要通过加强支出预测来找寻赤字变动的必然性和客观性，以避免盲目列赤字。

参考文献

专著部分

［1］杨小凯，黄有光，张玉纲. 专业化与经济组织［M］. 北京：经济科学出版社，1999.

［2］金德尔伯格. 西欧金融史：第2版［M］. 北京：中国金融出版社，2007.

［3］马丁·布朗芬布伦纳. 收入分配理论［M］. 北京：华夏出版社，2010.

［4］刘鹤. 两次全球大危机的比较研究［M］. 北京：中国经济出版社，2013.

［5］托马斯·皮凯蒂. 21世纪资本论［M］. 北京：中信出版社，2014.

论文部分

［1］Lydall H. F.. The long－term trend in the size distribution of income［J］. *Journal of the Royal Statistical Society*. Series A（General），1959，122（1）.

［2］Edwin L. C. Lai. The product cycle and the world distribution of income a reformulation［J］. *Journal of International Economics*，1995，39（3）.

［3］David E. M. Sappington，Dennis L. Weisman. Revenue sharing in incentive regulation plans［J］. *Information Economics and Policy*，1996，8（3）.

［4］Jon－Arild Johannessen，Bjørn Olsen，Johan Olaisen. Aspects of innovation theory based on knowledge－management［J］. *International Journal of Information Management*，1999，19（2）.

［5］Gerry Riposa. From revenue sharing to deficit sharing：general revenue sharing and cities［J］. *American Political Science Review*，1999，93（4）.

［6］杨小凯．新政治经济学与交易费用经济学［J］．制度经济学研究，2004（04）：158－164.

［7］李克，杨小凯，张杭辉，曹晖．劳动分工、专业化与侵占行为——“霍布斯丛林法则”的一般均衡分析［J］．南大商学评论，2005（01）：74－94.

［8］杨小凯．后发劣势［J］．商界·中国商业评论，2006（01）：112－115.

［9］陈浩天，楚明锟．西方就业理论演进的历史轨迹及启示［J］．现代经济探讨，2008（02）：34－37.

［10］胡奕明，买买提依明·祖农．关于税、资本收益与劳动所得的收入分配实证研究［J］．经济研究，2013，48（08）：29－41.

［11］赵建吉，茹乐峰，段小微，苗长虹．产业转移的经济地理学研究：进展与展望［J］．经济地理，2014，34（01）：1－6.

［12］伍山林．收入分配格局演变的微观基础——兼论中国税收持续超速增长［J］．经济研究，2014，49（04）：143－156.

［13］William R. Kerr. Income inequality and social preferences for redistribution and compensation differentials［J］. *Journal of Monetary Economics*, 2014，66.

［14］原鹏飞，冯蕾．经济增长、收入分配与贫富分化——基于 DCGE 模型的房地产价格上涨效应研究［J］．经济研究，2014，49（09）：77－90.

［15］李培林，朱迪．努力形成橄榄型分配格局——基于 2006—2013 年中国社会状况调查数据的分析［J］．中国社会科学，2015（01）：45－65、203.

［16］韩军，刘润娟，张俊森．对外开放对中国收入分配的影响——“南方谈话”和“入世”后效果的实证检验［J］．中国社会科学，2015（02）：24－40、202－203.

［17］潘少奇，李亚婷，高尚，苗长虹．产业转移技术溢出效应研究进展与展望［J］．地理科学进展，2015，34（05）：617－628.

［18］万海远，田志磊，徐琰超．中国农村财政与村庄收入分配［J］．管理世界，2015（11）：95－105.

［19］王延中，龙玉其，江翠萍，徐强．中国社会保障收入再分配效应

研究——以社会保险为例［J］. 经济研究，2016，51（02）：4－15、41.

［20］黄宗智. 中国的隐性农业革命（1980—2010）——一个历史和比较的视野［J］. 开放时代，2016（02）：11－35、5.

［21］邵红伟，靳涛. 收入分配的库兹涅茨倒 U 曲线——跨国横截面和面板数据的再实证［J］. 中国工业经济，2016（04）：22－38.

［22］马勇，李振. 城镇化、金融杠杆与经济增长［J］. 金融评论，2016，8（03）：1－19、123.

［23］Muhammad Umar，Gang Sun. Bank leverage and stock liquidity：evidence from BRICS countries［J］. *Journal of Financial Economic Policy*，2016，8（3）.

［24］Ansgar Rannenberg. Bank leverage cycles and the external finance premium［J］. *Journal of Money，Credit and Banking*，2016，48（8）.

［25］汪昊，娄峰. 中国财政再分配效应测算［J］. 经济研究，2017，52（01）：103－118.

［26］纪敏，严宝玉，李宏瑾. 杠杆率结构、水平和金融稳定——理论分析框架和中国经验［J］. 金融研究，2017（02）：11－25.

［27］洪岩璧. 再分配与幸福感阶层差异的变迁（2005—2013）［J］. 社会，2017，37（02）：106－132.

［28］马勇，陈雨露. 金融杠杆、杠杆波动与经济增长［J］. 经济研究，2017，52（06）：31－45.

［29］何守超，陈斐. 生产服务业聚集与技术创新：理论及实证——基于 2003—2015 年省级面板数据［J］. 经济体制改革，2017（05）：188－194.

［30］霍国庆，李捷，张古鹏. 我国战略性新兴产业技术创新理论模型与经典模式［J］. 科学学研究，2017，35（11）：1623－1630.

［31］陆岷峰，季子钊. 居民杠杆率对中国经济增长及房地产发展水平的影响研究［J］. 金融理论探索，2019（02）：3－11.

［32］Hyun Woong Park. Securitized banking，procyclical bank leverage，and financial instability［J］. *Structural Change and Economic Dynamics*，2019，49.

［33］任桂娟，张晓莉. 中国农村劳动力转移就业：历史轨迹和新时代新方向［J］. 中国人事科学，2019（09）：89－94.

［34］何山，彭俞超. 银行业杠杆率与经济增长［J］. 国际金融研究，

2019（12）：53-62.

[35] 董翔宇，赵守国．中国经济增长与杠杆率的非线性关系研究——基于制造业面板数据门限回归分析［J］．系统工程理论与实践，2020，40（02）：343-354.